财务管理与成本控制

杨海平　著

中国纺织出版社

图书在版编目（CIP）数据

财务管理与成本控制 / 杨海平著 . -- 北京 : 中国纺织出版社，2018.6（2022.1 重印）

ISBN 978-7-5180-3201-3

Ⅰ . ①财⋯ Ⅱ . ①杨⋯ Ⅲ . ①企业管理—财务管理—研究②企业管理—成本控制—研究 Ⅳ . ① F275

中国版本图书馆 CIP 数据核字 (2017) 第 016564 号

责任编辑：汤　浩　　　　**责任印刷**：储志伟

中国纺织出版社出版发行

地　　址：北京市朝阳区百子湾东里 A407 号楼　　**邮政编码**：100124

销售电话：010 — 67004461　**传真**：010 — 87155801

http：//www.c-textilcp.com

E — mail：faxing@c-textilcp.com

中国纺织出版社天猫旗舰店

官方微博 http：//weibo.com/2119887771

北京虎彩文化传播有限公司　　各地新华书店经销

2018 年 6 月第 1 版印刷　　2022 年 1 月第 9 次印刷

开　　本：787 × 1092　1/16　**印张**：21.25

字　　数：300 千字　　**定价**：88.00 元

作者简介

杨海平，男，湖南会同人，1978年出生，硕士，高级会计师，注册会计师非执业会员，从2002年至今在湖南医药学院从事财务管理工作，为中国会计学会会员、湖南省教育会计学会常务理事。研究方向：高校财务管理与经济研究。主持湖南省社会科学成果评审委员会创新重点课题、湖南省教育厅科研课题、湖南省财政厅会计科研课题、湖南省教育会计学课题、湖南医药学院课题等多项。在《财务与会计》、《财会通讯》等刊物发表学术论文30余篇，参与编写专著《高等教育成本分担与补偿研究》一部。

内容提要

财务管理是影响企业可持续发展的一个关键因素。从成本控制入手，把财务管理推向一个新阶段，这是目前企业财务管理的一项重要工作。随着社会主义市场经济和现代企业制度的逐步建立与完善，成本管理成为现代财务管理非常关注的问题。研究现代成本控制管理，是一个既有一定社会意义，又有一定现实意义。为大幅提高企业利润，企业管理者往往把成本管理纳入财务管理的指标和范围。随着现代企业制度的完善，全过程、全方位、多角度的成本控制已渗透企业的各个领域。实践证明，只有当产品寿命周期的全部成本得到有效控制，成本才会显著降低。因此，为真正实现全社会资源的合理配置，达到社会效益的最大化，要把企业财务管理和成本控制有效结合，从而实现财务目标、企业目标和社会目标。

目录

contents

第一章　财务管理发展简史

第一节　财务管理的演进

财务管理 (FinancialManagement) 是指在一定的整体目标下，关于资产的购置 (投资)，资本的融通 (筹资) 和经营中现金流量 (营运资金)，以及利润分配的管理。

西方财务学主要由三大领域构成，即公司财务（CorporationFinance）、投资学（Investments）和宏观财务（Macro finance）。其中，公司财务在我国常被译为“公司理财学”或“企业财务管理”，2000 年开始也被纳入 RCA 考试范围。

一、财务管理发展史

财务管理早期是作为微观经济学的一个分支而诞生的，它是属于微观经济理论的一个应用学科。直到今天，不少的学者还是认为微观经济学中的消费理论、生产理论、市场均衡理论及生产要素价格理论为财务管理学提供了理论基础。然而在它发展了百余年的过程中，至今仍未找到统一的概念。其中一个概念是：财务管理是研究企业货币资源的获得和管理，具体地说就是研究企业对资金的筹集、计划、使用和分配，以及与以上财务活动有关的企业财务关系。

传统意义上的财务管理作为一种实践活动，无疑有着与人类生产活动同样悠久的历史，但现代意义上的财务管理无论就时间还是就理论发展而言，都只是近百余年的事情。旧中国民族资本主义经济发育的不完全，以及新中国长达 30 年的计划经济制度，使得我国近、现代财务管理的实践与理论发展在总体上显著地落后于发达国家。为此，欲知近、现代财务管理的内容构架及其发展过程和趋势，我们就不得不首先从西方谈起。

(一) 财务管理的萌芽时期

企业财务管理大约起源于15世纪末16世纪初。当时西方社会正处于资本主义萌芽时期，地中海沿岸的许多商业城市出现了由公众入股的商业组织，入股的股东有商人、王公、大臣和市民等。

商业股份经济的发展客观上要求企业合理预测资本需要量，有效筹集资本。但由于这时企业对资本的需要量并不是很大，筹资渠道和筹资方式比较单一，企业的筹资活动仅仅附属于商业经营管理，并没有形成独立的财务管理职业，这种情况一直持续到19世纪末20世纪初。

(二) 筹资财务管理时期

19世纪末20世纪初，工业革命的成功促进了企业规模的不断扩大、生产技术的重大改进和工商活动的进一步发展，股份公司迅速发展起来，并逐渐成为占主导地位的企业组织形式。股份公司的发展不仅引起了资本需求量的扩大，而且也使筹资的渠道和方式发生了重大变化，企业筹资活动得到进一步强化，如何筹集资本扩大经营，成为大多数企业关注的焦点。于是，许多公司纷纷建立了新的管理部门——财务管理部门，财务管理开始从企业管理中分离出来，成为一种独立的管理职业。当时公司财务管理的职能主要是预计资金需要量和筹措公司所需资金，融资是当时公司财务管理理论研究的根本任务。因此，这一时期称为融资财务管理时期或筹资财务管理时期。

这一时期的研究重点是筹资。主要财务研究成果有：1897年，美国财务学者格林（Green）出版了《公司理财》，详细阐述了公司资本的筹集问题，该书被认为是最早的财务著作之一；1910年，米德（Meade）出版了《公司财务》，主要研究企业如何最有效地筹集资本，该书为现代财务理论奠定了基础。

(三) 法规财务管理时期

1929年爆发的世界性经济危机和30年代西方经济整体的不景气，造成众多企业破产，投资者损失严重。为保护投资人利益，西方各国政府加强了证券市场的法制管理。例如，美国1933年和1934年出台了《联邦证券法》和《证券交易法》，对公司证券融资做出严格的法律规定。此时财务管理面临的突出问题是金融市场制度与相关法律规定等问题。财务管理首先研究和解释各种法律法规，指导企业按照法律规定的要求，组建和合并公司，发行证券以筹集资本。因此，西方财务学家将这一时期称为“守法财务管理时期”或“法规描述时期 (descriptive legalistic period)”。

这一时期的研究重点是法律法规和企业内部控制。主要财务研究成果有：美国洛弗（W.H.Lough）的《企业财务》，首先提出了企业财务除筹措资本外，还要对资本周转进行有效的管理。英国罗斯（T.G.Rose）的《企业内部财务论》，特别强调企业内部财务管理的重要性，认为资本的有效运用是财务研究的重心。30 年代后，财务管理的重点开始从扩张性的外部融资，向防御性的内部资金控制转移，各种财务目标和预算的确定、债务重组、资产评估、保持偿债能力等问题，开始成为这一时期财务管理研究的重要内容。

（四）资产财务管理时期

20 世纪 50 年代以后，面对激烈的市场竞争和买方市场趋势的出现，财务经理普遍认识到，单纯靠扩大融资规模、增加产品产量已无法适应新的形势发展需要，财务经理的主要任务应是解决资金利用效率问题，公司内部的财务决策上升为最重要的问题，西方财务学家将这一时期称为“内部”决策时期（internal decision-making period）。在此期间，资金的时间价值引起财务经理的普遍关注，以固定资产投资决策为研究对象的资本预算方法日益成熟，财务管理的重心由重视外部融资转向注重资金在公司内部的合理配置，使公司财务管理发生了质的飞跃。由于这一时期资产管理成为财务管理的重中之重，因此称之为资产财务管理时期。

50 年代后期，对公司整体价值的重视和研究，是财务管理理论的另一显著发展。实践中，投资者和债权人往往根据公司的盈利能力、资本结构、股利政策、经营风险等一系列因素来决定公司股票和债券的价值。由此，资本结构和股利政策的研究受到高度重视。

这一时期主要财务研究成果有：

1951 年，美国财务学家迪安（JoelDean）出版了最早研究投资财务理论的著作《资本预算》，这对财务管理由融资财务管理向资产财务管理的飞跃发展发挥了决定性影响。

1952 年，哈里 · 马克维茨（H.M.Markowitz）发表论文“资产组合选择”，认为在若干合理的假设条件下，投资收益率的方差是衡量投资风险的有效方法。

1959年，马科维茨出版了专著《组合选择》，从收益与风险的计量入手，研究各种资产之间的组合问题。马科维茨也被公认为资产组合理论流派的创始人。

1958年，弗兰科·莫迪格莱尼（Franco Modigliani）和米勒（MertoH. Miller）在《美国经济评论》上发表《资本成本、公司财务和投资理论》，提出了著名的MM理论。莫迪格莱尼和米勒因为在研究资本结构理论上的突出成就，分别于1985年和1990年获得了诺贝尔经济学奖。

1964年，夏普（William Sharpe）、林特纳（John Lintner）等在马克维茨理论的基础上，提出了著名的资本资产定价模型（CAPM），系统阐述了资产组合中风险与收益的关系，区分了系统性风险和非系统性风险，明确提出非系统性风险可以通过分散投资而减少等观点。资本资产定价模型使资产组合理论发生了革命性变革，夏普因此与马克维茨一起共享第22届诺贝尔经济学奖的荣誉。总之，在这一时期，以研究财务决策为主要内容的“新财务论”已经形成，其实质是注重财务管理的事先控制，强调将公司与其所处的经济环境密切联系，以资产管理决策为中心，将财务管理理论向前推进了一大步。

（五）投资财务管理时期

自第二次世界大战结束以来，科学技术迅速发展，产品更新换代速度加快，国际市场迅速扩大，跨国公司增多，金融市场繁荣，市场环境更加复杂，投资风险日益增加，企业必须更加注重投资效益，规避投资风险，这对已有的财务管理提出了更高要求。20世纪60年代中期以后，财务管理的重点转移到投资问题上，因此称为投资财务管理时期。

如前所述，投资组合理论和资本资产定价模型揭示了资产的风险与其预期报酬率之间的关系，受到投资界的欢迎。它不仅将证券定价建立在风险与报酬相互作用的基础上，而且大大改变了公司的资产选择策略和投资策略，被广泛应用于公司的资本预算决策。其结果导致财务学中原来比较独立的两个领域—投资学和公司财务管理的相互组合，使公司财务管理理论跨入了投资财务管理的新时期。前述资产财务管理时期的财务研究成果同时也是投资财务管理初期的主要财务成果。

70年代后，金融工具的推陈出新使公司与金融市场的联系日益加强。认股权证、金融期货等广泛应用于公司筹资与对外投资活动，推动财务管理理论日益发展和完善。70年代中期，布莱克（F.Black）等人创立了期权定价模型（option pricing molde1，OPM）；斯蒂芬·罗斯提出了套利定价理论（arbitrage pricing theory）。在此时期，现代管理方法使投资管理理论日益成熟，主要表现在建立了合理的投资决策程序，形成了完善的投资决策指标体系，建立了科学的风险投资决策方法。

一般认为，70年代是西方财务管理理论走向成熟的时期。烽火猎聘公司认为由于吸收自然科学和社会科学的丰富成果，财务管理进一步发展成为集财务预测、财务决策、财务计划、财务控制和财务分析于一身，以筹资管理、投资管理、营运资金管理和利润分配管理为主要内容的管理活动，并在企业管理中居于核心地位。

1972年，法玛（Fama）和米勒（Miller）出版了《财务管理》一书，这部集西方财务管理理论之大成的著作，标志着西方财务管理理论已经发展成熟。

（六）财务管理深化发展的新时期

20世纪70年代末，企业财务管理进入深化发展的新时期，并朝着国际化、精确化、电算化、网络化方向发展。

70年代末和80年代初期，西方世界普遍遭遇了旷日持久的通货膨胀。大规模的持续通货膨胀导致资金占用迅速上升，筹资成本随利率上涨，有价证券贬值，企业筹资更加困难，公司利润虚增，资金流失严重。严重的通货膨胀给财务管理带来了一系列前所未有的问题，因此这一时期财务管理的任务主要是对付通货膨胀。通货膨胀财务管理一度成为热点问题。

80年代中后期以来，进出口贸易筹资、外汇风险管理、国际转移价格问题、国际投资分析、跨国公司财务业绩评估等，成为财务管理研究的热点，并由此产生了一门新的财务学分支——国际财务管理。国际财务管理成为现代财务学的分支。拉美、非洲和东南亚发展中国家陷入了沉重的债务危机，苏联和东欧国家政局动荡、经济濒临崩溃，美国经历了贸易逆差和财政赤字，贸易保护主义一度盛行。这一系列事件导致国际金融市场动荡不安，使企业面临的投融资环境具有高度不确定性。因此，企业在其财务决策中日益重视财务风险的评估和规避，其结果是效用理论、线性规划、对策论、概率分布、模拟技术等数量方法在财务管理工作中的应用与日俱增。财务风险问题与财务预测、决策数量化受到高度重视。

随着数学方法、应用统计、优化理论与电子计算机等先进方法和手段在财务管理中的应用，公司财务管理理论发生了一场“革命”。财务分析向精确方向飞速发展。

发展到现在，计算机技术、电子通信技术和网络技术发展迅猛，财务管理的一场伟大革命——网络财务管理，已经悄然到来。信息技术的飞速发展使得传统的商务模式发生了改变，同时也拓宽了财务管理的范围和方式，电子商务将成为新世纪主要的经贸活动方式。相应地，财务管理必须研究电子货币系统、数字签章、电子凭证等新技术，研究电子商务对财务理论与实务的影响及相应策略。

财务管理作为企业管理的核心组成部分，随着世界经济一体化的发展，企业对财务管理的要求越来越高，新时期的企业在财务管理上也发生了根本性的变化。有效的财务创新能够在快速发展的社会背景下有效地整合资金，更好地实现企业的最终目标。

二、财务软件的发展史

财务软件的发展，见证了中国信息化的发展历程。财务软件伴随着新技术、新趋势完成了一次次嬗变，其间每次革新无不真切反映了当时经济环境的变迁。20多年来，中共中央和政府不断出台新的方案和政策，特别是在财税政策方面，更是发生了翻天覆地的变化，影响着国家经济命脉和发展方向。伴随着这一过程，中国企业在性质、规模、影响力也发生了巨大的变化。回顾历史，展望未来，沿着应用模式这条非常明晰的发展脉络，中国财务软件明显地走过了四个时代，步入第五代。

纵观这二十多年来的风雨历程，伴随着国家经济体制的变化、发展以及新技术、新理论的出现和应用，中国财务软件在发展中展示着自己的特色并凸显出强大的生命力。从最初的以电算化完成简单的核算工作，到以财务管理为指导，实现了“资金流”等诸多以财务管理为核心的关联性应用，完成财务人员将财务工作的重心从底层核算提升到以管理为目的的管理核算，再到实现了网络信息流管理，以及实现业务整合型。在这个过程中我国财务软件都取得了划时代的成就，成为管理软件乃至整个软件行业的航标灯。但是，其局限性也不容忽视，从国家管理到企业自身运营，关注的核心一直都是财务、税务、业务三部分内容，而之前的这些财务软件虽然有些可以为税务提供一些基础数据支持，但都没能实现财务、税务、业务信息整合。相信随着历史的车轮，财务软件走过自身演进的“青铜时代”与“白银时代”，并将逐渐迎来日臻完善的“黄金时代”。

我们都知道财务部门是一个企业的心脏，财务管理的规范化、调理化是企业健康发展的重要条件。现在的企业大多都在使用财务软件，手工记账已经跟不上中国市场经济的快速发展。财务软件的普遍化见证了中国信息化发展历程。每一次的软件变革，都促进了企业经营模式的改变。1992 年以前，国内的财务管理还是以简单的手工核算为主，工作烦琐，劳动量大。自 1992 年以后，财务软件的发展可谓蒸蒸日上，百家争鸣。它从简单的单项处理型软件，发展到现在的财务、进销存业务一体化管理软件，经历了二十年的风风雨雨。而国内的财务软件大体上经历了五个时代的变迁。

（一）第一代财务软件：单项处理型财务软件

这种财务软件是基本上运行在 DOS 操作平台的单项型财务软件，主要是以简单的核算为目的，主要解决的是记账和报表处理的效率。也就是说，代替手工记账，核算，降低会计人员的劳动强度，减轻工作量，提供会计信息的质量，降低出错率。这个时期的财务软件也只是简单地满足了会计日常工作的凭证录入、记账和相关的财务报表填报工作。

（二）第二代财务软件：核算型财务软件（1993—1997 年）

到 20 世纪 90 年代推出了基于 LAN 局域网的第二代财务软件，核算型财务软件。这个时期会计电算化已经在国内普及并迅速发展。财务软件从简单的核算发展为以管理为目的，通过核算实现财务管理的财务软件。它是核算型软件向管理软件发展的过渡时期。这个时期的财务软件功能包括财务处理、报表处理、工资核算、固定资产管理、材料核算、成本核算、销售核算、存货核算等模块，提高了企业管理水平与经济效益。

（三）第三代财务软件：管理型财务软件也称为决策型软件（1998—2001年）

在随后的一段时间里，国内信息化管理快速发展，为了满足市场需求，财务软件在第二代软件的基础上增加科目、项目预算管理和财务分析模块。这大概是在1996年之后也就是20世纪90年代中期，随着Windows操作系统的不断成熟，出现了基于Windows平台以“财务管理”为核心，融合了财务预算、财务分析、财务决策、领导查询等决策分析，该阶段的财务软件采用C/S(客户机/服务器)计算模式，开始涉及企业的管理内容。这个时期的财务软件已基本成型，趋于成熟。财务软件的功能模块包括：总账、报表、工资、固定资产、应收账款、应付账款、成本核算、存货核算、现金流量表、预算控制与财务分析、资金管理、采购计划、采购管理、库存管理、销售管理等，财务软件从部门级应用向企业级应用发展。由于财务业务一体化管理软件的发展，财务软件在企业管理上实现了事中预警、控制、事前预测的作用。

（四）第四代财务软件：业务整合型财务软件（2002—2005年）

随着互联网的日益普及与电子商务的发展，企业对财务管理系统提出了更高的要求，第四代财务软件是基于互联网的B/S(浏览器/服务器)计算模式，采用Web技术、多媒体技术和互联网的管理软件，符合企业经营方式向电子商务发展的战略，是国际财务管理软件技术发展的主流趋势。它实现了财务管理和业务流的整合。这个时期的财务软件成功融入业务流，实现业务管理、财务管理以及涉及财务外延性的人力资源管理、客户关系管理、OA门户等财务业务协同化管理的整合；对管理规范的企业，第四代财务软件拥有巨大的魅力，效果深远。

（五）第五代财务软件：税协同型财务管理软件

随着前四代财务软件的发展和普及，为了适应信息化的管理很多软件厂商及研发人员在第四代财务软件的基础上，为财务软件增加了税务管理的功能模块。它强调企业财务、业务、税务三者的整合，从而最终达到企业高效管理，提升竞争力的效果。由于各方面的原因，财税合一财务还在试行阶段，不过财税合一已成趋势，新的时代即将到来。

国内的财务软件从无到有，从小到大，从简单的单项处理到核算型再到管理型直至今天的财务业务一体化，在这短短的20年间，财务软件迅速发展起来。我们坚信中国的财务及企业管理软件产业将会更加辉煌。

第二节 财务管理的内容

我们知道一个公司的财务管理包含很多的内容，像公司资产购置与管理，现金的流量，利润的分配，甚至是公司的筹资，都是财务管理的一部分。一个公司财务管理系统关系着公司的命脉，可以说它是公司的心脏。我们所讲的财务管理笼统上包括有资本的融通（筹资）、公司资产的购置及管理、资金筹措及管理、公司运营资金管理、以及最终的利润分配管理。简单地说，财务管理是组织企业财务活动，处理财务关系的一项经济管理工作。

一、企业财务管理的基本内容

财务管理是组织企业财务活动，处理财务关系的一项经济管理工作。财务活动是以现金收支为主的企业资金收支活动的总称，分为四个方面：筹资活动、投资活动、经营（或营运）活动和分配活动。财务活动的这四个方面不是相互割裂、互不相关的，而是互相联系、相互依存的。正是上述互相联系又有一定区别的四个方面，构成了完整的企业财务活动，这四个方面也就是财务管理的基本内容：企业筹资管理、企业投资管理、营运资金管理、利润及其分配管理。

（一）企业筹资管理

在企业筹资管理中，要注意以下方面：一是要正确预测需要筹资的金额规模多少最合理。二是合理确定筹资的方式，比如发行股票和借入资金的选择以及两种方式的比例确定。三是如果采取借入资金，要对发行债券还是从银行借入做出决策。四是要对采取长期还是短期借款以及两者的比例做出选择与决策，同时还要对不同性质的银行的借款比例进行决策，保证借款的稳定性，防止大起大落。五是要对还款的方式进行选择，等等。

总之，一方面要满足企业经营与投资的需要，另一方面还要控制筹资风险，再者就是要降低筹资成本。其中，在满足需要的前提下，控制筹资风险最为重要，在风险最低的情况下，再去考虑筹资成本，以防止出现财务危机，导致无法偿还到期贷款，使企业有面临破产的危险。

(二) 企业投资管理

企业的投资包括购买固定资产和无形资产等的对内投资，也包括购买股票、债券，以及兼并、收购等的对外投资。在投资管理中，企业财务人员应对投资项目进行论证，不仅要论证投资方案的现金流入与流出，还要论证投资的回收期，同时要控制投资风险，对不同的投资方案进行选择或进行投资组合。另外，还要根据企业的财务状况，确定合理的投资规模，防止盲目投资，影响财务结构的稳固性，要在投资之前进行详细的分析，做出正确的决策。

(三) 营运资金管理

在运营资金管理中，主要涉及流动资产与流动负债的管理，关键是加快资金周转，提高资金的使用效果，主要包括存货决策、生产决策、信用管理、税收筹划等内容。

(四) 利润及其分配管理

在分配管理中，财务人员要根据企业的情况，制定最佳的分配政策，其中最主要的是股利的支付率的确定，支付率过高会影响企业的投资能力，过低则会影响股价的变动。当然，对于非上市公司来说，不存在股价变动问题，但会导致投资人的不满，影响投资者的积极性。企业财务人员应重点针对上述四个方面，采取科学的管理方法，制定科学的财务管理体系，提高财务管理水平。

二、所有者与经营者的利益冲突的协调：解聘、接收、激励(股票期权、绩效权)

所有者与债权人的利益冲突的协调：限制性借债，即债权人通过事先规定借债用途限制、借债担保条例、借债信用条件，是所有者不能削弱债权人的债权价值；收回借债或停止借债，即当债权人发现企业有侵蚀其债权价值的意图时，采取收回债权或不再给予借债措施，从而保护自身的权益。

影响财务管理的经济环境内容主要有：经济体制、经济周期、经济发展水平、宏观经济政策及社会通货膨胀水平。

(1) 经济周期中的财务管理战略：复苏时，增加厂房设备、实行长期租赁、建立存货、开发新产品、增加劳动力；繁荣时期，扩充厂房设备、继续建立存货、提高产品价格、开展营销规划、增加劳动力；衰退时期，停止扩张、出售多余设备、停产不利产品、停止长期采购、削减存货、停止扩招雇员；萧条时，建立投资标准、保持市场份额、压缩管理费用、放弃次要利益、削减存货、裁减雇员。

(2) 金融环境：货币市场是指以期限在一年以内的金融工具为媒介，进行短期资金融通的市场，包括同业拆借市场、票据市场、大额定期存单市场和短期债券市场；资本市场又称长期金额市场，是指以期限在一年以上的金融工具为媒介，进行长期资金交易活动的市场，包括股票市场和债券市场。

(3) 资金的时间价值：是指一定量资金在不同时点上价值量的差额，也称为货币的时间价值。其特点有增值性、时点性、单纯的时间性。

(4) 年金：是指一定时期内，每个相同的时间，收入或支出相同金额的系列款项。其具有时间性及等额性。可分为普通年金、即付年金、递延年金、永续年金。

(5) 风险：是指在一定条件下或一定时期内，某一项行动具有多种可能而不确定的结果。风险产生的原因是由于缺乏信息和决策者不能控制未来事物的发展过程引起的。风险的类别有：市场风险和企业特有风险。风险对策有：规避风险、减少风险、转移风险、接受风险。

三、筹资管理

筹资的作用：满足经营运转的资金需要、满足投资发展的资金需要。筹资的分类：股权筹资（股权筹资形成股权资本，是企业依法长期拥有，能够自主调配运用的资本。股权资本一般不用还本，形成企业永久性资本，因而财务风险小，但付出的资本成本较高）；债务筹资（是企业通过借款、发行债券融资租赁以及赊购商品或服务等方式取得的资金形成的在规定期限内需要清偿的债务。由于债务到期要归还本金和利息，因此具有较大财务风险，资本成本低）；衍生工具融资（我国最常见的是可转换债券融资、认股权证融资）。

直接筹资（吸收直接投资、发行股票、发行债券）；间接融资是银行等金融机构发挥中介作用，如银行借款、融资租赁。间接资金形成的主要是债务资金，主要用于满足企业资金周转需要。

内部筹资（是指企业通过利润留存而形成的筹资来源）；外部筹资。企业筹资时应先利用内部筹资，再考虑外部筹资。

长期筹资（使用期限在一年以上的资金筹资活动，长期筹资的目的主要在于形成和更新企业的生产和经营能力，或扩大企业的生产规模或对外投资筹集资金。方式：吸收直接投资、发行股票、发行债券、取得长期借款、融资租赁。长期资金可以是股权资金，也可以是债务资金）；短期资金（主要用于企业的流动资产和日常资金周转。方式：商业信用，短期借款、保理业务）。

企业资本金制度，资本金指企业在工商行政管理部门登记的注册资金，指投资者用以进行企业生产经营，承担民事责任而投入的资金。股份有限公司的资本金被称为股本，股份公司以外的一般企业的资本金被称为实收资本。

资本金的筹资：资本金的最低限额：股份制公司 500 千万，上市股份公司 3000 万，有限责任 3 万，一人有限责任 10 万。

资本金出资方式：货币资产和非货币资产；全体投资者的货币出资不得低于公司注册资本的 30%。

资本金的管理原则：资本确定原则、充实原则、维持原则。

（一）股权筹资

吸收直接投资：是非股份制企业筹集权益资本的基本方式。

吸收直接投资分为：吸收国家投资、吸收外商投资、吸收社会公众投资。

吸收直接投资出资方式：以货币资产出资、以实物资产出资，加以土地使用权出资、以工业产权出资（专有技术、商标权、专利权、非专利技术等无形资产）。

吸收直接投资的筹资特点：能够尽快形成生产能力、容易进行信息沟通、吸收投资手续简单，筹资费用低、资本成本高、企业控制权集中，不利于企业治理、不利于产权交易。

1. 发行普通股票

股票是股份公司为筹措股权资本而发行的有价证券，是公司签发的证明股东持有公司股的凭证。

2. 股票种类

普通股，是公司发行的代表着股东享有平等的权利、义务、不加特别限制的，股利不固定的股票。优先股，优先股通常预先定明由普通股以其可分配的股利来保证。优先股的股息收益率，如普通股的利润分配降至0之后，优先股在股利方面就达不到股息收益率，优先股股票实际上是股份有限公司的一种类似举债集资的形式。记名股票，记名股票是指在股票票面和股份公司的股东名册上记载股东姓名的股票。它与不记名股票相对应。无记名股票，无记名股票也称不记名股票，是指在股票票面和股份公司股东名册上均不记载股东姓名的投票。它与记名股票比较，差别不是在股东权利等方面，而是在股票记载方式上。

（二）留存收益

留存收益的筹资途径有：提取盈余公积金（盈余公积金是从当期企业净利润中提取的积累基金，其提取基数是本年净利润）、未分配利润。

利用留存收益的筹资特点：不用发生筹资费用、维持公司的控制权分布、筹资数额有限。

股权筹资的优点：是企业稳定的资本基础，是企业良好的信誉基础，企业财务风险较小；缺点：资本成本负担较重、容易分散企业控制权、信息沟通与信息披露成本大。

（三）债务筹资

租赁：是指通过签订资产出让合同的方式，使资产的一方通过支付租金，向出让资产的一方取得资产使用权的一种交易行为。租赁的特征：所有权与使用权分离、融资与融物相结合、租金分期归流。

经营租赁：是由租赁公司向承租单位在短期内提供设备，并提供维修、保养、人员培训等的一种服务型业务。特点：出租的设备一般由租赁公司根据市场需要选定，然后再找承租企业，租赁期较短，租赁设备的维修、保养由租赁公司负责，租赁期满或合同终止后，出租资产由租赁公司收回。经营租赁比较使用于租用技术过时较快的生产设备。

融资租赁：是由租赁公司按承租单位要求出资购买设备，在较长合同期内提供给承租单位使用的融资信用业务，它是以融通资金为主要目的的租赁。特点：出租的设备由承租企业提出要求购买，或者由承租企业直接从制造商或销售商那里选定；由承租企业负责设备的维修、保养；租赁期满按事先约定的方法处理设备，包括退还租赁公司，或继续租赁，或企业留购。

融资租赁的筹资特点：在资金缺乏的情况下，能迅速获得所需资产；财务风险小，财务优势明显；筹资限制条件少、租赁能延长租金融通的期限；免遭设备陈旧过时的风险；资本成本高。债务筹资的优点：筹资速度快，筹资弹性大，资本成本负担较轻，可以利用财务杠杆，稳定公司控制权；缺点：不能形成企业稳定的资本基础，财务风险较大，筹资数额有限。

(四) 资本成本与资本结构

资本结构优化是企业筹资管理的基本目标，资本成本是资本结构优化的标准。

资本成本的含义：制造企业为筹集资本和使用资本而付出成本，包括筹资费和占用费。资本成本的作用是比较筹资方式，是选择筹资方案的依据；平均资本是衡量资本结构是否合理的依据；资本成本是评价投资项目可行性的主要标准。

1. 资本成本

资本成本是指企业取得和使用资本时所付出的代价。取得资本所付出的代价，主要指发行债券、股票的费用，向非银行金融机构借款的手续费用等；使用资本所付出的代价，主要由货币时间价值构成，如股利、利息等。

(1) 经营杠杆效应

经营杠杆：是指由于固定性经营成本的存在，而使得企业的资产报酬变动率大于业务量变动率。

经营杠杆系数：只要企业存在固定性经营成本，就存在经营杠杆效应；经营杠杆与经营风险：经营风险系数越高，资产报酬等利润波动程度越大，经营风险就越大。

固定成本比重越高，成本水平越高，产品销售数量和销售价格水平越低，经营杠杆效应越大；反之亦然。

(2) 财务杠杆效应

财务杠杆：是指由于固定性资本的存在，而使得企业的普通股收益变动率大于息税前利润变动率。

财务杠杆系数：只要企业融资方式中存在固定性资本成本，就存在财务杠杆效应。资本成本固定性的资本所占比重越高，财务杠杆系数越大。

财务杠杆与财务风险：财务杠杆系数越高，普通股收益波动程度越大，财务风险越大。

债务成本比重高，固定资本成本支付额越高，息税前利润水平越低，财务杠杆效应越大，反之亦然。

(3) 总杠杆效应

总杠杆：是指由于固定经营成本和笃定资本成本存在，导致普通股每股收益变动率对于产销业务量的变动率现象。

总杠杆系数：只要企业存在固定性经营成本和固定性资本成本，就存在总杠杆效应。

总杠杆与公司风险：在总杠杆系数一定的情况下，经营杠杆系数与财务杠杆系数此消彼长。

固定资产比重较大的资本密集型企业，经营杠杆系数较高，经营风险大，企业筹资主要依靠权益资本，以保持较小的财务杠杆系数和财务风险。变动成本比重较大的劳动密集型企业，经营杠杆系数较低，经营风险小，企业筹资主要依靠债务资本，保持较大的财务杠杆系数和财务风险。企业初创阶段，经营杠杆系数大，企业筹资主要依靠权益资本，在较低程度上使用财务杠杆。在企业扩张成熟期，经营杠杆系数小，企业资本中可扩大债务资本。

2. 资本结构

资本结构：是指企业资本总额中各种资本的构成及其比例关系。评价企业资本结构最佳状态的标准是能够提高股权收益或降低资本成本。股权收益表现为净资产报酬率或普通股每股收益。资本成本表现为企业的平均资本成本率。

影响资本结构的因素：企业经营状况的稳定性和成长率，企业的财务状况和信用等级，企业资产结构，企业投资人和管理当局的态度。行业特征和企业发展周期、经济环境的税务政策和货币政政策。

资本结构优化要求企业权衡低资本成本和搞财务风险的关系确定合理的资本结果。资本结构优化的目标，是降低平均资本成本率提高每股收益。

四、投资管理

投资是指特定经济主体在未来可预见的时期内获得资金收益或是资金增值，在一定时期向一定领域的标的物投放足额的资金或事务等货币等价物的经济行为。

投资分类：直接投资和间接投资；生产型投资和非生产型投资；对内投资和对外投资。

投资项目的净现金流量是指在项目计算期内由将设项目每年现金流入量与每年现金流出量之间的差额所形成的序列指标；现金流入量是指在其他条件不变时能使现金存量增加的变动量，现金流出量是指在其他条件不变的情况下能使现金存量减少的变动量。建设项目流入量包括营业收入、补贴收入、回收固定资产余值、回收流动资金；现金流出量包括建设投资、流动资金投资、经营成本维持营运投资、营业税金及附加和企业所得税；建设期内的净现金流量一般小于或等于零。

项目投资决策因素：需求因素，考察投资项目投产后预计产品的隔年营业收入；时期和时间价值因素、成本因素包括投入阶段成本和产出阶段成本。

五、营运资金管理

营运资金是指流动资产减去流动负债后的余额。

流动资产是指可以在一年以内或超过一年的一个营业周期内变现或运用的资产，流动资产具有占用时间段、周转快、易变现等特点。流动负债是指在一年或超过一年的一个营业周期内偿还的债务。

流动资产的永久性水平具有相对稳定性，是一种长期的资金需求，需要通过长期负债融资或权益性资金解决；而波动性部分的融资则相对灵活，最经济的办法是通过低成本的短期融资解决其资金需求。

融资决策分析法：期限匹配战略（永久性流动资产与固定资产以长期融资方式融通，波动性流动资产用短期来融通），保守融资战略（长期融资支持固定资产，永久性流动资产和某部分波动性流动资产；短期融资仅用于剩余的波动性流动资产），激进融资战略（企业以长期负债和权益为所有的固定资产融资，仅对一部分永久性流动资产使用长期融资战略）。

六、存货管理

随着社会主义市场经济的不断发展，企业在社会经济发展中的作用越来越重要。企业的资产管理也显得越来越重要，尤其是存货的管理。存货是指企业在正常生产经营过程中持有的，以各销售的产成品或商品，或者为了出售仍然处于生产过程中的产品，或者在生产过程或提供劳务过程中消耗的材料、物料等。

(一) 存货

存货功能是保证生产正常进行、有利于销售、便于维持均衡生产，降低产品成本、降低存货去的成本、防止意外事件发生。

存货的持有成本，取得成本包括订货成本和购置成本、储存成本，缺货成本指由于供货中断而造成的损失。

(二) 两种存货计价方法浅析

1. 数字解码

一名公司经理正在对公司的业绩进行评价。其评价指标主要是毛利率、税前销售收益率、税前资产收益率。他认为最近两年该公司的经营业绩要比其竞争对手要好，但是他在查看了公司的财务报告后失望了。他困惑地问他的财务主管，财务主管回答："我不能确定谁的营运效率更高，但我知道两个公司采用了不同的存货计价方法。我们采用的是后进先出法，而对手公司采用的是先进先出法，你考虑这个因素了吗？"由于采用了这两种不同的存货计价方法，导致了数据相差较大。

(1) 存货计价方法

1) 先进先出法。先进先出法是以先入库的存货先发出为假定前提，并根据这一假定的成本流转顺序，对发出存货进行计价的一种方法。采用这种方法时，先购人的存货成本后购入的存货成本之前转出，据此确定发出存货和期末存货的成本。

2) 后进先出法。后进先出法与先进先出法的成本流转正好相反，它假设最近购入后进的存货最先发出，若发出数量超过最近一批购入数量，超过购入部分应一次按前一批入库的单位成本计价。

(2) 先进先出法与后进先出法进行比较

1) 后进先出法的优劣势。

①符合会计谨慎性原则。依照目前的市场大环境而言，物价上涨是必然趋势，而对于存货来说，一般的商品流通企业存货流转速度较快，对于物价的波动，从长远的角度考虑，对总体利润并没有太大的影响。

②利于投资者准确定位和决策。它体现了企业收入和支出相配比，对利润的波动也有一定的抑制作用，相对而言，会计反映的信息要比较真实，对于投资者来说可以更准确地作出投资决策。

③从另一方面对企业起到了一定的激励作用。能降低当期利润，从而可以减少通货膨胀对企业造成的不利影响，有效降低了利润的虚高情况，刺激企业更好地发展。

这种方式更适用于中小企业或者私营企业，因为这种类型的企业采用后进先出法可以有效地降低利润的同时减少增值税额，保证企业一定的资金流，从而加快企业的资金周转速率，可以更好地提高企业生产运作。尤其对于一部分工业企业来说，只要其流通速度达到一定的标准，采用后进先出法，对企业有利而无害。

但是，从另一方面来看，在实际操作过程中，后进先出法的运用过于烦琐，它要求对每次存货的购进与发出都作严格的记录，加重了会计核算的工作量，有违成本效益原则。

(3) 先进先出法的优劣势。

①清晰地反映出资产负债表导向。采用先进先出法，即假定目前存货中的商品是最近才购入的，就能够计算得到与当前存货实际价值最接近的估价，这一结果与通货膨胀无关。

②能准确反映出存货的实际流转情况。及时反映存货的流转情况有利于库存管理人员掌握存货的实时动态，从而更好地对存货进行管理。

③及时对企业的经营业绩进行分析和比较。因为存货成本是按最近购货价格确定的，期末存货成本比较接近现行的市场价值。

这种方法的劣势就显而易见，物价上涨时期采用先进先出法会高估企业当期利润和库存存货价值。

在先进先出法下，本期销售成本是最早购入存货的成本，而期末存货的成本是最近的采购成本。当采购价格呈上涨趋势时，销售成本较低，所确定的利润较高；反之，当采购价格呈下降趋势时，销售成本高，所确定的利润较低。但是，在先进先出法下，期末存货成本最接近现行市价。后进先出法正好相反，本期销售成本是最近购入的存货成本，期末存货成本是最早购入的存货成本。当物价持续上涨时，后进先出法确定的销售成本比其他方法要高，而利润最低；由于期末存货按最早购入的存货成本计价，在生产经营了几年以后，存货成本与现行成本相差甚远。因此，当存货成本呈上升趋势时，后进先出法所确定的利润和期末存货成本最低，将严重低估存货的价值。

根据新的《企业会计准则——存货》规定，后进先出的计价法被删除了，但是笔者认为其并非完全不可取，后进先出法仍然有其有利的一面。

2. 方法与企业相匹配

存货是企业的一项很重要的资产。发出存货计价方法的选择，对于企业的经营成果和财务状况都有直接的影响。在企业生产经营过程中，存货始终处于流动状态，原有的存货不断发出，新的存货又不断取得，随时间的推移，相同存货的价格或单位生产成本可能会有明显的差异，发出存货按照什么时间的购买价格或生产成本计价就成为会计上必须解决的一个问题。合理选择存货的计价方法对企业的经营成果有很重要的影响。

利润总额 = 营业利润 + 补贴收入 + 投资净收益 + 营业外收入 – 营业外支出

营业利润 = 主营业务利润 + 其他业务利润 – 营业费用 – 管理费用—财务费用

主营业务利润 = 主营业务收入 – 销售折让 – 主营业务成本 – 主营业务税金及附加销售成本 = 期初存货成本 + 本期购货成本期末存货成本

从以上各式可以看出，存货通过销售成本和自用形成的营业费用、管理费用影响经营成果。存货主要用于对外销售，构成销售成本。

所以存货计价方法造成存货价值的差异对企业经营成果的影响主要通过销售成本发生作用。

利润总额、主营业务成本、期末产成品之间有以下关系：利润总额与主营业务成本呈反向变动关系；主营业务成本与期末产成品成反向变动关系；利润总额与期末产成品呈正向变动关系。对于不同的企业采取不同的计量方法，在编制会计报表时作相应的说明，这样的记账方式应该更为有效。

七、流动负债管理

流动负债来源：短期借款、商业信用、应付账款。

短期借款包括以下方面：

信贷额度：借款企业与银行在协议中规定的借款最高限额，信贷额度的有效期通常为一年。

周转信贷协定：银行具有法律义务承诺提供不超过某一最高限额的贷款协定。

补偿性余额：银行要求借款企业在银行中保持按贷款额度或实际借用额一定比例计算的最低存款余额。

贴现法计息：银行向企业发放贷款时，先从本金中扣除利息，而到期时借款企业再偿还全部本金。

八、商业信用

概念：商业信用是指在商品或劳务交易中，以延期付款或预收货款方式进行购销活动而形成的借贷关系，是企业之间的直接信用行为，也是企业短期资金的重要来源。

应收账款：是供应商给企业提供的一个商业信用。

应计未付款：是企业在生产经营和利润分配过程中已经计提但尚未以货币支付的款项。

预收货款：是指销货单位按照合同和协议规定，在发出货物之前向购货单位预先收取部分或全部货款的信用行为。

商业信用筹资的优点：商业信用容易获得、企业有较大机动权，企业一般不用提供担保，能及时回笼资金。缺点：商业信用筹资成本高，容易恶化企业信用水平，受外部环境影响大。

九、利润与分配管理

利润与分配管理的意义：利润分配集中体现了企业所有者，经营者与职工之间的利益关系，是企业再生产的条件以及优化资本结构的重要措施，是国家建设资金的重要来源。

利润分配原则：依法分配原则、分配与积累并重原则、兼顾各方利益原则、投资与收益对等原则。

公司净利润分配顺序：①弥补以前年度亏损。企业在提取法定公积金之前，应先用当年利润弥补亏损。企业年度亏损可以用下一年度税前利润弥补，下一年度不足弥补的，可在五年之内用税前利润连续弥补，连续五年未弥补的亏损则用税后利润弥补。其中税后利润弥补可用当年实现的净利润，也可用盈余公积转入。

② 提取法定盈余公积金。提取法定盈余公积金比例为当年税后利润——弥补亏损后的10%。当年的盈余公积金的累积额大于注册资本50%时，可不再提取。企业用盈余公积金转增资本后，法定盈余公积金余额不得低于转增前的公司注册资本的25%。提取法定盈余公积金的目的是增加企业内部积累，以利于扩大企业再生产。

按照成本性态，通常可以把资本区分为：①固定资本。总额在一定时期一定产量范围内，不直接受业务量变动影响而保持固定不变的成本。②变动成本。在特定业务量范围内，其总额会随着业务量的变动而成正比例变动的成本。③混合成本一方面，它们要随业务量的变化而变化；另一方面，它们的变化又不能与业务量的变化保持着纯粹的正比例关系。

第二章 企业财务管理概述

资本结构理论 (capital structure) 是研究公司筹资方式及结构与公司市场价值关系的理论。1958 年莫迪利安尼和米勒的研究结论是：在完善和有效率的金融市场上，企业价值与资本结构和股利政策无关——MM 理论。米勒因 MM 理论，获 1990 年诺贝尔经济学奖，莫迪利尼亚获 1985 年诺贝尔经济学奖。

现代资产组合理论与资本资产定价模型 (CAPM)：现代资产组合理论是关于最佳投资组合的理论。1952 年马科维茨（Harry Markowitz）提出了该理论，他的研究结论是：只要不同资产之间的收益变化不完全正相关，就可以通过资产组合方式来降低投资风险。马科维茨为此获 1990 年诺贝尔经济学奖。

资本资产定价模型是研究风险与收益关系的理论。夏普等人的研究结论是：单项资产的风险收益率取决于无风险收益率，市场组合的风险收益率和该风险资产的风险。夏普因此获得 1990 年诺贝尔经济学纪念奖。

期权定价理论 (option pricing model)：期权定价理论是有关期权 (股票期权，外汇期权，股票指数期权，可转换债券，可转换优先股，认股权证等) 的价值或理论价格确定的理论。1973 年斯科尔斯提出了期权定价模型，又称 B—S 模型。90 年代以来期权交易已成为世界金融领域的主旋律。斯科尔斯和莫顿获 1997 年诺贝尔经济学奖。

有效市场假说 (efficient markets hypothesis EMH)：有效市场假说是研究资本市场上证券价格对信息反映程度的理论。若资本市场在证券价格中充分反映了全部相关信息，则称资本市场为有效率的。在这种市场上，证券交易不可能取得经济利益。理论主要贡献者是法玛。

代理理论 (agency theory)：代理理论是研究不同筹资方式和不同资本结

构下代理成本的高低，以及如何降低代理成本提高公司价值。理论主要贡献者有詹森和麦科林。

信息不对称理论 (asymmetric information)：信息不对称理论是指公司内外部人员对公司实际经营状况了解的程度不同，即在公司有关人员中存在着信息不对称，这种信息不对称会造成对公司价值的不同判断。

资本资产定价模型 (CAPM)：现代资产组合理论是关于最佳投资组合的理论。1952 年马科维茨（Harry Markowitz）提出了该理论，他的研究结论是：只要不同资产之间的收益变化不完全正相关，就可以通过资产组合方式来降低投资风险。马科维茨为此获得 1990 年诺贝尔经济学奖。

资本资产定价模型是研究风险与收益关系的理论。夏普等人的研究结论是：单项资产的风险收益率取决于无风险收益率，市场组合的风险收益率和该风险资产的风险。夏普因此获得 1990 年诺贝尔经济学纪念奖。

第一节　企业财务管理的功能

财务管理贯穿于企业生产经营的全过程，现代企业制度下加强和完善企业财务管理工作，增强企业抵御风险和竞争能力，是关系到企业生存与发展的重要内容。财务管理工作必须在加强宏观控制和微观搞活的基础上，严格执行财经纪律，以提高经济效益、壮大企业经济实力为宗旨。财务管理工作要贯彻“勤俭办企业”的方针，勤俭节约、精打细算，在企业经营中禁止铺张浪费和一切不必要的开支，降低消耗，增加积累。

一、具体企业财务管理职能

财务管理作为企业管理的一个重要组成部分，其意义在于实现企业的经营目标。企业作为自主经营，自负盈亏及独立的商品生产者和经营者，不仅要尽可能取得最大利润，而且还要做到稳步发展，增强企业的流动性，避免风险，所以财务管理的职能是围绕利润最大化和风险最小化这一经营目标进行的。

（一）财务管理职能概述

财务管理职能是指财务管理工作所具有的功能，它随着经济发展和经营管理需要而不断发展和完善。

财务管理职能是随着财务管理实践和管理理论的发展而不断演变的，自从财务管理作为企业管理的一个独立部分被广为应用以来，其所体现出的特有职能取得了迅速发展。在管理实践活动较简单、管理理论处于初级之时，财务管理职能的发挥受到限制，人们对它的认识也较狭窄；在管理实践活动变得复杂并出现了新的管理理论之后，财务管理职能才得以充分发挥，人们对它的认识也才更加全面和深刻。

在我国财务管理职能的发挥情况与国家的经济体制有很大的关系。在计划经济体制下，国有企业所需资金由国家下拨，所获利润上缴国家，企业完全服从国家的计划安排，按照国家制定的财务制度办理收支和使用资金，企业与国家之间为单纯的经济服从关系，企业与企业之间则为建立在共同服从国家计划之上的经济协作关系。与这些经济利益相适应，企业财务管理的职能主要为计划和监督，即计划使用国家资金，监督国家资金的使用情况。

（二）财务管理职能的解析

建立社会主义市场经济以来，企业作为独立的商品生产者，与各方面的经济关系发生了极大的变化，企业与投资者之间成为权益关系，企业与其他企业成为债权、债务关系或合同义务关系，因而财务管理的职能也不同于以前。

1.“财务管理的职能”不是“财务的职能”

目前财务理论界有不少人把财务管理的职能称为“财务职能”，笔者认为不妥。财务是某一单位中资金运动(财务活动)及其所体现的经济利益关系(财务关系)的总称。它是一种客观存在，是一个客观范畴。而财务管理则是某一单位管理活动的一个重要方面，是依法组织财务活动、处理财务关系的一项经济管理工作。它是一项主观见之于客观的行动。所以，“财务”其实是财务管理的对象、内容、客体，财务和财务管理不是一码事。由此可见，财务管理确实具有职能，而财务本身不可能有职能，我们不能把财务管理职能称为“财务职能”，否则是不科学的。

财务管理的职能是由财务管理的性质决定的。财务管理是一项管理活动，一般指企业和事业单位的财务管理。从本质上说，企业财务管理是企业中的一项经济管理工作。作为经济管理工作的一种，财务管理既具有与其他经济管理工作相同的共有职能，又具有不同于其他经济管理工作的独特职能。

2. 财务管理职能和财务管理目标的关系

(1) 财务管理职能和目标都决定于财务管理的性质

财务管理作为企业管理的一部分，其目标的定位必须服从于企业的目标和企业管理的目标，与企业和企业管理的总体目标协调一致，但由于财务管理在企业管理中的特殊性，财务管理目标的表述与企业目标、企业管理目标不能完全混同，这是由财务管理的特性所决定的。

(2) 财务管理目标和职能在内容上必须保持一致

因为财务管理目标是一个主观范畴，而财务管理的职能是一个客观范畴，所以财务管理目标受制于财务管理的职能。具有什么样的职能就只能定什么样的目标，如果提出超过财务管理职能的目标，财务管理目标的定位就等于是空中楼阁，对财务管理工作起不到指导作用，毫无意义。

(3) 财务管理目标和职能相互联系，相互作用

合理的财务管理目标定位，有利于人们充分认识财务管理的职能，也有利于财务管理职能的充分发挥。如果把目标定得太低，财务管理的职能就不可能充分发挥出来。从这个角度看，财务管理目标对其职能也有反作用。

(三) 财务管理职能的内容

在市场经济条件下，财务管理的核心是财务决策，因此财务决策是财务管理最基本的职能，财务计划是财务决策的具体化，也是财务控制的依据，而财务控制则是实现财务计划的保证。

1. 财务决策职能

财务决策是指企业财务人员根据企业经营目标和财务管理目标的总体要求，从若干个可供选择的财务活动方案中选择最优方案的过程。财务决策程序一般包括：

(1) 确定财务决策目标；

(2) 制定可实现目标的各种方案；

(3) 评价和比较各种方案；

(4) 实现目标的最优方案。

2. 财务计划职能

财务计划是指财务人员对企业未来一定时期内现金流量、经营成果和

财务状况所作的数量预测。包括资金需要量计划、成本和费用计划、材料采购计划、生产和销售计划、利润计划、财务收支计划等。

财务计划的编制程序一般包括：

(1) 根据企业发展规划，制定财务收支的总体规划；

(2) 对需要和可能进行协调，实现综合平衡；

(3) 根据协调结果，制订可执行的具体计划。

3. 财务控制职能

财务控制职能是指在财务管理中，通过特定手段调节和指导企业的财务活动，以保证企业计划财务目标的实现。

财务控制的方式主要有：

(1) 防护性控制，即在财务活动发生之前，通过建立合理的组织结构、科学的职责分工和完善的规章制度，保证财务目标的实现；

(2) 前馈性控制，即采用科学的方法，对财务运行系统进行监督，预测可能出现的偏差，以便及时采取财务措施，消除偏差；

(3) 反馈性控制，即对财务活动的运行结果进行追踪、记录和计量，及时发现实际与计划之间的差异，确定产生差异的原因，并采取纠正措施消除差异，或避免以后出现类似的问题。反馈性控制是在财务管理中最常用的方法。

(四) 财务管理职能的分层

财务管理的基本职能和具体职能都是由财务管理的性质决定的。而企业财务管理的性质随着我国经济体制的改革也会有所改变，因此将财务管理的职能通过这样的“分层”来动态地、发展地认识和把握，在理论上和实践中均行得通，还可以避免不少无益的争论。

1. 财务管理的基本职能

财务管理的基本职能是“管理”。讲得详细一点，就是“组织财务活动、处理财务关系”。财务关系是财务活动过程中发生的各种经济利益关系，它隐含在财务活动之中。只要把财务活动组织好了，就等于把财务关系处理好了，反之，如果财务关系没有处理好，也就说明财务活动还没有组织好。正是在财务关系方面体现了财务管理的社会属性。

2. 财务管理的具体职能

财务管理可以说是财务管理主体利用财务管理的方法对财务管理的客体（即财务管理的对象、内容）所进行的管理。因此，从具体职能的层面看，财务管理的职能可以从财务管理的主体、环节和方法、客体三个角度来分析。

从财务管理主体的角度看，财务管理具有保证职能、调节职能和监督职能。随着市场经济体制改革的深入，企业理财自主权的扩大，上述财务管理的保证职能、调节职能、监督职能的内容越来越丰富，发挥的职能作用的力度也越来越强。与计划经济时代相比，不可同日而语。

从财务管理的环节和方法角度看，财务管理职能应当包括财务预测、财务决策、财务计划、财务控制和财务分析五方面职能。财务预测、财务决策、财务计划属于事前管理职能，财务控制属于事中管理职能，财务分析属于事后管理职能。其中财务决策职能是财务管理的核心职能。

从财务管理的客体角度看，广义的财务管理具体职能又可以概括为筹集资金、使用资金、耗用资金、收回资金和分配资金的职能；狭义的财务管理具体职能包括筹资职能、投资职能和净利润分配职能。

有学者提出，当前财务管理职能的观点众多，但大多都有着一定程度的局限性。这主要在于忽视了“人”对财务管理及其职能厘定的影响作用。因此，从“以人为本”的理念出发重新厘定财务管理职能，就需要兼顾所有者财务管理职能、管理层经营者财务管理职能、财务经理财务管理职能和一般员工财务管理职能，以及财务活动管理职能、财务关系管理职能、财务活动管理与财务关系管理职能等层面，充分考虑和发挥“人”的作用。

（五）财务管理职能的创新

随着现代企业制度的逐步建立，现代企业财务管理仍未摆脱计划经济管理的模式，财务管理滞后于市场经济，这既影响了企业效益水平的提高，又妨碍了现代企业制度的建立。如何优化我国企业的财务管理职能，成为亟待解决的问题。分析我国企业财务管理现存的问题，指出我国企业财务管理职能变革的方向，以及优化企业财务管理的措施，对提高我国企业财务管理水平具有重要意义。

1. 财务预算职能的创新

财务预算是一系列专门反映企业未来一定期限内预计财务状况和经营成果，以及现金收支等价值指标的各种预算的总称，是管理人员已对未来经济状况和经济行为的假设为基础，对企业预期的经营成果、财务状况和现金流量所作的预测。因此，应在加强全面预算管理方面有所创新。全面预算管理是按照企业制定的发展战略目标，以价值和实物等多种形式展示未来某一特定时期内企业全部经营活动和各项目标及其资源配置的定量说明。层次分解，下达到企业内部各经济单位和部门。利用预算对企业内部的各种财务及非财务资源进行分配及控制，以便有效地组织和协调企业的生产经营活动。完成既定的经营目标。全面预算应突出对战略的支撑作用，其内容由经营预算、战略预算和财务预算构成，它通常以企业目标利润为预算目标，以销售前景为预算的编制基础，综合考虑市场和企业生产营销诸因素进行编制，是企业对未来整体经营规划的总体安排。

2. 资本运营职能的创新

在市场经济条件下，资本运营是企业经营战略的根本性变革，而资本运营的关键是对资本运营模式的战略性选择使资本得到迅速扩张，实现资源的有效积聚和最优配置。资本运营职能主要指财务管理应按照企业价值最大化、相关利益主体利益最大化的要求，运作企业资本，合理配置企业资源，使企业所有资源都能达到“物尽其用”的状态，为企业的战略发展目标服务。资本运营职能是伴随着企业的宏观管理理念而出现的，它可以使企业从宏观上改变其经营状态、经营领域等，通常是和企业的战略管理思路紧密联系在一起的。企业可以通过资本运营，将本企业的各类资本和资源不断地与其他企业、其他部门的资本进行流动与重组，实现生产要素的优化配置和产业结构的动态重组、使企业的运行处于最佳状态，提高资本运营效率的目标，达到自有资本的不断增值。

3. 财务决策职能创新

企业财务决策，是指运用各种合法手段和方法，对资金筹措、使用的最佳方案进行甄别与选择，力求使企业的财务活动取得最佳经济效益的活动。它主要通过调节资源配置和控制财务风险两个渠道为企业经济利益服务。

在现代社会日趋激烈的市场竞争中，财务决策是否能有效地影响企业的发展战略，成为一个企业能否在竞争中取胜的关键。财务决策是一个完整的体系，包括筹资、投资和成本等决策，它主要以财务报表等财务信息资源作为决策的基础，并以常用决策计算方法和相应的绩效评价作为手段。财务决策就是确认最优化的目标，收益最大或成本最小，在目标的制约下，根据资源和机会。设计备选方案，运用各种定性和定量的方法分析各方案的影响以及其能达到的目标。最后，比较各备选方案，选择其中最优的方案。

（六）财务管理职能的发挥途径

财务管理既是企业管理的一个独立方面，同时又是一项综合性的经济管理工作。面临国内外激烈竞争的市场经济条件下的现代企业，为了实现盈利目标，必须在资金营运过程中，控制风险，提高效益，运用财务管理职能将企业各部门的资金有机地组合起来，加快资金循环与周转，促进改善企业经营管理，保证企业按预期目标营运，最终达到资本的保值增值，因此必须充分发挥财务管理的职能作用。

1. 以财务管理为中心带动整个企业的科学管理

要使企业管理科学化，必须以财务管理为中心带动整个企业的科学管理。财务管理具有作为企业管理中心所应具备的功能。财务管理在企业中属于较高层次，是对企业价值的综合管理。它首先接收各种市场信息，综合处理有价值的信息，并据此提出决策方案，参与经营决策，在管理控制、资源分配、业绩评价中起核心主导作用，能够对与决策有关的诸多要素进行平衡，从而在经营管理决策中起核心作用。在筹资决策中，它能够平衡筹资成本和财务风险，选择最优资本结构，利用各种强化资金管理的方法和手段，调整资金存量、流量和流速，最大限度地优化资本结构，实现资本增值；在投资、用资的过程中，它能够贯彻优化资本运营的思想，实施资产结构调整和资产重组，使资产合理流动、优化配置，促使企业经济资源资本化、货币化、市场化，实现收益性与流动性的和谐统一。企业的生产经营活动最终都要反映到财务成果上来，通过财务预算和财务分析，检查企业经营活动执行情况，可以发现问题，为领导决策和解决问题提供可靠依据。

2. 在企业日常经营管理中发挥好财务管理的职能

（1）改善企业财务状况。企业必须具有充分的支付能力、稳定的资金来源、合理的资金结构才能保障自己的生存和发展。财务管理部门通过筹资、投资、资产管理等理财职能的发挥，可以使企业各项资金有一个合理的分布，使资金周转能顺畅进行，从而达到改善企业财务状况的目标，为企业的生存发展提供资金保障。

(2) 扩大理财收益。财务部门要充分发挥理财职能作用，要以达到扩大理财收益为目标。理财收益包括两层含义：一是通过财务状况的改善保障企业的生产经营活动顺利进行，从而捕捉每一个获利机会去获取收益，这是理财的直接性、基础性的作用；二是直接通过理财活动本身技能的发挥创造理财效益。即通过筹资、投资、资产管理等直接理财行为的改进来扩大理财收益。如通过对生产经营活动中收益的规划，从财务角度研究存量资产转变为流量资产运动的规模和速度，提高资金使用的效率，用同样多的资金创造出更多的收益；利用财务管理技术充分发挥经营杠杆和财务杠杆的作用，用财务措施来降低资金成本，扩大企业效益。通过理财活动本身技能的提高来扩大理财收益是财务管理更高的目标。

(3) 创造和优化充分发挥财务管理职能的条件。

① 要建立健全财务管理机制。要建立健全以财务管理为核心的管理体系，理顺财务管理部门与其他职能部门的职权关系，形成以财务管理为中心，分工明确、相互协调的管理网络系统；全面实施财务预算控制，建立财务分口分级责任制，以资金管理为中心建立健全资金筹集、分配、使用、回收各环节互相衔接的调节机制；建立以财务指标为中心的企业内部生产经营评价指标，增强单位内部审计监督；通过组织调节、公关调节、利益调节等手段，树立企业良好的形象，理顺各方面的财务关系。

② 提高财务管理人员的素质。树立财务管理在企业管理中的核心地位，充分发挥财务管理的职能作用，首先要求企业上下转变观念，尤其是企业领导要充分认识财务管理的重要性；其次要求财务管理人员必须加强素质修养，提高政策水平，具备良好的职业道德，熟悉并掌握现代管理技能，树立各种现代管理观念，增强财务预测、决策、预算、控制、分析的综合能力。

③ 建立健全完善的企业内部财务管理制度

3. 以“五个中心”为依据制定实施细则

根据财政部关于工商企业制定内部财务管理办法的指导意见，可考虑围绕以下“五个中心”分别制定实施细则。

(1) 企业管理制度以建立指标考核为中心。具体包括资本保值增值指标、净利润指标等。

(2) 生产经营管理以预算为中心。建立全面预算制度，包括财务预算、日常业务预算和特种决策预算，并使全面预算贯穿于企业生产经营全过程，保证企业目标利润的实现。

(3) 财务管理以资金管理为中心。通过全面预算，严格对资金流量的控制，充分考虑货币的时间价值，实行"一支笔""两条线""三会"相结合的办法来管理企业资金。所谓"一支笔"，是指资金只能由总会计师或财务经理一个人来统筹安排；"两条线"，是指严格实行收支两条线，即资金由财务部门集中调度使用，以确保生产经营和投资等的资金需求；所谓"三会"，是指在"一支笔""两条线"的基础上，定期或不定期地组织这样三个"会"：资金平衡会、资金调度会和资金分析会，依次讨论和通过资金预算，进行跟踪分析，评价和考核资金的使用情况和经济效益，并根据各部门申报的用资计划安排调度资金和解释说明。

(4) 成本管理以环节控制为中心。即加强设计成本的控制、采购成本的控制和生产成本的控制。将指标分解到班组或个人，实行二级和三级核算制，即把责任会计与成本会计相结合进行控制，以保证成本控制的有序性和有效性。成本管理必须按照这样的秩序分别进行控制，才是全员、全面、全过程且有效的成本管理。

(5) 非生产性开支以期间费用、技改管理为中心。严格制定并执行经营费用、管理费用、财务费用的开支范畴和标准，向管理要效益。同时，加强企业技改投资的效益论证和投资管理，加强验收和评价及技改投资回报率的跟踪考核。

4. 在充分发挥财务管理职能作用的同时，发挥好企业其他管理工作的职能作用。

强调充分发挥财务管理职能作用，绝不是要忽视和否定企业的其他管理职能工作的作用。企业为实现生存、发展和盈利的目的而实施各种各样的管理，财务管理是其中的一项。财务计划指标的完成、财务管理目标乃至企业目标的实现仍然依赖于企业各项管理工作的实施。企业的其他管理工作和财务管理职能之间不是相互独立和分离的，而是相互渗透、相互影响的。离开了其他管理工作的协调配套，财务管理职能的发挥只能是空中楼阁；没有财务管理的价值指导，其他管理工作则可能是盲目的。有人片面地认为，企业管理以财务管理为核心就是以财务部门为中心。其实，财务管理是一项需要全盘考虑、统一目标、协调一致的经济管理工作。财务管理的重要性、复杂性及其涉及范围的广泛性，决定了它永远不可能只靠一个部门去解决问题。企业的决策和计划需要来自各个环节的协调，而决策和计划需要企业的高层来决定，并由各职能部门来执行和控制。

（七）企业价值最大化目标

总之，要充分发挥财务管理的职能作用，必须以财务管理为核心把价值管理的观念落实到进行企业管理的每一个人、每个过程和每个环节。需要各方面集思广益，群策群力，才能创造更大财富，实现企业价值最大化目标。

1. 财务管理目标服务于企业战略目标

企业的战略目标通常不止一个，而是若干个目标的合理组合。企业的可持续成长是财务管理追求的基本目标，成长是企业存在和发展的基础和动力，追求成长是财务管理者精神本质的体现。盈利和成长能力是财务能力体系中的核心能力，企业财务能力包括盈利能力、偿债能力、营运能力、成长能力与社会贡献能力等多个方面，可持续盈利成长能力最大化是财务管理目标的现实选择，企业可持续发展应该是企业盈利的可持续发展。

2. 财务管理赋予企业战略新的内涵

目前“企业战略”有各种各样的定义，从对财务管理的指导和影响的角度来看，也可以把战略理解为：如何在不确定性的环境中为企业争取更多的资源，并使所掌握的资源发挥最大的效用。企业可调配的资源总和可归结为企业的财务资源，资金是最核心的财务资源，是企业的血液，企业所使用的各种资源主要是靠资金的运行来调配的，凡占用资金的资源都占用企业的有限资源。企业财务资源的另一组成部分是企业信用，信用越好的企业越有可能在更长的时间内以更低成本占用更多的他人资源。

3. 财务管理与企业战略密切相关

财务管理与企业战略紧密相连，财务管理为企业战略提供理论基础，使企业的战略更加理论化。企业战略在财务管理理论的基础上结合自身实际情况，制定适合企业的财务管理战略，实现企业的经营目标。只有好的财务管理才能有效地保证好的企业战略得以实施，好的企业战略可能因坏的财务管理而失败，任何好的企业战略必须落实到可实施的财务方案和其他方案

（如市场营销、组织设置、人力资源管理等）上，企业战略的实施过程中要不断地审视企业的财务状况并通过财务指标来调整和控制。

二、财务决策

复杂多变的市场需求和企业环境，要求企业能够针对种种不确定的经济因素，及时作出科学有效的决策。财务管理不仅要对企业涉及全局性的重大事项提出决策，以制定与企业目标相一致的财务管理目标，而且要对各种具体目标做出决策。例如，选择什么样的筹集渠道和筹集方式，决定什么样的投资方向和投资规模，企业生产经营的各个环节如何安排资金投放，怎样组织收入，怎样确定分配方案等。因此，企业财务主管人员的主要精力，要放在财务决策上。财务决策是企业财务管理的基本职能。

（一）财务预测

财务预测是根据财务活动的数据资料，结合现实的要求和条件，对企业未来的财务活动和财务成果进行科学的预计和测算。财务预测职能的发挥，取决于财务活动历史资料的可靠程度和各种有关影响企业经济环境的信息的质量和数量，以及预测方法的正确选择和运用。

（二）财务计划

财务计划是财务管理人员对未来一定时期的财务活动进行规划和安排，是在财务预测的基础上，对企业经营目标和财务目标的系统化和具体化，是财务监督控制和财务分析的主要依据。财务计划职能的发挥，取决于财务计划的积极与务实程度，以及财务收支的平衡程度。

（三）财务监督与控制

财务监督与控制是按照财务计划目标和确定的标准，对企业财务活动进行监督、检查和调节，将财务活动的实际成果与财务计划目标相对照，发现差异，找出原因，采取措施，纠正计划执行中的偏差，以确保财务计划目标的实现。财务监督与控制职能，应贯穿于企业财务活动的全过程。

（四）财务分析

财务分析是以核算资料为主要依据，对企业财务状况和财务成果在调查研究的基础上进行评价，分析影响计划执行的因素，挖掘企业潜力，对企业未来前景提出改进建议。财务分析职能的充分发挥，可以对企业财务状况及财务成果作出准确的判断，从而提高财务决策的正确性。

三、财务分析的功能演进

我国企业财务分析工作处于不断变化的进程之中，企业及相关利益人对财务分析功能的需求正在发生变化，可以概括为三个方面：综合性、及时性和低成本。以下笔者将分别阐述企业对财务分析功能的三方面需求及其对财务分析技术革新的依赖。

(一) 企业对财务分析功能的综合性需求

企业对财务分析功能的综合性需求决定于两个方面。首先，财务分析信息来源的综合性特征日趋明显。企业内部管理正在逐步深化，由此产生的信息量越来越大。与此同时，来自外部的信息越来越复杂多变，对企业的影响不容忽视。其次，财务分析结果的使用者不断增加。这些使用者的分析目的各不相同，客观上要求财务分析功能具备综合性以提供能够支持各种各样的决策的信息。

1. 财务分析指标由单一性向综合性的转变

认识过程是分析和综合的统一。其中，综合是把分析过的对象的各个部分、各种属性联合成一个统一的整体。财务分析指标必须体现出综合性上才能从总体上把握企业真实的经营能力。一个健康、真实的企业，经过一年的融资、投资和经营分配活动，从年初的状态转换为年末的状态，各项财务指标之间总是存在着一系列的均衡、勾稽关系。如果这种惯常的均衡、勾稽关系被打破，如公司销售收入的大幅增长没有引起销售费用的上升，或者伴随着应收款项的巨额增加，则可能预示着公司销售质量的低劣。评价企业的价值，从财务角度看就是评价各项财务指标之间的均衡状况。

企业内部其他部门的信息也有向财务分析指标渗透的趋势。例如，在当前知识经济的大背景下，有些公司把内部的人力资源信息与财务分析工作结合起来，分析人力资源的稳定性指标与公司盈利之间的关系。

1999 年，我国财政部等四部委联合发布的《国有资本金效绩评价规则》中将财务评价指标体系分为收益比率、资本结构比率、流动比率、周转比率和社会贡献积累比率五类。其中将社会贡献积累率指标加入指标体系，就是财务分析指标综合性的一个有力佐证。在关注财务分析指标综合性这一问题上，实践中还存在着一些问题。目前，国内外财务分析指标体系基本上以行业数据为依据，其弊端在于没有结合企业自身的经营状况。比如，两家资产规模和销售规模完全一样的同一行业的企业，一个资产负债率很高，而另一个资产负债率很低，是不是就说明资产负债率高的企业偿债能力比资产负债率低的企业差呢？不一定。或许只是因为一个推行高价厚利少销战略，一个推行低价薄利多销模式，不同的经营策略会使资产负债率产生较大的差别。仅仅依据单项指标和行业平均值对企业效绩进行评价，其结果的客观性与科学性很难保证。比如，传统的企业效绩评价办法规定资产负债率小于行业同档次规模企业的平均值时得满分；大于100%时得0分。可是，资产负债率多高才有偿债能力不能简单而论，应当将资产的周转速度、资产的增值能力结合起来进行判断才有意义。因此，财务分析指标从过去单指标或者多指标平面判断转变为多指标综合、多层次密集判断是必然的趋势。

2. 财务分析结果的使用者的变化

目前，财务分析结果的使用者越来越多，这也对财务分析的综合性提出了新要求。企业财务分析结果的主要使用者有七种：投资人、债权人、经理人员、供应商、政府、雇员和工会、中介机构(注册会计师、咨询人员等)。企业对外发布的财务报表是根据全体使用人的一般要求设计的，并不适合特定报表使用人的特定要求。这些要求只能诉诸财务分析，以获得不同使用者所需要的信息，将此信息重新排列，并研究其相互关系，从而满足不同使用者特定的决策要求。这就要求财务分析功能必须体现出综合性才能满足方方面面的需求。

(二) 企业对财务分析功能的及时性需求

企业对财务分析功能的及时性需求取决于企业所处的日新月异的外部竞争环境。有效市场理论从管理角度带给我们的一个重要启示是：历史信息对决策的贡献可能比我们想象的少得多。激烈的市场竞争中转瞬即逝的商机要求财务分析工作能及时地对这些信息加工处理，从而对企业内控和决策提供有效的支持。信息技术的飞速发展使企业对信息的利用超越了时空限制，为财务分析功能的强化提供了更好的信息存储环境和信息处理环境。财务分析的功能演进至此迎来了一个新纪元，以事件作为驱动、面向决策的财务分析软件使财务人员梦寐以求的事前、事中、事后全过程的计划、执行、控制和分析有可能得以实现，从而提高企业的快速反应能力。

值得一提的是，信息技术并不是无所不能的，企业的管理基础和技术基础才是企业能够建立和应用信息系统的决定因素，只有具备了良好的管理技术和信息技术，财务分析和财务控制相结合的全过程分析才能得以实现。

要实现企业对财务分析功能的及时性需求，很大程度上依赖于财务分析工具的发展水平。目前，财务分析工具呈现出多元化态势，表现如下：

1. 统计分析方法及相应软件在财务分析中的应用

采用统计分析方法中的主成分分析和聚类分析法，并结合 SPSS 统计分析软件对企业的业绩进行全面、综合的评价，使用者能够透过财务报表的数据看清企业的财务状况、经营状况、盈利能力和发展前景，从而为投资者、债权人、政府管理部门、证券分析人士乃至公司员工提供更直观、可用的信息，促进企业尽快走向市场竞争，指导投资者进行理性投资、降低风险。

2. 通用表格处理软件

到目前为止，国内外财务软件产品都支持将财务报表数据以 Excel 的格式输出，这表明 Excel 软件已成为财务报表数据的一个格式标准。这对专门的财务分析软件的开发提供了一个极好的数据平台。通过 Excel 本身的一些分析功能也可以对财务报表中的数据进行统计分析。

3. 图形分析工具在财务分析中的应用

图形分析功能是利用报表数据和系统提供的图形功能形成各种直观的图形而进行直观分析，一般要求软件提供有普通直方图、圆饼图与折线图、立体直方图等的显示方式。文字添加功能旨在方便分析者对分析结果作图表的注释服务，以达到分析表、分析结论、图形显示的一体化的效果。

4. 专业性的财务分析软件

国内目前的财务分析软件最为突出的是用友通宝财务分析软件或北京智泽华财务分析软件。后者虽然在 2002 年年底才开始向市场推出，但其智能化的分析特点颇为市场看好。在一定程度上，智泽华财务分析软件实现了 DSS（决策支持系统）的功能，不仅可以对企业财务数据进行分析，还可将财务经理的专业判断写成程序，从而可以得到分析性的结论，直接为企业高层提供准确及时的财务分析结论。可以说，在此之前的财务软件将会计人员从繁重的体力劳动中解放出来，而智能化的财务分析软件则是将财务经理从重复的脑力劳动中解脱出来，可以将更多的精力放在对企业财务管理体系的完善中去。

财务软件的发展在经历了面向事务处理、面向系统之后进入了面向决策的阶段。智能化财务分析软件与此前的普通财务分析软件相比，其最大进步是：它将财务数据和企业的经营管理活动结合了起来；分析和评价企业经营状况的内容大大增加；分析方法从单指标或者多指标平面判断转变为多指标综合、多层次、密集判断；在此基础上，提供文字性分析报告，从根本上解决了企业经营分析和评价仍然需要人工进行，并受专业知识和认识水平限制的弊端，从而使企业的财务主管可以非常及时地获得财务分析报告，不再受拘于重复、繁杂的脑力劳动。

(三) 企业对财务分析功能的低成本需求

综上所述，日趋激烈的企业间的相互竞争使企业提高了对财务分析功能的综合性和及时性两方面的需求。与此同时，企业与生俱来的低成本需求显然与这两方面的新要求相矛盾。要保证财务分析的综合性和及时性，其成本往往是高昂的，财务分析对企业的贡献与获得成本相比并不经济。要解决这一矛盾，一个必经的途径就是诉诸技术的进步。

在某公司调研时发现，最初，公司的财务分析是由财务经理兼任的，每季度提交一份财务分析报告，涉及指标不到40个。随着市场竞争的需要，管理层对财务分析的要求不断提高，要求每月甚至每周都能出具一份公司财务分析报告，综合反映公司的财务状况变动，于是财务部门抽调人员专门从事财务分析工作。由于公司使用的财务核算软件中财务分析模块的功能远远不能满足需要，在找到适用的财务分析软件之前，财务分析人员只得每天疲于将公司财务管理软件中的数据手工转移到自行设计的分析性报表中，即使如此，仍然不能满足公司管理层对财务分析功能的预期。而在使用了智能化财务分析软件后，该公司不仅不再设置专人负责财务分析工作，从董事长到各部门经理一旦获得相应授权，即可通过智能化财务分析软件的支持对企业的财务信息数据库进行有效的整合、调用，对财务信息的利用效率大为提高，而购置软件的费用仅仅相当于配备一名财务分析人员一年的薪资。企业对财务分析功能的综合性、及时性、低成本需求在先进的财务分析软件的技术支持下得到充分实现。

由此可见，要实现企业对财务分析功能的综合性、及时性和低成本三方面的需求，必须依赖于财务分析技术的革新。最近十余年来，国内外财务分析领域呈现出的态势是通过充分应用先进的信息技术，实现财务分析的智能化与虚拟化，从而真正实现财务分析的低成本需求。

1. 就财务分析的智能化而言，国内目前已经作了一些相当有意义的工作，取得了一些突破性的进展，来源于财务分析专家的经验、知识及解决问题的诀窍被写入程序，它要解决的问题本来是由称为“专家”的人来解决的。从这层功能上来看，这些财务分析软件已经成为一个专家系统。专家系统一般最少由三部分组成：知识库、推理功能和用户界面。

拥有财务分析知识是财务分析专家系统的最主要特征，知识库是财务分析专家系统的核心部分。知识库中包括与该专家系统所面对的问题、相关的事实和启发式知识：经验和诀窍。财务分析的知识库是若干位专家的知识的集合体。以智泽华财务分析软件为例，专家知识集合体就是来自包括中国社科院在内的多位财务分析专家，这样形成的财务分析系统的解释模型可以向用户提供远远超过一个专家的经验和知识。当然，将若干位财务分析专家的经验移植到知识库中，其技术含量极高，难度极大。其中，启发性知识是最难获取的，专家在他们的职业判断过程中，很少真正意识到自己是如何使用所掌握的知识、经验去解决问题的，甚至没有意识到自己解决问题时究竟用到了多少知识。软件工程师必须根据计算机的运作方式从专家大脑中将这些知识转化为知识库的一个个组成部分。

现代社会的每一个专业都有其长期形成的逻辑严密的推理机制，财务分析亦不例外。这种推理机制包括知识库管理系统和推理机。知识库管理系统自动地控制、扩展更新知识库中的知识，它根据推理过程的需求去搜索适用的知识，能对知识库中的知识作出正确的解释。推理机在问题求解过程中，生成并控制推理的进程，使用知识库中的知识。由于财务分析带有许多不确定的、不完全的数据，因此财务分析专家系统的推理功能也就包括一定程度的不确定性的求解。推理机和知识库一起工作，对问题加以求解，是专家系统的一大特点。用户界面是财务分析专家系统的另一个关键组成部分。最新的财务分析专家系统已能做到尽可能的人性化，使用者可以直接从专家系统的界面上获得希望得到的答案。

2. 财务分析功能虚拟化是指企业将其财务分析工作以外包或合作方式完成，其前提为：商业性的财务分析软件市场以及能够提供专业性的财务分析服务的财务咨询市场趋于成熟；企业内部财务信息系统的建立和完善；信息网络化和数据传递安全性保障；企业对财务分析质量有较高期望，但出于对财务分析这一部分工作的成本收益分析考虑，更愿意将财务分析外包给专门提供财务分析服务的财务咨询公司。

第二节 企业财务管理的原则

财务管理基本原则是从企业财务管理实践经验中总结出来，用以指导财务活动、处理财务关系的行为准则。它应当为大多数财务工作者所认同，体现财务管理规律性的基本要求，因此无论在财务管理理论界还是实务界，对其应有基本的认同。但事实并非如此，可谓见仁见智，莫衷一是。本文旨在通过对各种观点进行评析，探求其本质，求得对财务管理基本原则的共识。

一、财务管理应遵循的基本原则

根据财务管理基本原则应具备的本质特征和上述分析，笔者认为，在企业财务管理活动中应遵循以下六项基本原则。

(一) 货币时间价值原则

货币时间价值是客观存在的经济范畴，它是指货币经历一段时间的投资和再投资所增加的价值。从经济学的角度看，即使在没有风险和通货膨胀的情况下，一定数量的货币资金在不同时点上也具有不同的价值。因此在数量上货币的时间价值相当于没有风险和通货膨胀条件下的社会平均资本利润率。今天的一元钱要大于将来的一元钱。货币时间价值原则在财务管理实践中得到广泛的运用。长期投资决策中的净现值法、现值指数法和内含报酬率法，都要运用到货币时间价值原则；筹资决策中比较各种筹资方案的资本成本、分配决策中利润分配方案的制定和股利政策的选择，营业周期管理中应付账款付款期的管理、存货周转期的管理、应收账款周转期的管理，等等，都充分体现了货币时间价值原则在财务管理中的具体运用。

(二) 资金合理配置原则

拥有一定数量的资金，是企业进行生产经营活动的必要条件，但任何企业的资金总是有限的。资金合理配置是指企业在组织和使用资金的过程中，应当使各种资金保持合理的结构和比例关系，保证企业生产经营活动的正常进行，使资金得到充分有效的运用，并从整体上（不一定是每一个局部）取得最大的经济效益。

在企业的财务管理活动中，资金的配置从筹资的角度看表现为资本结构，具体表现为负债资金和所有者权益资金的构成比例，长期负债和流动负债的构成比例以及内部各具体项目的构成比例。企业不但要从数量上筹集保证其正常生产经营所需的资金，而且必须使这些资金保持合理的结构比例关系。

从投资或资金的使用角度看，企业的资金表现为各种形态的资产，各形态资产之间应当保持合理的结构比例关系，包括对内投资和对外投资的构成比例。对内投资中：流动资产投资和固定资产投资的构成比例、有形资产和无形资产的构成比例、货币资产和非货币资产的构成比例等；对外投资中：债权投资和股权投资的构成比例、长期投资和短期投资的构成比例等；以及各种资产内部的结构比例。上述这些资金构成比例的确定，都应遵循资金合理配置原则。

（三）成本—效益原则

成本—效益原则就是要对企业生产经营活动中的所费与所得进行分析比较，将花费的成本与所取得的效益进行对比，使效益大于成本，产生“净增效益”。成本–效益原则贯穿于企业的全部财务活动中。企业在筹资决策中，应将所发生的资本成本与所取得的投资利润率进行比较；在投资决策中，应将与投资项目相关的现金流出与现金流入进行比较；在生产经营活动中，应将所发生的生产经营成本与其所取得的经营收入进行比较；在不同备选方案之间进行选择时，应将所放弃的备选方案预期产生的潜在收益视为所采纳方案的机会成本与所取得的收益进行比较。在具体运用成本—效益原则时，应避免“沉没成本”对我们决策的干扰，“沉没成本”是指已经发生、不会被以后的决策改变的成本。因此，我们在作各种财务决策时，应将其排除在外。

（四）风险—报酬均衡原则

风险与报酬是一对孪生兄弟，形影相随，投资者要想取得较高的报酬，就必然要冒较大的风险，而如果投资者不愿承担较大的风险，就只能取得较低的报酬。风险—报酬均衡原则是指决策者在进行财务决策时，必须对风险和报酬做出科学的权衡，使所冒的风险与所取得的报酬相匹配，达到趋利避害的目的。在筹资决策中，负债资本成本低，财务风险大，权益资本成本高，财务风险小。企业在确定资本结构时，应在资本成本与财务风险之间进行权衡。任何投资项目都有一定的风险，在进行投资决策时必须认真分析影响投资决策的各种可能因素，科学地进行投资项目的可行性分析，在考虑投资报酬的同时考虑投资的风险。在具体进行风险与报酬的权衡时，由于不同的财务决策者对风险的态度不同，有的人偏好高风险、高报酬，有的人偏好低风险、低报酬，但每一个人都会要求风险和报酬相对等，不会去冒没有价值的无谓风险。

(五) 收支积极平衡原则

财务管理实际上是对企业资金的管理，量入为出、收支平衡是对企业财务管理的基本要求。资金不足，会影响企业的正常生产经营，坐失良机，严重时会影响到企业的生存；资金多余，会造成闲置和浪费，给企业带来不必要的损失。收支积极平衡原则要求企业一方面要积极组织收入，确保生产经营和对内、对外投资对资金的正常合理需要；另一方面，要节约成本费用，压缩不合理开支，避免盲目决策。保持企业一定时期资金总供给和总需求动态平衡和每一时点资金供需的静态平衡。要做到企业资金收支平衡，在企业内部，要增收节支，缩短生产经营周期，生产适销对路的优质产品，扩大销售收入，合理调度资金，提高资金利用率；在企业外部，要保持同资本市场的密切联系，加强企业的筹资能力。

(六) 利益关系协调原则

企业是由各种利益集团组成的经济联合体。这些经济利益集团主要包括企业的所有者、经营者、债权人、债务人、国家税务机关、消费者、企业内部各部门和职工等。利益关系协调原则要求企业协调、处理好与各利益集团的关系，切实维护各方的合法权益，将按劳分配、按资分配、按知识和技能分配、按绩效分配等多种分配要素有机结合起来。只有这样，企业才能营造一个内外和谐、协调的发展环境，充分调动各有关利益集团的积极性，最终实现企业价值最大化的财务管理目标。

二、构成理论和方法基础的原则

额外风险需要额外收益补偿，一些人以储蓄进行投资并得到回报，另有一些人愿意放弃未来的消费机会而在现下消费。假设面对不同的投资机会，我们应把钱投到哪儿呢？

(一) 风险与收益对称

首先，投资者由于延迟消费，会要求比预期的通货膨胀率更高的收益率，否则他们会提前购买目前不需要的产品或投资于那些能保值增值的资产。如储蓄将导致购买力下降，那么推迟消费是不明智的，这是因为风险与收益不对称。

其次，不同投资项目的风险与收益是各不相同的。由于高风险项目的预期收益比较高，所以有些人就会投资风险高的项目，以得到比预期收益率更高的投资回报。

最后，这里所讲的收益只能是预期收益而不可能是实际收益。额外的风险应当由额外的收益来补偿，这就是公司债券利率高于政府债券利率的原因所在。

(二) 货币的时间价值

财务管理最基本的观念是货币具有时间价值，但并不是所有的货币都具有时间价值，货币只有被当作资本投入生产流通才能变得更有价值。在经济学中货币时间价值是用机会成本表示的。运用货币时间价值观念，要把项目未来的成本和收益都以现值表示，如果收益现值大于成本现值则项目应予接受，反之则应拒绝。为把未来收益和成本折现，必须确定货币机会成本的大小或利率高低。具体的利率是权衡风险后决定的。因此，风险投资的收益应当高于无风险投资的收益。例如，购买股票的风险肯定大于将货币存入银行的风险，因而，股票投资收益率必定高于存款收益率。

(三) 衡量价值的是现金流量

现金流量是公司收到并可用于再投资的现金。而按照权责发生制核算的会计利润是公司赚得的收益而不是手头可用的现金。公司的现金流和会计利润的发生往往是不同时的。例如，现金流，反映了收支的真实发生时间，因而比会计利润更能衡量公司价值。

(四) 只有增量现金流才是相关的

并非所有的现金流都是增量。这里所讲的增量现金流是指新项目上马后的现金流与原项目现金流之间的差额，反映了该决策的真实影响。当然，增量观念不能局限在现金流上，而应当从增量这个角度考察决策产生的一系列影响，如收入、成本、税金等。

(五) 利润特高的项目在竞争市场上是不能长久存在的

财务管理的目标是要创造财富。因此，投资评估和决策时的重点是预测现金流量，确定投资项目的收益，并评估资产和新的投资项目的价值。

在竞争市场上，极高的利润不可能长期存在。在这种情况下，发现收益高于平均收益率的项目十分关键。竞争虽然增加了发现的难度，但可以采取以下措施减少市场竞争：一是使产品具有独特性。产品的独特性使其与其他产品相区别，可使产品价格抬高从而增加利润。无论产品的独特性源于广告、专利、服务还是质量，只要产品和同类产品的区别越大，竞争的优势就越大，实现高利润的可能性也越大。二是降低产品成本。规模经济和成本低廉可有效地阻止新厂家的进入从而减少竞争，也能使利润达到较高水平。

(六) 市场是灵活的、价格是合理的——有效的资本市场

财务管理的目标是使股东财富最大化，这只能在有效的市场中实现。市场是否有效与信息反映到证券价格中的速度有关。一个有效的市场是由大量受利润驱动的独立行为的投资者组成的。与证券有关的信息往往随机出现在市场上。投资者即时对信息作出反应，购买或出售证券。在有效市场的假定前提下，信息反馈到价格中去的速度之快使得投资者无法从公开信息获利。只有投资者确信了证券价格已经恰当地反映了公司预期的利润和风险，进而反映了公司真实的价值，此时，投资者的投资行为才是理性的，资本市场才是有效的。

(七) 经理、债权人与所有者的利益不一致——代理问题

只要公司的所有权与经营权分离，就必然出现代理问题，在现实生活中，经理的所作所为并非一定能使股东财富价值最大化。例如，经理的收入往往与公司的规模、销售额、市场份额、员工数等有关，所以有些经理偏好于扩大投资规模，尽管这样做可能对股东财富的增加并没有贡献，在这样的

环境中，经理更多考虑的是个人晋升、收入的增加、地位的提高等。

那么为什么股东不将这些经理解雇呢？理论上讲，股东选举董事会，董事会任命管理人员。但在现实生活中，往往是管理人员提出董事会的人选并分发选票。实际上，股东所面对的候选人名单是由管理人员提供的，最终结果是管理人员选了董事，而这些董事更多地代表管理人员的利益而非股东利益，于是就出现了代理的问题。股东往往花费很多时间来监督管理人员的行为，并试图使他们的利益和自己的利益相一致。对管理人员的监督可以通过对财务报表和管理人员工资的审计来完成。另外，把管理人员的奖金和他们的决策在多大程度上符合股东利益结合起来，也可以在一定程度上解决代理问题。

（八）纳税影响业务决策

公司在评价新项目时必须考虑纳税因素，投资收益的衡量应当建立在税后的基础上。不同的税种对公司的财务结构会产生不同的影响，如债务融资所支出的利息在所得税前列支，可以使公司减免一定的所得税，是一项减税费用。而股票的胜利是在所得税后列支，不能抵减所得税，这也是债务融资优于股票融资的原因所在。

（九）风险是有不同类别的

财务管理的重点之一是风险与收益的权衡，风险与收益应当是对称的，但风险又有不同类别，有些风险是可以分散消除的，有些则不能。所谓分解或消除，就是将好的事件与不好的事件相互抵消，从而在不影响公司预期收益率的情况下降低整体的不确定性。

第三节　企业财务管理的目标

随着我国经济体制改革的不断深入，企业管理以财务管理为核心已成为企业家和经济界人士的共识。我们之所以说财务管理是企业管理的核心因为它是通过价值形态对企业资金运动的一项综合性的管理，渗透和贯穿于企业一切经济活动之中。企业资金的筹集、使用和分配都与财务管理有关；企业的生产、经营、进、销、调、存每一环节都离不开财务的反映和调控。企业的经济核算、财务监督更是企业内部管理的中枢，它在企业管理中的核心地位是一种客观要求。财务管理是企业管理的重要组成部分，渗透到企业的各个领域、各个环节之中。

企业财务管理的目标，是指企业财务管理在一定环境和条件下所应达到的预期结果，它是企业整个财务管理工作的定向机制、出发点和归宿。财务管理直接关系到企业的生存与发展，资金是企业的“血液”。企业资金运动的特点是循环往复地“流动”。资金活，生产经营就活，一“活”带百“活”，一“通”就百“通”。如果资金不流动，就会“沉淀”与“流失”，得不到补偿增值。正因为这样，资金管理成为企业财务管理的中心亦是一种客观必然。财务管理是一个完整的循环活动过程，一般包括财务预测、财务分析、财务计划、财务决策、财务控制、财务监督、财务检查、财务诊断等环节。这些环节中的活动不仅与企业管理息息相关，而且都处于“关键点”，而“关键点”是控制和管理的核心。财务管理区别于经济管理中的其他管理工作，其具有涉及面广、综合性强、灵敏度高等特点。因此，抓企业管理应以抓财务管理为基础，为入手点，这样，既可以抓得实在，又揪住了“牛鼻子”。并把财务管理中的成本核算与控制全方位地引入到企业财务管理中去，成本既包括产品成本，也包括人才成本等，而在现代经济社会中，成本控制必须首先是全过程的控制，不应仅控制产品的生产成本，而且应控制产品寿命周期成本的全部内容，实践证明，只有当产品的寿命周期成本得到有效控制，成本才会显著降低；而从全社会角度来看，只有如此才能真正达到节约社会资源的目的。一个企业的财务管理与成本控制能否取得成功，更重要的是还取决于企业领导对财务管理与成本控制的重视程度；否则，再好的成本控制制度也形同虚设，难以取得应有的效果。

因此，财务管理是企业可持续发展的一个关键。我们应从成本控制入手把财务管理推向一个新阶段，这是企业目前财务管理的一项重要工作。本文着重探讨企业财务管理与成本控制管理目标等问题。

一、财务管理目标

财务管理是社会生产力发展的结果，在15—16世纪，地中海沿岸一带的城市商业得到了迅速发展，初期的股份制公司的出现要求财务管理作为企业的一种组织形式诞生了。但这个时期的财务管理还仅仅只是企业管理中的一个附属部分，还没有自己的独立职能，也缺乏财务管理理论和实践经验，因此，这只是算是财务管理的萌芽时期。到了19世纪50年代以后，随着西方产业革命进入完成时期，随着股份制公司的不断扩大与逐渐完善，为了适应怎样筹集资本、发行股票，怎样分配利润的需要，才产生了专业化的财务管理。我国企业管理和理财的发展应该说是走过弯路、付出了相当大的代价的。在计划经济时代，我国的企业管理与财务管理不是以追求企业效益为目标，收益分配是按照按劳分配口号下的平均主义为原则。改革开放以后，特别是1993年，党中央十四届三中全会明确提出了国有企业的改革方向是建立现代企业制度和实行科学的企业管理（财务管理），财务管理才被重视起来。目前，国有企业正在加快企业改制工作。单一的国有企业正朝着投资主体多元化的股份制混合型经济形式发展，经营者与企业职工持股使国有企业和广大员工真正成为一个命运共同体。国有企业转换经营机制之后，将成为真正的市场竞争主体与法人治理实体。建立现代化企业财务管理制度与对企业财务管理提出了更迫切更高的要求。

（一）财务管理要为企业当好参谋，把好企业投资决策关

决策是企业管理中一项最为重要的工作。决策是有成本的，这一点容易被人忽视。例如，一个正确的决策为企业盈利100万元，如果失去了机遇，没有作出及时的决策，这个决策成本就是100万元；如果作出了一个错误的决策，不仅没有赚到100万元，反而亏损了100万元。那么，这个错误的决策成本就是200万元。因此，决策也必须讲成本控制。

投资决策是企业所有决策中最为关键、最为重要的决策，因此我们常说：投资决策失误是企业最大的失误，一个重要的投资决策失误往往会使一个企业陷入困境，甚至破产。因此，财务管理的一项极为重要的职能就是为企业当好参谋，把好投资决策关。投资是指投放财力于一定的对象，以期望在未来获取利益的经济行为。投资可以分很多种类，从投资回收的时间划分，有长期投资和短期投资；从投资的方向划分，有对内投资和对外投资；以投资对企业前途的影响划分，有战略性投资与战术性投资，以及初创投资与后续投资；确定性投资与风险投资；相关性投资与非相关性投资，等等。这些分类是从逻辑划分的二分法得出的，每一种投资本身就具有多种类型的性质与特点，如一项长期投资本身，它既可能是战略性投资，又可能是风险性投资，等等。因此，我们在考虑投资时必须把好以下“四关”：

1. 财务管理要为企业把好经济行为关

必须明确投资是一项经济行为，必须从经济规律中去寻找依据，从而作做出正确的投资决策。根据资料调查过若干个国有企业存在不少失误的投资决策例子，其中一个很大的失误原因是没有从经济规律本身去决策，而是根据“政治”“人际关系”等因素轻率地作出了投资决策。例如，一个国有企业的董事会听命于某位上级的“暗示”，给上级的儿子的一个公司投资300万元，结果是“肉包子打狗”，有去无回；又如，一个很成功的国有企业的总经理，为了回报他的故乡，强行主张在他的故乡投资500万元办厂，而他的故乡却不具备办这种工厂的条件，结果是厂办成功了，却年年亏损，成了这个故乡的“沉重包袱”。甚至还有国有企业的负责人把国有资产随意地投资给自己的亲戚朋友或身边的人，严格地说，这已经是一种腐败行为，是一种犯罪了。这一种投资方式在资料调查的投资决策失误中竟占40%左右，是一种十分值得重视的现象。另一种投资决策失误是投资决策者本人素质差，官僚主义，独断专行，自己又不懂经济规律而拍脑袋作出的决策。这种投资方式在资料调查的投资决策失误中约占50%。

2. 财务管理要为企业把好调查研究关，严格按国际惯例办事，按法治办事

投资决策是一个过程，在作出投资决策之前，必须深入进行调查研究，进行可行性分析，否则不能轻易投资。特别是对外投资，即企业以现金、实物、无形资产等方式，或者以股票、证券等有价证券方式向其他单位投资，一定要按国际惯例办事，对投资方的资信、财力等诸多方面有可靠的证明。合同要严格把关，符合有关法律手续，切不可留有隐患。

3. 财务管理要为企业把好投资管理程序关，做到投资决策科学化与民主化

不同种类的投资都有自身的特点，从而有不同的管理程序，需经不同的部门审批，例如，有的投资总经理个人可以作出决策，有的投资需经董事会批准，而有的投资则需报上级部门审批。

4. 财务管理要为企业把好成本控制、风险与收益关

投资的目的是要有效益，要赚钱，因此必须实行投资成本控制；要有风险意识，尽力规避风险；投资要有效益，还得及时回收，以确保投资成功。

(二) 财务管理要为企业管好资金，确保企业资金的正常流通与安全

目前，不少企业在资金管理中存在三个问题：一是资金入不敷出，存在资金缺口；二是资金被挪用、被挤占；三是叫人头疼的“三角债”。如何解决好这三个问题，是企业财务管理中的当务之急。当然，首先要开源节流，增收节支；其次要通过短期筹款和投资来调剂资金的余缺；最后必须对资金实施跟踪管理，做到专款专用，防止资金被挪用和形成新的“三角债”。据笔者对一个装饰工程公司的调查，这个公司在做装饰工程时，挪用工程资金，挪用材料资金，三角债现象相当严重，也存在偷税漏税的违规操作。后来，这个公司加强了资金跟踪管理，制定了资金使用“四个到位”原则：一是材料费按要求分配到位，不得挪用挤占；二是员工的工资，按施工定额兑现到位发放；三是国家的税收，按税法预留到位使用，不得违规；四是管理费，要按规定分解到位使用，不得拖欠。由于有了这“四个到位”，这个企业的资金流通与安全便有了基本的保证，可见，搞好资金管理也完全是办得到的。

(三) 财务管理要充分发挥财务监督作用，确保企业资产保值增值

企业要真正成为市场经济中的竞争主体和责权明确的法人实体，必须要有一套与之相适应的激励机制。建设一个团结、开拓、廉洁的领导班子是搞好企业的关键。从防止腐败着想，企业必须加强监督作用。正如交通规则一样，没有红灯的约束，就没有绿灯的自由。在企业约束机制中，财务管理充分发挥财务监督作用具有特别重要的意义。财务工作者要有高度的责任感，对于不按财务制度办事的人，要敢于抵制，直至向上级反映情况。企业的财务人员从根本上说，是对企业资产负责，而不是对某个具体的总经理负责，而从法治上说，又必须保护财务人员的职责与个人权益，也只有这样，才能充分发挥财务监督作用。

(四) 财务管理要掌握好新形势下的合理利润分配，调动各层次人员的积极性

利润分配是企业根据国家有关规定和投资者的决议对企业净利润所进行的分配。利润分配在企业中起到杠杆作用，它对正确处理企业与各方面的经济关系，调动各方面的积极性，促进企业发展有着极其重要的意义。多年

来，我国企业利润分配由于受计划经济的影响，在“按劳分配”的口号下，实质上存在严重的平均主义，极大地挫伤了群众的积极性，这也是不少国有企业长期处于困境的一个重要原因。一个厂长、总经理工资收入与一个普通员工相差无几，无论从哪一方面说，都是不合理的。有一些厂长、总经理辛辛苦苦干了几十年，临到退休才发现自己“一无所有”，心理不平衡。个别人则铤而走险，知法犯法，贪污受贿，形成所谓的“五十九岁现象”。一个高级知识分子，一个科技工作者收入同一个体力劳动者也相差无几，这也是利润分配十分不合理的现象。在利润分配上吃“大锅饭”是一种落后意识，具有很大危害。

改革开放以后，邓小平同志提出让一部分人先富起来，其实质就是打破利润分配的平均主义。邓小平同志又提出科学技术是第一生产力，号召尊重知识、尊重人才，这就是为利润分配进一步改革奠定了理论基础。目前，科技工作者可以以科学技术入股分红，企业经营者实行年薪制等，可以说是利润分配在新形势下的必然结果。按劳分配与生产要素参与分配将成为企业的主要利润分配形式，职工持股、经营者持股将使企业和员工成为一个利益共同体，风险共担，利润则视其参股比例不同而不同。在这种新形势下，企业的利润分配如何才能更合理，更能发挥经济杠杆作用，从而调动各层次、各种人员的积极性，是财务工作者面临的一个新挑战。

企业财务管理目标是企业进行财务管理活动所希望实现的目的或结果。资本结构对企业的生存发展至关重要，优化资本结构是企业实现财务管理目标的重要途径和手段。为了完善财务管理的理论结构，有效指导财务管理实践，必须对财务管理目标和资本结构进行认真的研究。

财务管理目标直接反映着理财环境的变化，并要根据环境的变化作适当的调整，它又是财务管理理论结构中的基本要素和行为导向，是财务管理实践中进行财务决策的出发点和归宿。因此，不研究财务管理的目标，就无法正确确定财务管理的理论结构。财务管理目标制约着财务运行的基本特征和发展方向，是财务运行的一种驱动力。不同的财务管理目标，会产生不同的财务管理运行机制，科学的设置财务管理目标，对优化理财行为，实现财务管理的良性循环，具有重要意义。

因为，财务管理目标作为企业财务运行的导向力量，若设置偏差，则财务管理的运行机制就很难合理。而企业资本结构决策影响企业的资金成本，影响企业的风险程度，优化资本结构就是使企业的加权平均资金成本最低，企业价值最大，实现企业财务管理的目标。因此，正确处理财务管理目标与资本结构的问题，既是建立科学的财务管理理论结构的需要，也是优化我国财务管理行为的需要，无论在理论上还是在实践上，都有重要意义。

二、企业财务管理目标的概念、特点和种类

企业财务管理目标（又称企业理财目标），是财务管理的一个基本理论问题，也是评价企业财务活动是否合理有效的标准。目前，我国企业财务的目标有多种，其中以产值最大化、利润最大化、股东财富最大化或企业价值最大化等目标最具影响力和代表性。

（一）企业财务管理目标的含义

企业财务管理目标是企业经营目标在财务上的集中和概括，是企业一切财务活动的出发点和归宿。制定财务管理目标是现代企业财务管理成功的前提，只有确定合理的财务管理目标，财务管理工作才有明确的方向。因此，企业应根据自身的实际情况和市场经济体制对企业财务管理的要求，科学合理地选择、确定财务管理目标。

（二）企业财务管理目标的特征

1. 稳定性

财务管理目标具有相对稳定性。随着宏观经济体制和企业经营方式的变化，以及人们认识的发展和深化，财务管理目标也可能发生变化。但是，宏观经济体制和企业经营方式的变化是渐进的，只有发展到一定阶段以后才会产生质变；人们的认识在达到一个新的高度以后，也需要有一个达成共识、为人所普遍接受的过程。因此，财务管理目标作为人们对客观规律性的一种概括，总的来说是相对稳定的。

2. 可操作性

财务管理目标具有可操作性。财务管理目标是实行财务目标管理的前提，它要能够起到组织动员的作用，要能够据以制定经济指标并进行分解，实现职工的自我控制，进行科学的绩效考评，这样，财务管理目标就必须具有可操作性，具体包括：可以计量，可以追溯，可以控制。

（三）企业财务管理目标的种类

1. 利润最大化

利润最大化是指企业通过对财务活动和经营活动的管理，不断增加企业利润。企业利润也历经了会计利润和经济利润两个不同的发展阶段。利润最大化曾经被人们广泛接受，在西方微观经济学的分析中就有假定：厂商追求利润最大化。这一观点认为，利润代表企业新创造的财富，利润越多则说明企业的财富增加越多，越接近企业的目标。

利润最大化的发展初期是在 19 世纪初，那时企业的特征是私人筹集，私人财产和独资形式，通过利润的最大化可以满足投资主体的要求。然而现代企业的主要特征是经营权和所有权分离，企业由业主（或股东）投资，而由职业经理人来控制其经营管理。此外，还有债权人、消费者、员工以及政府和社会等，都是企业的利益相关者。

2. 股东财富最大化

这种观点认为，企业主要是由股东出资形成的，股东创办企业的目的是扩大财富，他们是企业的所有者，理所当然地，企业的发展应该追求股东财富最大化。在股份制经济条件下，股东财富由其所拥有的股票数量和股票市场价格两方面决定，在股票数量一定的前提下，当股票价格达到最高时，则股东财富也达到最大，所以股东财富又可以表现为股票价格最大化。

股东财富最大化与利润最大化目标相比，有着积极的方面。这是因为：第一，利用股票市价来计量，具有可计量性，利于期末对管理者的业绩考核；第二，考虑了资金的时间价值和风险因素；第三，在一定程度上能够克服企业在追求利润上的短期行为，因为股票价格在某种程度上反映了企业未来现金流量的现值。

同时，也应该看到，追求股东财富最大化也存在一些缺陷：一是股东价值最大化只有在上市公司才可以有比较清晰的价值反映，对非上市公司很难适用。二是它要求金融市场是有效的。由于股票的分散和信息的不对称，经理人员为实现自身利益的最大化，有可能以损失股东的利益为代价作出逆向选择，因此，股东财富最大化目标也受到了理论界的质疑。

3. 企业价值最大化

企业价值最大化是指通过财务上的合理经营，采取最优的财务政策，充分利用资金的时间价值和风险与报酬的关系，保证将企业长期稳定发展摆在首位，强调在企业价值增长中应满足各方利益关系，不断增加企业财富，使企业总价值达到最大化。企业价值最大化具有深刻的内涵，其宗旨是把企业长期稳定发展放在首位，着重强调必须正确处理各种利益关系，最大限度地兼顾企业各利益主体的利益。企业价值，在于它能带给所有者未来报酬，包括获得股利和出售股权换取现金。

相比股东财富最大化而言，企业价值最大化最主要的是把企业相关者利益主体进行糅合形成企业这个唯一的主体，在企业价值最大化的前提下，也必能增加利益相关者之间的投资价值。但是，企业价值最大化最主要的问题在于对企业价值的评估上，由于评估的标准和方式都存在较大的主观性，股价能否做到客观和准确，直接影响到企业价值的确定。

4. 社会价值最大化

由于企业的主体是多元的，因而涉及社会方方面面的利益关系。为此，企业目标的实现，不能仅仅从企业本身来考察，还必须从企业所从属的更大社会系统来进行规范。企业要在激烈的竞争环境中生存，必须与其周围的环境取得和谐，其包括与政府的关系、与员工的关系以及与社区的关系等，企业必须承担一定的社会责任，包括解决社会就业、讲求诚信、保护消费者、支持公益事业、环境保护和搞好社区建设等。社会价值最大化就是要求企业在追求企业价值最大化的同时，实现预期利益相关者的协调发展，形成企业的社会责任和经济效益间的良性循环关系。

社会价值最大化是现代企业追求的基本目标，这一目标兼容了时间性、风险性和可持续发展等重要因素，体现了经济效益和社会效益的统一。

三、企业财务管理目标研究应注意的问题

财务管理目标是企业理财活动的出发点与归宿，是企业财务活动所要达到的目的与方向，是企业相关者利益彼此的期盼，是评价财务工作绩效和企业经营管理成果的最终标准与重要指标。企业财务管理目标能否实现及实现到何种程度，在理论上和实践上都具有重要的意义。

(一) 财务管理目标研究的出发点问题

财务管理目标的出发点可以归结为两种：首先，财务管理目标是企业所有者的目标。因此，财务管理目标应为“所有者财富最大化”“EVA 最大

化”“资金运动合理化”“长期资本增值”等。其次，企业的剩余索取权应由包括股东、债权人、经营者、职工、政府、社会公众等在内的所有利益相关者持有。因此，财务管理目标应为“企业价值最大化”、“相关者利益最大化”、“投资者、经营者和社会利益最大化”等。

这种分歧实质上是两种企业观的分歧。其一是“所有者观念”，认为企业是所有者的企业；其二是“实体观念”，认为企业具有独立于所有者之外的人格。从财务环境和经济理论来看，“实体观念”更加符合现代社会实际情况。

1. 发达资本市场具有投资主体分散化、投资目的多元化的特征。

2. 建立现代企业制度的核心是要明晰产权关系，即区分出资者所有权和法人财产权，并促使其分离，这就要求确认企业的主体地位。

3. 现代经济学认为，企业是一系列生产要素之间的契约。有的学者指出，资本所有权不应与企业所有权混为一谈，重要的是应消除企业是由证券持有者拥有的这一根深蒂固的观念。这可以说是“实体观念”的经济学基础。

4. 未来社会是知识经济社会，企业的资本除了债务资本和股权资本外，还有人力资本、知识资本等其他形式的资本，在有的企业，这些已经成为会计核算体系的一部分。因此，“实体观念”更符合当今时代的发展趋势。

（二）财务管理目标的结构问题

有些论者提出，财务管理目标是单一的。即便认为财务管埋目标具有层次性、多元性，其具体提法也存在种种差异。

1. 财务管理目标按范围不同可分为总目标和分目标两类，后者包括筹资管理目标、投资管理目标和营运管理目标等。

2. 财务管理目标分为基本目标和具体目标，前者又分为经济目标和社会目标。

3. 财务管理目标应分为所有者财务管理目标和经营者财务管理目标，后者是“追求个人效用最大化”。

4. 根本目标是资本增值，直接目标是利润，核心目标是经济效益等观点。

（三）财务管理目标的评价指标问题

有的学者并不讨论财务管理目标评价指标的问题。第一个分歧是，这可能是因为他们认为财务管理目标并非指标计算，不具有可操作性，或认为财务管理目标就是“某一指标”的“最大化”，因而没有必要再讨论财务管理目标评价指标问题。在财务管理目标评价指标问题上的第二个分歧是，有的学者认为这种指标只有一个，而大多数强调财务管理目标结构的论者则设计了多个指标。第三个分歧是在指标的具体设计上，究竟用哪一个（些）指标。

四、财务管理目标的比较

不同的学者站在不同的角度，出于对财务管理目标的不同理解，提出了不同的财务管理目标，分析比较不同学者观点的基础上，提出了建立财务管理目标体系的设想。

（一）以利润最大化作为财务管理的目标

这种观点认为，假定在企业的预期投资收益确定的情况下，财务管理行为将朝着有利于企业利润最大化的方向发展。企业财务管理的目标是获得最大的利润，而且利润越大越好。这种观点没有考虑企业所创造的利润与投入资本之间的关系，不利于不同资本规模的企业或同一企业不同时期之间的比较，同时它也没有考虑时间价值和风险价值，取得的同一利润额所用的时间不同，其价值不同，承担的风险也可能不同。

（二）以每股收益最大化作为财务管理目标

每股收益是净利润与普通股股数的对比值。所有者作为企业的投资者，其投资目标是取得资本收益，具体表现为税后净利润与出资额或普通股份数的对比关系。这个目标与利润最大化目标相比较，优点是把企业实现的利润额与投入的资本或股本数进行对比，能够说明企业的盈利水平，可以将不同资本规模的企业或同一企业不同时期进行比较。但该指标仍然没有考虑资金的时间价值和风险价值，也不能避免企业的短期行为。

（三）以企业经济效益最大化作为财务管理目标

以此作为财务管理目标，并没有考虑到时间因素，从而潜在的盈利水平和未来的增值能力能够得到体现是没有依据的，实际上也是难以计算的。另外，在股东至上的企业模式中，股东作为物质资本的所有者，其地位至高无上，由于经营者有着不同于所有者的独立的利益目标，在经营权和所有权分离的情况下，经营者在获得企业控制权方面处于有利地位，这样往往会有损于股东的利益。

（四）以企业价值最大化作为财务管理目标

企业价值最大化是指企业通过合理经营，采用最优的财务政策，在考虑资金时间价值和风险报酬的情况下不断增加企业财富，使企业总价值达到最大化。该观点认为，在对企业进行评价时，看重的不是企业已经获得的利润水平，而是企业未来的获利能力。因此，它反映了企业潜在或预期的获利能力。以企业价值最大化作为企业财务管理目标，其优点是，该目标考虑了资金的时间价值和风险价值，反映了对企业长期稳定的盈利能力的要求，有利于社会资源的合理配置。

五、实现企业财务管理目标的措施

企业财务管理目标受到多种因素的影响，由于出发点和要求实现的目的不同，对企业财务管理目标的定位会各有偏差，但目标只有一个，即“企业价值最大化”。

（一）紧密配合企业战略总目标，做好财务计划

企业管理中，战略的选择和实施是企业的根本利益所在，战略的需要高于一切，财务管理首先要根据企业总目标的要求，配合企业战略的实施，认真做好财务计划。计划并非一个资金问题，还要对未来可能出现的各种情况加以思考，以提高企业对不确定事件的反应能力；增加有利机会带来的收益。财务计划确定后，要将计划具体化，进行财务预算，进一步细化各种现金收支、长期资金筹措、短期资金信贷等预算，使财务预算成为企业财务管理目标的控制标准和考核依据，在实现企业价值最大化中发挥重要作用。

（二）促使企业大限度地提高投资报酬率

成本控制是企业增加盈利的根本途径，但单纯以成本最低为标准，只局限于降低成本本身，一般不能改变风险。因此，企业在投资管理、流动资金管理、证券管理、筹资管理等经济活动中，一方面要最大限度地降低成本获得利润，使企业总体边际收益最大，另一方面要以利润换效率，充分考虑“货币的时间价值和投资的风险价值”，以求达到股东投资报酬率最大。

（三）合理提高资产的利用效率

企业的资产不是无限的，企业获得的利润不仅仅表现在降低成本和降低资产消耗方面，还表现在提高资产利用率方面。改变资产用途，利用有限的资产多生产盈利更高的产品也是一种现实的选择，对于存在明显资产闲置的企业，提高资产利用率即是降低成本提高盈利水平的关键之一。盘活存量资产、增加产品产量、调整产品结构、销售更多的社会需要的商品来增加数量收益，不仅是一种市场策略，有时也是一种成本利润策略，从企业战略意义上讲，提高资产利用率也是实现企业价值最大化的有效途径。

（四）正确进行财务分析

为改善企业内部管理，财务管理往往要对企业的盈利能力、筹资结构、利润分配进行分析，以评价企业过去的经营成果和财务状况，预测未来的发展趋势，帮助企业改善决策。通过财务分析可以对企业的偿债能力、盈利能力、抗风险能力作出评价，找出存在的问题，以此来提高资产收益率、应收账款周转率，并为决策提供有用信息，促使企业财务管理目标的实现。

六、创造企业公司财务管理的最佳目标

财务成长战略管理是公司战略管理的重要内容，而战略管理的核心是维持公司的可持续发展。可持续发展战略原指社会、经济、人口资源和环境的协调发展和人的全面发展。公司可持续发展的核心是发展，关键是可持续，它作为一种发展目标和战略思想已被普遍接受。

(一) 创造企业公司财务管理的最佳目标

关于公司财务管理目标，学术界具代表性的观点有：公司利润最大化、公司价值最大化、所有者财富最大化、股东财富最大化。这四种观点虽然各有道理，但作为公司财务管理的最优目标，它们中的任何一个都不合适。这是因为：

1. 公司利润最大化。一是没有考虑利润产生的时间因素，容易引发经营者的短期行为，导致公司资源的不合理利用；二是没有考虑利润产生的风险因素，容易引发经营者“铤而走险”，使公司陷入经营困境或财务困境；三是没有考虑利润本身的“含金量”，容易引导经营者只顾追求会计利润而忽视现金流量，使公司因现金流量不足而陷入困境。

2. 公司价值最大化。公司价值的大小取决于公司未来现金流量的多少、公司持续发展的时间长短和公司加权平均资金成本的大小这三个因素，而这三个因素中的任何一个都是动态的因素，很难准确地计量它们。用无法准确计量的结果来评价公司的价值并将公司价值最大化作为公司财务管理的最优目标，显然是不可靠的。

3. 所有者财富最大化。所有者财富的计量标准是公司的净资产总额，即资产总额减去负债总额后的余额。而净资产总额是一个静态指标，不包含资金的时间价值因素和风险价值因素，用所有者财富最大化来作为公司财务管理的最优目标显然不合适。并且由于经营者可通过降低负债来增加净资产，这样会影响公司的财务杠杆效应，从而使投资者丧失应得的财务杠杆利益。

4. 股东财富最大化。股东财富的计量标准是公司股票的市价，而股票的市价除了受公司内部因素的影响外，更多地受公司外部因素的影响。当外部因素对公司不利时，公司股票的市价不仅不会升，反而会下降，从而使公司的一切看似有效的管理活动对股票市价而言变成了无效的管理行为。用一个公司不能有效控制的指标来作为公司财务管理的最优目标，这不现实。

上述四个目标都没有全面并明确地考虑到公司各个利益主体在公司中的利益。一个公司，从产权关系来说它是属于投资人（所有者）的，但从利益关系来说它却是属于各个利益主体的。因此，确定公司财务管理的最优目标，不能只考虑某一个利益主体的单方面利益，而应该全面并明确地考虑所有利益主体的共同利益。

（二）确定公司财务管理最优目标的主要原则

1. 利益兼顾原则

公司的利益主体主要有投资人、债权人、经营者、政府和社会公众。确定公司财务管理的最优目标应该全面而有效地兼顾这五个利益主体的利益，并努力使每一个利益主体的利益都能达到最大化。

2. 可靠计量原则

公司财务管理的最优目标应是能够可靠计量的。只有能够可靠地计量，公司财务管理的最优目标才变得具体化，才具有可操作性，才能进行考核和评价。否则，公司财务管理的最优目标就会变得虚化而毫无意义。

3. 有效控制原则

只有能够有效控制，最优目标才有可能通过公司的努力而达到。如果把一个不可控的目标确定为公司财务管理的最优目标，就会使这个目标成为无法甚至根本不能实现的虚幻目标，这对公司财务管理将会遗患无穷。

4. 可持续发展原则

公司财务管理的最优目标应有利于公司的可持续发展。具体地说，公司财务管理的最优目标应该能够克服经营上只顾眼前、分配上分光吃光的短期行为，使各个利益主体的利益都能够做到长短结合、有效兼顾，最大限度地保证公司长期、稳定、快速地发展。

(三) 各方利益最大化是公司财务管理的最优目标

各方利益最大化是指投资人、债权人、经营者、政府和社会公众的利益最大化。实现多方利益最大化，要求做到:

1. 各方利益的可计量性

把投资人、债权人、经营者、政府和社会公众的利益最大化确定为公司财务管理的最优目标，能够满足公司财务管理最优目标的可计量性要求。

(1) 投资人利益可以用净资产 (或股东权益，下同) 保值增值率、净资产利润率、每股净资产、每股收益、每股股利、每股市价这些指标来计量。投资人利益最大化就是指这六个指标的数值最大化。

(2) 债权人利益可以用资产负债率、财务杠杆率、利息保障率、流动比率、速动比率、现金比率、债务到期偿还率这些指标来计量。债权人利益最大化就是指这七个指标的数值能够最大限度地保持适度。

(3) 经营者利益可以用薪金占营业收入的比率、薪金占营业成本的比率、薪金占公司增加值的比率、薪金增长率与营业收入增长率的比率、薪金增长率与营业成本增长率的比率、薪金增长率与公司增加值增长率的比率、薪金增长率与劳动生产率增长率的比率这七个指标来计量。经营者利益最大化就是指这七个指标的数值能够最大限度地保持适度。

(4) 政府利益可以用税费违规率、税费完成率、社会贡献率、社会积累率、政府投资完成率、社会保障完成率这六个指标来计量。政府利益最大化就是指后五个指标的数值最大化而税费违规率的指标数值最小化。

(5) 社会公众利益可以用环境保护、劳动监察、技术监督、劳动保护、生产安全、售后服务、消费者权益保护这七个方面的相关指标来计量。社会公众利益最大化就是指这七个方面的相关指标都能最大限度地满足有关法律、法规和制度的要求，最大限度地减少对社会公众利益的损害。

需要特别指出的是，从某种程度上说，政府利益也是社会公众利益，社会公众利益也是政府利益，两者是不能截然分开的。

通过以上分析可知，本文所提出的公司财务管理的最优目标——各方利益最大化是一个很综合的目标，而不像公司利润最大化、公司价值最大化、所有者财富最大化、股东财富最大化等目标那样仅仅是一个比较单纯的目标。

2. 各方利益的可控制性

把投资人利益最大化、债权人利益最大化、经营者利益最大化、政府利益最大化和社会公众利益最大化确定为公司财务管理的最优目标，各利益方都有明确的指标：

(1) 反映投资人利益的净资产保值增值率、净资产利润率、每股净资产、每股收益、每股股利、每股市价。

(2) 反映债权人利益的资产负债率、财务杠杆率、利息保障率、流动比率、速动比率、现金比率、债务到期偿还率。

(3) 反映经营者利益的薪金占营业收入的比率、薪金占营业成本的比率、薪金占公司增加值的比率、薪金增长率与营业收入增长率的比率、薪金增长率与营业成本增长率的比率、薪金增长率与公司增加值增长率的比率、薪金增长率与劳动生产率增长率的比率。

(4) 反映政府利益的税费违规率、税费完成率、社会贡献率、社会积累率、政府投资完成率、社会保障完成率。

(5) 反映社会公众利益的环境保护、劳动监察、技术监督、劳动保护、生产安全、售后服务、消费者权益保护等。这些指标不仅具有可计量性，而且都是可以通过公司的财务管理活动来加以有效控制的，符合公司财务管理最优目标的有效控制原则。

3. 只有把各方利益最大化确立为公司财务管理的最优目标，才能最大限度地促进公司的可持续发展

公司在财务管理活动中，如果忽视投资人的利益，投资人可能会撤换公司经营者（即使不撤换，也会激化投资人与经营者之间的代理矛盾，加大

代理成本)，甚至投资人可能会撤走或转移投资，使公司不复存在。如果忽视债权人的利益，公司当前的债权人可能会通过法律程序来保护自己的利益，使公司陷入法律诉讼的泥潭，使公司未来的融资活动陷入困境。如果忽视经营者的利益，公司就很难调动经营者的积极性，留不住更引不来优秀的经营者。如果忽视政府的利益，公司可能会遭到政府的行政处罚或法律制裁。如果忽视社会公众的利益，公司也可能遭到政府的行政处罚或法律制裁，同时还会遭到社会公众的谴责和抵制。所有这一切，都不利于公司的可持续发展，甚至还可能导致公司的衰败。所以，只有把各方利益最大化确立为公司财务管理的最优目标，并在财务管理活动中努力兼顾、协调和平衡各方的利益，使投资人、债权人、经营者、政府和社会公众都能从公司的经营活动中获得各自最大的利益，才能最大限度地促进公司的可持续发展。

4. 各方利益最大化符合中国特色社会主义的最终目标的基本要求

中国特色社会主义的最终目标是实现共同富裕。投资人、债权人、经营者、政府和社会公众是公司共同的利益主体，把实现这些利益主体的利益最大化作为公司财务管理的最优目标，是实现共同富裕这一最终目标的基本体现。可以说，投资人、债权人、经营者、政府和社会公众各方利益最大化是中国制度下公司财务管理的最优目标，它与资本主义制度下公司财务管理的最优目标——股东财富最大化有着本质的区别。

第四节　企业管理与财务管理的关系

企业的战略目标通常不止一个，而是若干个目标的合理组合。企业的可持续成长是财务管理追求的基本目标，成长是企业存在和发展的基础和动力，追求成长是财务管理者精神本质的体现。盈利和成长能力是财务能力体系中的核心能力，企业财务能力包括盈利能力、偿债能力、营运能力、成长能力与社会贡献能力等多个方面，可持续盈利成长能力最大化是财务管理目标的现实选择，企业可持续发展应该是企业盈利的可持续发展。

一、企业管理与财务管理的关系

企业管理是对企业的生产经营活动进行组织、计划、指挥、监督和协调等职能的总称，涉及生产管理、营销管理、人力资源管理、财务管理等多个层次和内容。财务管理是企业组织财务活动、处理财务关系的一项综合性管理工作。

(一)财务管理在企业管理中居于中心地位

财务管理是企业管理的基础。苏辙说:“财者，为国之命而万世之本”。要有“BM”(企业管理，BusinessManagement)先要“FM”(财务管理，FinancialManagement)。企业的各种活动，其本质还是一种经济活动，而所有的社会经济活动都离不开财务，有了财务就需要财务管理。无论企业规模大小或经济类型如何，只有抓好财务管理，以财务管理为中心，才能建立起比较完善的企业管理体系。从实践来看，管理水平高的企业都离不开财务管理作用好的发挥。而许多经营失败的企业，原因虽是多方面的，但与企业对财务管理在企业管理中的中心地位认识不够、财务管理意识弱、缺乏财务约束机制和监督机制导致财务管理在企业管理中的作用没有发挥好是分不开的。

20世纪90年代响彻中国大地的“巨人集团”享受过辉煌巅峰带来的快意，也体验了低谷中企业经营的悲情。巨人的轰然倒塌就是一个典型的案例，究其原因固然是多方面的，但混乱的财务管理，最终导致巨人大厦的后续资金无法到位，财务预算无法得到落实，财务管理方面的不足在巨人从巅峰走向衰败的过程中起了推波助澜的作用。

财务管理在企业管理中的中心环节地位和作用是一种客观要求。财务管理是一项旨在实现价值增值、增加投资人财富而实施的价值管理，具有综合性、协调性的特点。从组织财务活动到处理财务关系，都是通过合理组织资金运动、经营成本支出、经营成果的实现和分配而进行的。财务工作所面对的相关指标具有综合性，实现这些目标也需要财务管理与其他管理相互配合。财务管理运用价值法则和资金关系配置企业的各项资源，从而实现提高效率和协调不同利益主体的目标。

1. 企业的宗旨和性质决定了财务管理的中心地位

企业是作为一种以盈利为目的的经济组织而存在，企业的根本宗旨就是盈利。盈利的实现，是以良好的财务状况为基础的。“以财务管理为中心”要求企业不仅重视资本的盈利性，而且要重视资本的流动性，保持最佳的基本结构，提高资产利用效率，保证按期偿付债务，避免有盈利但不能按期偿债导致的破产。

2. 企业管理以财务管理为中心，是市场机制发挥作用及其正常运行的基础

市场机制要发挥作用，需要企业对市场信号作出灵敏的反应，并依据这些信号及时调整自己的经营行为，市场经济是平等竞争的经济，其结果是经济资源在全社会范围内得到最佳配置。如果企业不以财务管理为中心，而是以产量、规模或其他非价值目标为中心，结果必然是市场机制失灵，资金配置扭曲。

3. 财务管理是企业各项管理工作的“龙头”

在企业经营管理的种种矛盾中，财务管理可以说是最主要的、起决定性作用的矛盾，生产管理、原料供应、产品需求、技术和设备管理等部门的各项工作都有其财务意义，都必须围绕财务目标开展工作，都要事先算一算财务账，可以说，财务目标是统率其他一切工作的关键环节，企业从上到下，各个部门都要为实现这一目标而奋斗。

(二) 财务管理在企业管理中的特点

1. 超前性

随着科学技术的不断发展进步，人们对西方现代财务的许多先进的管理经验正在逐步地引进并积极地消化，财务管理的职能由着重于事后的反映而转变为以过程控制为主，继而强调事前的科学预测与决测，特别是管理会计与财务会计的职能分工，更是体现了财务超前性的职能，如投资项目的财务决策中普遍适用的现金流量决策方法就是生产经营的超前决策。

2. 动态性

市场经济最显著的特征是瞬息万变，不以人们的主观意志为转移，市场经济的发展与完善，受到国际经济环境以及国家各种经济杠杆的作用和反作用。企业在遵守企业会计准则、国家财经法规的前提下，在保证财务资料的可比性、真实性、连续性、及时性、稳定性的前提下，按照零基思维的原理，灵活设置财务管理和会计核算机构，建立和完善与企业核算层次、规模、成本信息传递途径和控制系统，以动制动，以变应变，随时抓住主要矛盾，重点问题重点解决，以达到管理的目的。

3. 全面性

企业的一切生产、经营、投资活动都是企业内部的资金活动，任何一

个企业的管理也就是“人、财、物”的管理，企业内部“人、财、物”的管理都可以用资金管理来“替代”和“控制”。许多跨地区、跨行业经营的集团公司，确立“以产权关系为纽带，以会计核算信息为主线，以资金管理为核心”的财务管理纲领，就能增强公司的控制性和可操作性。可见企业的所有管理都是一种变相的资金管理，也即属于财务管理的范畴，现代企业的财务管理是一种全方位、全过程的系统管理。

(三)财务管理在企业管理中的重要职能

1. 决策职能

要使企业的产品适应千变万化的市场需求，保证企业的发展方向与市场经济相适应，确保企业永远充满活力和竞争力，要求企业管理当局作出每一项决策前，一定要进行充分的“定量、定性”分析，必要时，建立科学的数字模型，把一切可能发生的风险影响因素考虑在内，借助于现代科学的各种方法和手段，来完成所有项目经济业务的预测和决策。企业管理必须具备科学决策的才能，同时企业财务管理必须具有决策职能。

2. 控制职能

衡量一个企业的管理水平层次高低，主要检验其内部所有控制系统是否“科学、严谨、有效”。财务管理工作应力求做到“规范化、制度化、程序化、现代化”。财务管理的“四化”是衡量企业财务管理水平高低的唯一尺度，也是保证一个企业好坏经济效益前提和保证，如果没有严密的内部控制制度，没有较强的“自我约束与控制”功能，企业在激烈的市场竞争中，其后果是可想而知的。

3. 反馈职能

企业财务“超前性、动态性、全面性”的特性，要求财务管理部门除按时、保质、保量对企业的一定会计期间的生产经营成果进行被动反映外，更要求要迅速、准确保证把每一“有价值、有效益”的会计信息反馈到相关部门或管理当局，使它们作做出科学的决策和适时的修正，以保证企业生产经营的每一环节、每一过程都处于高效、可控的轨道之中。

(四)对企业财务管理的重新认识

1. 资金运作管理是企业财务管理的核心

资金是企业资产的货币表现形式，在研究如何管好一个企业，把企业盘大、盘活，保证资产的保值增值，就要求从资金管理着手，把资金管理当作企业的核心和主要矛盾来抓。

企业的竞争，终究是实力的竞争，实力除了人的因素以外，主要就是体现资金的“实力”，这个实力可以认为是产品的竞争力，也可以认为是企业的科研开发能力，或是企业适应市场环境生存的能力，但是可以肯定地说，这些能力都是企业“造血功能”的能力，是企业保证资金运转流畅，并在运转过程中逐步扩大市场份额，逐步提高产品竞争能力，保证资产不断保值和增值的能力。一个企业如果不能保证资金运动的循环性、增值性，就谈不上发展，谈不上竞争。

2. 成本信息管理是企业财务管理的基础

企业管理在一定程度上就是成本管理，因为企业经营的最终目的是由其“所得补偿所费”后，争取金额的最大化，那么企业的全部管理都围绕在“所得与所费”这一目标上，不管是对人的管理还是对物的管理都有一个“所得与所费”的问题，也即成本问题，而成本的管理又是一种信息的管理，企业的生存与发展本身就是一种成本叠加的过程。财务管理也只有抓好了企业的成本管理，才能体现企业财务内部控制的“有效性、严密性、科学性”，也才能真正实现投资者利益最大化的目的。

3. 资产的不断保值与增值是企业财务管理的最终目的

企业物质财产的表现形式就是“资产”，如果把资金比作企业的“血液”，那么，资产则是企业的“躯体”，“血液”的不断循环和周转，其目的是使“躯体”不断发展与壮大，这样我们可以看出，资金管理本身只是一种形式和手段，而其本质是对资产的管理。财务管理的使命就是使投资者得到客观、公正的会计信息和投资回报。投资者投资的目的就是财富最大化，而财富的代表和象征又包括无形资产、有形资产等企业的资产。可以说，投资者的唯一目的就是希望其所拥有的资产不断保值与增值。企业的财务管理是直接为投资者服务的，投资者的目的就是企业财务管理的目的，所以，资产的不断保值与增值是企业财务管理的最终目的。

二、企业文化与企业管理之间关系的内涵所在

企业文化的概念源于欧美国家，欧美国家是以制度为基准的社会体系，从而形成公司治理的规范体系。制度本身的作用是制约，它可以让公司员工

达到公司对员工要求的一个基本底线。

随着公司的发展，特别是公司进入成熟期，管理者开始意识到用纯粹的制度来管理企业员工，是很难激发员工的工作热情的，于是人们开始研究中国的五千年历史，从中深深感到激发一个国家和民族的最有效的元素是一种“文化”，“文化”的底蕴是精神所在，它的威力是无穷的，从此欧美国家开始在企业管理中运用“文化”来激励企业的员工，俗称“企业文化”。

其实企业文化与我们提倡精神文明、物质文明是一致的，精神文明、物质文明蕴含着无穷无尽的文化内涵，它一直是我们在社会历史发展过程中所创造、体现社会生产力发展进步的物质精神文化内涵。中国改革开放后，提倡和世界接轨，在把欧美国家企业文化拿过来学习的时候，并没有一个属于自己特有的企业文化专利，在谈企业文化时，中国企业的企业文化表述几乎都一样，很少有人能清晰地讲出自己企业的企业文化，也谈不出企业文化在国有企业中的分量根源所在，让人觉得企业文化就是一种高谈阔论、夸夸其谈的宣传口号。

企业由于其性质不同，其企业文化的标准也不一样，这里要谈的是国有企业的企业文化，所以笔者主要谈影响企业发展的主要问题，企业管理和企业文化之间的关系，两者是怎样相互影响又相互促进的。在谈之前，先举个例子，如果把企业比作一棵树，企业管理是树干树枝，那么树上开的花结的果就是企业文化。树干树枝越强壮，则树上的花开得越好结的果实也越密越好。从简单的比方似乎可得出，企业管理影响着企业文化。其实不然，企业文化在企业成立的那一天起，就伴随企业管理而发展，直到它的成熟期开花结果。花果每年一开一结果，企业文化也是每年都要有新的起色。

(一) 企业文化的内涵

人们往往从精神财富去理解文化，如科学文化、历史文化等，而企业文化，不仅仅需要从精神财富去理解，还需要从物质财富上去理解，它反映在企业的外在精神、整体面貌上，如厂容厂貌，它还反映在企业职工整体的外在表现，如职工的精神面貌、共同规范、价值观念、职业道德、法律意识等。那么什么能影响职工整体的外在表现呢？这就是企业管理。一个企业管理实行得好坏，直接影响着职工的情绪、职工的利益。

企业管理得好，制定严格的规章制度是一方面，另一方面它还表现在通人情，充满人情味，能得到全体职工认可普遍接受，并自觉去遵守执行。那么什么是企业文化呢？言简意赅地说，企业文化就是企业的物质文明和精神文明的总和。用企业的语言来表达，就是在一定的社会历史条件下，企业文化不仅仅是企业对内对外的舆论宣传，还是企业在一系列管理工作实践中，在创造物质生产过程中所形成的企业管理模式、行为规范，以及与之相适应的制度和组织机构，通过企业与企业职工的共同意识、价值观念、职业道德、道德规范、法律意识等，去展现企业现在和未来的愿景和远景。

企业文化是通过企业有型的生产力而反映出的一种无形生产力，一种潜在的生产力，无形的资产和财富。有形的生产力是企业的管理，企业管理是企业的核心工作，企业文化是与外界沟通的窗口，企业管理是企业文化面向外界展示本企业的桥梁。企业文化不会单纯地促进企业的发展，它是通过企业有形的生产力来起作用的。

（二）企业管理的内涵

企业管理一直伴随着国有企业改革的中心工作。管理，顾名思义负责某项工作使其顺利进行。企业管理，就是通过企业的经济活动以及企业所有的人力、物力、财力，进行计划、组织、指挥、监督和协调，以达到预期的目标，从而取得最大经济效益的一系列活动。归根结底，就是对企业人的素质、对智力资源的开发和利用。这里“企业人的素质”，指企业全体成员的素质，包括管理人和被管理人。可以看到，企业管理不仅仅是对企业员工素质的管理，对管理者也要进行素质的管理。

在国有企业里，管理工作从大的部分可划分为：队伍管理、生产管理、安全管理、财务管理、成本管理、物资管理、经营管理。在这些管理中，队伍管理是最重要的。俗话说，要想火车跑得快，全凭车头带。榜样的力量是无穷的。队伍管理，也包括人力资源的管理，就拿本元电公司来说，从总经理工作部，到分厂班组，从党群工作部，到分厂党支部党小组，企业全体成员，都在这层层的机构里互相监督、影响着。改革开放提倡厂长经理负责制，在这个队伍里，以厂长经理为首的企业管理团队直接影响着企业方方面面的管理工作（笔者在下面将单独谈企业文化与企业厂长经理的人格力量），影响着企业发电的安全生产，影响着人力资源的利用，影响着企业的经济利益。

管理是一个永远的课题，管理是企业发展保证企业生命力长久不衰的一种手段，而不是目的。企业管理的目的是提高生产力的积极性，树立企业员工主人翁的精神，树立企业员工企业责任心和责任感的思想意识，从大处着眼，树立民族责任心民族责任感的思想理念，各尽其责，合理利用人力物力资源，促进企业取得最好的经济效益。良好的企业管理转化为企业文化的时候，企业文化厚积薄发，内涵才更有底蕴，当企业文化得到社会的认同，并成为社会价值一部分的时候，企业员工就会产生强烈的荣誉感和归属感，他们会自觉遵守厂规厂纪，会加倍工作和学习，用自己的实际行动去维护企业的利益，维护着企业的荣誉和形象。

(三)企业文化的出发点

企业文化的出发点，简单地说，就是理解企业职工、尊重企业职工，把企业职工当作有头脑、有思想、知道冷暖、知道好歹的正常人来对待，而不是把职工当作白痴对待。国有企业改革有一个很大的败笔，就是领导干部利用职权多吃多占，和企业职工形成极端的两极分化。而且这种两极分化已经潜移默化、由浅入深地影响着企业的长远发展。

(四)企业文化和企业厂长经理的人格力量

有个寓言故事，有条蛇的尾和头争吵起来。蛇尾说：“你总当头，这太不公平了！你也该让我当头啦！”蛇头说：“我们的分工就是这样的嘛！我不能跟你换。”它们不停地争吵，直到有一天，蛇尾紧紧地缠到了一棵树上，蛇头没法向前行走了。蛇头争持不过蛇尾，只好让蛇尾来当头，结果整条蛇都掉进了火山口里。

国有企业也好比一条长长的蛇，企业经理就是那蛇头，企业员工就是长长的蛇尾，蛇头和蛇尾之间的部分就是各个层次的管理人员，也就是大小不等的官。可以看出，当官的和企业员工永远是一体的，这样蛇才有生命力，才能爬行得好。既然选择当官的作为蛇头，当官的到什么时候也不能把蛇尾甩出去单独行动，蛇头每爬行一步，都会扭动全身，上升到理性，就是同甘共苦，生死与共，有福同享，有难同当。

企业无论在顺境还是在逆境中，总是存在诸多的困难，来自方方面面的阻碍，一个在管理上前怕狼后怕虎、人浮于事的企业，往往会在问题成堆的时候，被围困而不可自拔。

(五) 企业文化的核心内容

企业文化的核心内容，包括企业愿景、企业使命和企业核心价值。企业愿景表明企业的发展方向，怎样地使企业经久不衰，怎样地在市场经济风云变幻中立足根本；企业使命，表明的是企业存在的理由，也就是企业对社会承担履行的是什么样的责任；企业核心价值，表明的是企业所有行为规范的基本准则影响的能力。企业文化因企业管理形成核心理念而生，当企业文化成为企业职工与企业之间的心理契约，成为企业职工认可约定俗成的文化时，企业文化又反过来不断地潜移默化地影响着企业管理，企业还会不断地激励全体员工从思想上丰富对企业文化内涵的认识，并从行动上去表达企业文化的内涵。

企业是社会组织的一分子，一个优秀企业要想得到社会的尊重，理应承担起社会发展进步的责任，这就是民族的责任心和民族的责任感，因此，企业文化的核心是企业的精神和价值观，是一种反映企业的一切管理经营和组织活动的东西，它展现的是企业外貌，体现的是企业的美德，弘扬的是企业团队核心凝聚力，表现的是企业全体员工的精神面貌。

财务管理在企业管理中的中心环节地位和作用是一种客观要求。财务管理是一项旨在实现价值增值、增加投资人财富而实施的价值管理，具有综合性、协调性的特点。

三、财务管理在企业中的重要作用

企业规模不断扩大，经济活动的日益复杂和财务风险的日益加剧也迫切要求企业加强财务管理。因此，必须明确认识到财务管理是企业管理的核心，加强财务管理工作才能适应新形势的需要。

财务管理在企业组织机构中属于较高层次，是对企业价值的综合管理。所以说财务管理在管理控制、资源分配、业绩评价中起核心主导作用，能够对与决策有关的诸多要素进行平衡，从而在经营决策中起核心作用。

(一) 在投资过程中加强财务管理以实现收益最大化

投资的目的是获得收益，而要想获得收益就必须承担一定风险。无论是企业成立之初的初始投资还是企业运营过程中的对外投资活动，对企业的影响都是巨大的，有时甚至会关系到企业的生死存亡。投资按内容不同可分为项目投资、证券投资和其他投资等类型。项目投资一般投资数额较大、投资期限较长，因此在投资前及投资过程中应预测风险选择最佳方案。证券投资则具有更大的灵活性和风险性。

(二) 经营过程中加强财务管理以实现现金流量最大化

企业经营过程中的现金流量主要包括现金流入量和现金流出量，经营过程中要实现现金流量最大化，就是要设法加大现金流入量和减少现金流出量。现代企业为避免出现死账、呆账及纠缠不清的三角债现象，越来越重视货款的回收，只有已经流入企业或有确定把握流入企业的货款才能算作企业实实在在的资产因而。普遍加大了货款回收中的财务管理力度。现金流出方面，对于成本的管理始终是财务管理中的重头戏。加强成本管理、降低成本费用是提高企业经济效益的主要途径。

随着经济发展商品流通的加快，在相同质量前提下，商品价格对任何企业一视同仁，现代企业能否在商战中取胜，很大一部分取决于能否更好地控制成本费用。

(三) 融资过程中加强财务管理

实现成本最小化融资决策的关键在于匹配经营风险增强企业的财务弹性，保持合理的资信等级。在融资过程中应运用资本成本理念，按照保持与公司资产收益风险匹配，维持合理的资信和财务弹性的融资决策和资本管理的基本准则，借助财务管理专业知识，确定融资类型，设定弹性条款，选择融资时机和地点等。

随着产品市场竞争加剧和金融系统市场化程度提高，企业资产预期收益和金融市场的不确定性明显增加。外部投资者与企业对经济和金融形式、公司发展的评价和差异日益增大，股票市场又往往对信息反映过速或不实导致企业高估或低估资金成本。企业融资过程中只有加强财务管理，综合考虑这些因素，才能更好地匹配资产收益风险降低融资成本。

(四) 财务管理要充分发挥财务监督作用，确保企业资产保值增值

企业要真正成为市场经济中的竞争主体和责权明确的法人实体，必须要有一套与之相适应的激励机制。建设一个团结、开拓、廉洁的管理团队是搞好企业的关键。从防止腐败着想，企业必须加强监督作用。正如交通规则

一样，没有红灯的约束，就没有绿灯的自由。在企业约束机制之中，财务管理充分发挥财务监督作用具有特别重要的意义。财务工作者要有高度的责任感，对于不按财务制度办事的人，要敢于抵制，直至向上级反映情况。企业的财务人员从根本上说来，是对企业资产负责，而不是对某个具体的人负责，而从法治上说，又必须保护财务人员的职责与个人权益，也只有这样，才能充分发挥财务监督作用。

(五) 财务管理要掌握好新形势下的合理利润分配，调动各层次人员的积极性

利润分配是企业根据国家有关规定和投资者的决议对企业净利润所进行的分配。利润分配在企业中起到杠杆作用，它对正确处理企业与各方面的经济关系，调动各方面的积极性，促进企业发展有着极其重要的意义。

多年来，我国企业利润分配由于受计划经济的影响，即使在“按劳分配”的口号下，也存在着严重的平均主义，极大地挫伤了企业员工的积极性，这也是不少国有企业长期处于困境的一个重要原因。在利润分配上搞平均主义是一种落后意识，有很大危害。目前，科技工作者可以以科学技术入股分红，企业经营者、部分高级管理者实行年薪制等，可以说是利润分配在新形势下的必然结果。按劳分配与生产要素参与分配将成为企业的主要利润分配形式，职工持股，经营者持股将使企业和员工成为一个利益共同体，风险共担，利润则视其参股比例不同而不同。在这种新形势下，企业的利润分配如何才能更合理，更能发挥经济杠杆作用，从而调动各层次、各种人员的积极性，是财务工作者面临的一个新挑战。

四、发挥财务管理在企业管理中的作用

随着经济形势的不断变化，全球经济逐渐向一体化迈进。在这个过程中，也迎来了知识经济时代的到来，使世界各国的经济文化生活都达到了一个崭新的境界，使人类物质文明和精神文明迅猛发展。在人类社会和经济这一历史性的飞跃之中，整个工业经济时代的财务管理必然会受到较大程度的影响，因此在知识经济时代里，财务管理起着举足轻重的作用。

(一) 企业领导重视财务管理，形成企业管理以财务管理为核心的共识

首先，企业领导要转变观念，把加强财务管理提到议事日程，摒弃财务

部门只是算账、报账的传统思想。树立全员财务意识，转变过去财务管理只是财务部门职责的狭隘观念为人人当家理财的全员财务意识。其次，企业领导要熟悉财务管理知识。其他管理只是对企业生产经营的某一个重要方面实施管理，而财务管理是对企业生产经营的各个方面和全过程的管理。不懂财务的企业领导在市场上和其他企业竞争存在很大风险，对外需要资本运作、拓展市场、项目估测，内部要加强财务管控。正如李嘉诚所说："老板不但要懂业务，更要懂财务，企业的一把手如果不懂财务，如同盲人摸象。"

(二) 建设高素质、复合型的财务管理团队

企业的核心是员工，人是生产力诸要素中最积极、最活跃的因素。财务管理的功效能否有效发挥，财务管理人员的素质和能力是关键。一方面，需要领导重视并加强对财务管理人员的技能培养，财务管理人员不仅要会算账，还要掌握经营管理的综合知识，及时为领导决策提供信息。另一方面，要加强财务管理人员的职业道德教育，强化其对企业的忠诚和负责任意识。

(三) 加强财务管理制度建设并切实贯彻执行

企业管理的前提是建立内部控制体系，首要的任务就是建章立制，没有完善的制度体系很难实现财务管理目标。各项制度要切实得到有效执行，不能形同虚设。

(四) 以全面预算为着手点保证财务管理目标的实现

凡事预则立，不预则废。全面预算是计划工作的成果，既是决策的具体化，也是控制经营活动的依据。全面预算可以量化企业的战略目标和发展规划，财务管理则是围绕企业的战略要求和发展规划，通过编制财务预算和资本预算，对预算执行过程的有效监控，提升企业管理的应变能力，保证企业管理目标的实现。财务管理在全面预算中处于主导和中心地位。

(五) 强化"现金为王"的财务管理理念

财务管理的内容主要体现在企业资金运作的全过程。2008 年的金融大海啸，全球经济损失超过 30 万亿美元，许多企业因为资金断流而濒临困境甚至倒闭。财务管理要从资金的筹集、投资、耗费、回收以及分配等方面加强管理。充足的资金是企业正常运营的前提，但资金并非越多越好，要考虑资金成本，合理筹集资金；谨慎选择投资项目，要事先做好项目资金流预

算，与筹集资金统筹考虑。以资金预算强化资金支出和成本费用管理、收入预算和应收款监控等，尽可能延缓资金流出，加快资金回收。

(六) 运用财务管理防控风险

从巴林银行到中航油新加坡公司以及中信泰富，财务风险一次次向高层管理者警示：要运用财务管理所具有的风险管理能力提升企业的核心竞争力和应变能力。财务管理在风险防控方面的目标主要是减少财务风险。在考虑企业内外部的市场、法律以及企业自身影响因素的基础上做好筹资风险、投资风险管理，重大投资决策过程中财务要提前介入。在日常运行中要加强对经济合同的监管职能，合同审批应有财务部门的参与，重点关注标的是否符合企业利益，双方企业是否具有履行经济合同的能力、涉及的资金来源、使用和结算方式是否合法，同时严格监督合同的履行。

第五节　现阶段我国企业财务管理的目标

目前，我国的企业在经营规模、组织形式和管理水平等方面参差不齐，财务管理工作不规范，而且我国证券市场处于初步发展阶段，很难找到一个合适的标准来确定"股东权益"。把"每股收益最大化"作为财务管理的目标，既不合理，也缺乏现实可能性。在这种情况下，以企业价值最大化作为财务管理目标是一种科学的选择。

一、现阶段我国企业财务管理的目标

现代企业是多边契约关系的总和，是利益相关者缔结的一组合约，这种合约是包括政府、股东、债权人、经理、工人等利益相关者缔结的关于财务资本、人力资本、市场资本和社会公共资本的共同合约，所有的利益相关者都有参与公司财务控制以维护自身资产不受损害的权利。如果实现了利益相关者的财富最大化，那么货币的时间价值，风险与收益，企业的总目标，各利益主体的利益都得到了充分的兼顾。因此，企业价值最大化就是在权衡企业利益相关者的约束下实现相关者利益最大化。其具体表现为：创造企业与股东之间利益的协调关系；加强对经营者的监督控制；建立有效的奖励机制；关心一般职工的利益；加强与债务人的关系；关心客户的长期利益；加强与供应商合作；保持与政府部门的良好关系。

(一) 企业价值最大化符合社会主义基本经济规律

社会主义基本经济规律要求最大限度地满足整个社会的物质文化需要，社会由企业来组成，企业又由所有者、经营者和广大职工来组成，各企业都能最大限度地满足其需要，社会主义的基本生产目的就实现了。企业价值最大化的目标模式与我国对企业提出的“兼顾国家、集体和个人三者间的利益”的要求十分相似，社会主义的本质和目标是共同富裕，就是要使组成企业的各个经济利益主体都富起来。

(二) 企业价值最大化有利于企业长期稳定的发展

这一目标侧重在企业发展中考虑并满足各利益主体的利益关系。而企业本身作为企业利益相关者之一有其总目标：生存、发展、获利。其他利益相关者以企业为核心来协调和满足各自的利益。在这一理财目标下，其他利益相关者可以站在企业的角度共同参与企业发展决策，这就避免了只站在股东的角度决策可能导致的一系列问题，极大程度地避免了利益相关者的冲突，有利于企业长期稳定的发展。

(三) 企业价值最大化本身是一个多元化、多层次的目标体系

由于兼顾了企业、股东、债权人等利益相关者，使他们相互协调、相互作用、相互配合，也就是将企业财富这块“蛋糕”做到最大的同时，保证每个利益主体所得的“蛋糕”更多。每个利益主体分别处于不同的角色，承担着不同的任务，这些多元化、多层次的目标体系为共同的目标而努力。

综上所述，现阶段我国财务管理仍以“企业价值最大化”为目标。这样才能满足各方利益要求，促进现代企业制度建立，符合科学发展观理论，有利于企业实现全面、协调、可持续发展的目标。

二、现代财务管理的发展趋势

人类正步入一个智力资源的占有、配置，知识的生产、分配、使用为最重要因素的经济时代，科技创新正以前所未有的速度和冲力影响着人类的经济生活。财务管理作为企业价值管理的重要组成部分，其较强的实践性受到了诸多因素的深刻影响，回顾20世纪，财务管理的发展与创新的动力来自财务管理环境的变迁。

(一)财务管理的现状和发展趋势

现在呈现着信息化财务管理发展，信息化财务管理是指企业以现代计算机技术和信息处理技术为手段，以财务管理模型为基本方法，以会计信息系统和其他企业管理系统提供的数据为主要依据，对企业财务信息进行实时处理、预测、分析和判断的活动。其实质是全面实现财务、业务流程数字化和网络化，通过各种信息系统网络生成新的财务信息资源，对企业物流、资金流、信息流进行一体化的管理和集成运作，以提高企业整体的决策能力和竞争能力。

1. 会计电算化的发展阶段

随着计算机技术在我国的发展与应用，部分单位开始考虑将计算机技术应用于企业管理工作中。在这种背景下，部分学者开始了对会计电算化理论的研究，框架性地提出了会计信息系统的定点开发。这一时期会计电算化的特点是：应用单位对于计算机技术不熟悉、不能全面描述自己的业务需求，软件开发只能在摸索中前进，开发出的软件功能比较简单，主要集中在账务处理、报表、工资核算等功能模块上。

2. 核算型会计管理信息系统发展阶段

进入20世纪90年代中期后，不断推出新的会计信息系统，其功能明显增加，不仅增强了软件的通用性及其各种业务处理模式的适应性，而且系统各模板数据关联的整体化和集成化功能大大增强。

3. 集成的财务管理信息系统发展阶段

90年代末期到至今，随着我国市场化体系的不断完善，以及政府对国有大中型企业多变的经济环境建立的各种分析和决策模型，使财务管理人员能有效地利用财务核算企业信息与外部信息，提高财务管理水平。

当前一些大企业对应用信息技术手段加强财务的集中统一管理已有了进一步认识。但是，与发达国家大企业相比，我国企业财务信息化管理建设工作的总体水平还很低，处在起步阶段。我国企业信息化建设是在我国工业现代化尚未实现、市场经济体制建设尚不到位的情况下进行的，财务信息化管理作为一项系统工作，还有大量艰巨的工作要做。当前存在的主要问题：企业各级管理人员观念滞后；企业政策法规不完善；我国财务管理软件发展滞后；管理体制的制约；企业财务管理基础普遍薄弱。

(二) 财务管理的内容发展发生了很大的变化

1. 融资管理的创新

传统企业融资决策的重点是低成本、低风险筹措各种形式的金融资本。知识经济的发展要求企业推进融资管理创新，把融资重点由金融资本转向知识资本。知识经济的主体是知识型企业，而对知识型企业来说，竞争成败的关键因素已不再是金融资本而是知识资本，这才能顺应知识经济发展的要求。

2. 投资战略的创新

在知识经济时代，企业也要从事相应的生产经营活动，需要相关的投资、员工、技术、市场等。企业生产需要投资，首要的是智力投资，资金投资必须与智力投资相匹配，并为智力投资服务；企业所需要的员工，是有技术创新能力的人才；企业需要的技术已不再局限于传统的工业技术，而是向信息、生命、新材料、新能源、空间、海洋、环境和管理八大高新技术发展。

3. 风险管理方法的创新

(三) 企业财务管理的发展趋势：财务集中化管理

中国加入 WTO 后，面对激烈的市场竞争压力，客户需求的多样化，企业降低成本、减少开发费用的压力，经济和市场全球化，产品质量和服务质量提高的压力以及企业技术改革和技术进步的需要，都要促使企业特别是大型的集团更注重加强企业内部的挖潜增效，统一进行资金的运作，需要及时进行财务控制和分析决策，避免以往各自为政造成的弊端，并加强集团总部对下属企业的财务监督力度。随着信息技术、网络技术的不断发展和管理的进步，采用财务核算和管理，将是集团企业财务管理发展的趋势。

企业财务集中化管理的特点有以下几点。

1. 集中的财务核算管理

对基础数据设置用户自由配置，统一集团的核算标准和规则，加强和实现对下级的约束和财务数据的实时监控，达到集中管理的目的。

2. 全面的预算管理

为实现利润最大化，对整个集团实施全面的预算管理。以目标利润为前提，编制全面的销售预算、采购预算、费用预算、成本预算、现金收支预算和损益预算，并提供全面预算的编制、控制、追踪及分析，为集团的预算管理提供流程控制，从而有效地建立起管理控制体系，建立起对成本中心、利润中心和投资中心的绩效考核体系，使企业经营活动能沿着预算管理轨道科学合理地进行。

3. 及时准确地合并报表

对内部交易能够快速准确地实现对账，实现数据一次采集分层过滤抵消的功能，真实反映集团的财务状况、经营成果。

4. 智能的决策支持

为用户提供决策支持工具，使用户在决策分析的过程中把注意力集中在分析的数据上，引导用户对数据从不同层次、不同角度进行观察和分析。层次分析与角度分析交互进行，从而得到结果产生的内在原因，提示数据之间隐含的关系，使决策依据数据化，保证决策结果的科学性。

（四）财务业务一体化将成为会计流程的未来发展方向

我们知道，任何企业资金的流动都伴随着物资的流动，现行的会计模式通常是在业务发生后采集数据，将这些滞后的数据进行过账、汇总并最终形成报表。这些滞后的信息在经济环境瞬息万变的今天，越来越显得陈旧和落后。

在这种背景下，财务业务一体化已日益成为企业改造现有会计流程的有效手段。所谓财务业务一体化，是指在IT环境下将财务会计流程与经济业务流程有机融合，当一项经济业务发生时，由相关部门的一名员工负责录入业务信息，当信息进入系统后，立即存储在指定的数据库中，同时该事件通过动态会计平台生成实时凭证，自动或财务人员确认后显示在所有相关的账簿和报表上，不再需要第二个部门或任何其他人员再录入一遍。因此，信息为所有经授权的人员共同享用，避免了不同的决策单位或个人由于信息来源的不同而作出相互矛盾的决定，造成管理决策的混乱。

三、引起财务管理发展的原因

财务管理学从独立走向完善。从19世纪初期的筹资管理，到“二战”后的资产管理，到20世纪60年代中期的投资管理，再到20世纪70年代的通货膨胀财务管理，以及20世纪80年代中后期的国际经营财务管理，这几次飞跃性的变化，被称为财务管理的五次发展浪潮。财务管理理论与实践的发展，是理财环境综合作用的结果，21世纪的财务管理面临着更加纷繁复杂的社会环境，必将对我国财务管理理论的研究产生前所未有的深刻影响。

(一) 知识经济的发展

随着知识经济的到来，企业知识资产在企业总资产中的地位和作用日益突出。知识不断增加、更新、扩散和应用的加速，深刻影响着企业生产经营管理活动的各个方面，使企业财务管理的目标向高层演化，将追求企业自身利益和财富最大化的目标转向“知识最大化”，这样不仅可以满足股东的利益，而且可以减少非企业股东当事人对企业经营目标的抵触行为，达到企业目标和社会目标的统一。

(二) 经济的全球化

经济全球化是指通过对外贸易、资本流动、技术转移、提供服务、相互依存、相互联系而形成的全球范围的有机经济整体。但是对于我们发展中国家来说，面对全球性的激烈竞争，所遇到的风险、挑战将更加严峻。在这个大环境下，我们不得不努力改善我们企业的财务管理制度，以迎接经济全球化的挑战。

(三) 互联网的发展

互联网的产生和发展，电子商务的推广和运用，给时刻准备的人提供一个全新平等的创业机会，给每个人一个崭新的生活空间和创业空间。公司理财手段与方法以网络财务为主，并将网络财务融入到企业资源规划系统中。网络财务是以互联网、内部网以及电子商务为背景的在线理财活动。

四、完善企业财务管理的对策

在知识经济和经济全球化的时代，企业财务管理必须从理财观念、理财目标、理财内容上进行更新、调整和拓展。

完善企业财务管理的对策主要包括：加强对企业经营者的培训；加强企业之间的交流与合作；加大对企业信息化建设的政策支持和资金投入；转变经营理念，实行财务信息化与企业信息化的配套建设；完善企业财务制度和内部控制制度；构建企业财务管理信息化价值链；加大力度提高企业决策质量和水平。

第三章　财务管理目标的选择与确立

财务管理目标是企业财务管理活动的出发点和落脚点，明确财务管理目标是做好财务管理工作的前提和基础。分析目前我国企业财务管理目标的不同点可知，相关者利益最大化应该是我国企业财务管理目标的合理选择。随着经济发展的日趋多元化，企业财务管理方式也在不断地更新与变革。传统的企业财务管理一般是以筹资为核心，对企业各项财务问题进行判断和解决。而现代财务管理理论则是以资产定价为核心、以优化公司资源配置为目标、提高财务政策效率的现代财务学派理论。

财务管理作为一切财务活动的出发点和落脚点，在进行企业财务管理初期，确定一个明确的财务管理目标是非常关键的。我国财务管理目标的选择要适应市场经济的需要。我国经济体制改革的不断深化和企业管理水平的不断提高，对企业财务管理体制提出了更高的要求。如何能够科学的将财务管理的最优目标理论应用于研究财务管理理论，对于优化资本结构具有决定性的意义。

第一节　财务管理目标的概述

现阶段，在一般情况下我国企业财务管理的目标基本是“利润最大化”，这样做是比较符合我国目前的现实经济情况。因为，利润目标最能反映企业的本性，追求利润是避免淘汰、维系生存和寻求发展的必然选择，是企业存在的根本目的。现代企业理论认为，企业是一组契约的联合，契约关系人不仅包括股东、债权人，还包括员工、客户、政府乃至社会。理性的来说，在企业经营活动中，各契约关系人都会最大可能地追求自身利益最大化。这样，在财富不变的情况下，强调一方利益，必然会损害另一方利益。因此，企业财务管理目标应该是在契约各方相互博弈中的一种均衡。

一、财务管理目标的定义

财务管理目标又称理财目标，是指企业进行财务活动所要达到的根本目的，它决定着企业财务管理的基本方向。财务管理目标是一切财务活动的出发点和落脚点，是评价企业理财活动是否合理的基本标准。

二、财务管理目标的分类

随着市场经济体制的逐步完善，财务管理理论在不断地丰富和发展。其中财务管理的目标，也在不断推陈出新。到目前为止，先后出现了四种比较具有代表性的观点，分别是：利润最大化原则、股东财富最大化原则、企业价值最大化原则和企业资本可持续有效增值原则。

三、财务管理目标的作用

财务管理在国有企业中的地位和作用正在日益提高。当前，国有企业普遍面临成本过高、长期亏损、资金周转不灵、经济效益低下的不利局面。加强企业财务管理，充分发挥财务管理的功能和作用，对于企业摆脱困境具有十分重要的意义。这也是社会主义市场经济的客观要求，是改善企业财务状况、加速国有企业向现代企业转制和提高企业经济效益的必由之路。

(一) 导向作用

财务管理是一项组织企业财务活动，协调企业同各方面财务关系的管理活动。理财目标的作用首先就在于为各种管理者指明方向、树立目标，使企业按照既定的方向有目的、有计划地运作。

(二) 激励作用

目标是激励企业全体成员的力量源泉，每个职工只有明确了企业的目标，才能调动起工作的积极性，发挥其潜在能力，尽力而为，为企业创造最大财富。企业内部上级与下级之间的关系是企业财务管理的一项重要内容，只有当内部各级利益主体在共同目标的基础上达成利益一致，企业才有可能发展，企业在竞争中才会更显活力。

(三) 凝聚作用

企业是一个组织，是一个协作系统，只有增强全体成员的凝聚力，企业才能发挥作用。企业凝聚力的大小受到多种因素的影响。其中一个重要因素就是企业的目标。企业目标明确，能充分体现全体职工的共同利益，就会极大的激发企业职工的工作热情、献身精神和创造能力，形成强大的凝聚力。

（四）考核作用

目标是企业绩效和各级部门工作业绩的考核标准。目标的完成情况有利于评价企业职工工作的好坏，推动各部门改进工作，不断提高管理水平和生产经营的经济效益。以明确的目标作为绩效考核的标准，就能按职工的实际贡献大小如实地进行评价。

四、财务管理目标的主要特征

随着经济的全球化，单个企业的行为只有有利于相关主体的利益，有利于社会利益的实现，才能使自身利益得到保障。我国企业的财务管理目标也从 1978 年的产值最大化和改革初期的利润最大化跨入到了现在的多元化阶段，从以前的“利己”转向于“利己和利他”相结合。但企业如何正确确定适合自身的财务管理目标，以及实现这个目标的投资决策，直接影响着企业财务管理作用的发挥和企业的生存与发展。

（一）财务管理目标具有相对稳定性

随着宏观经济体制和企业经营方式的变化以及人们认识的发展和深化，财务管理目标也可能发生变化。但是，宏观经济体制和企业经营方式的变化是渐进的，只有发展到一定阶段后才会产生质变；人们的认识达到一个新的高度以后，也需要有一个达成共识、为人所普遍接受的过程。因此，财务管理目标作为人们对客观规律性的一种概括，总地来说是相对稳定的。

（二）财务管理目标具有可操作性

财务管理目标是实行财务目标管理的前提，它要能够起到组织动员的作用，要能够据以制定经济指标并进行分解，实现职工的自我控制，进行科学的绩效考评。这样，财务管理目标就必须具有可操作性。具体包括：可以计量、可以追溯、可以控制。

（三）财务管理目标具有层次性

财务管理目标是企业财务管理这个系统顺利运行的前提条件，同时它本身也是一个系统。各种各样的理财目标构成了一个网络，这个网络反映着各个目标之间的内在联系。财务管理目标之所以有层次性，是由企业财务管理内容和方法的多样性以及它们相互关系上的层次性决定的。

五、设定财务管理目标的主要原则

财务管理原则是企业进行财务管理活动的行为规范。目前，财务管理中应遵守的原则有：利益兼顾原则、可靠计量原则、有效控制原则和可持续发展原则。

(一) 利益兼顾原则

企业的利益相关者主要有投资人、债权人、经营者、政府和社会公众。确定企业财务管理的目标，应该全面有效地兼顾这五个利益相关者的利益，并努力使每个利益主体的利益都能达到最大化。

(二) 可靠计量原则

只有能够可靠地计量，企业财务管理的目标才能够具体化，才具有可操作性，否则企业财务管理的目标就变得毫无意义。

(三) 有效控制原则

只要能够有效地控制，财务管理目标才有可能通过企业全体上下人员的努力而达到。

(四) 可持续发展原则

企业财务管理目标应有利于企业的可持续发展。具体来说，企业财务管理的目标应该能够克服经营上只顾眼前的行为和分配上分光吃光的行为，使各个利益主体的利益都能够做到长短期结合，有效兼顾，最大限度地保证公司的长期、稳定和快速地发展。

六、界定财务管理目标的影响因素

现代企业作为社会主体之一，其不仅在内部经营管理中关系复杂，而且在外部与其他利益主体发生联系。因此，必须考虑相关因素的影响。为了研究方便，主要把影响企业财务管理目标界定的相关因素分为外部因素、内部因素、管理决策因素。

(一) 外部因素

1. 经济环境

国民经济的发展规划、体制改革的相关措施也对企业财务管理目标的实现产生影响。企业能够正确地预见政府经济政策的导向，对理财决策大有好处，国家对经济的优惠、鼓励和有利倾斜，企业如果认真加以研究，按照政策行事，就能趋利除弊。

正确预测未来经济发展，实现资本大众化，分散经营风险。企业要尽可能的提升自己的价值，对于还未上市的企业，要争取公开发行股票，从证券市场谋资金，促使企业价值有市价可寻，这也将有利于实现企业财富最大化。

2. 债权人

当公司向债权人借入资金后，两者也形成一种委托代理关系。债权人把资金交付给企业，其目的是到期收回本金，并获得约定的利息收入；公司借款的目的是用它来扩大经营，投入有风险的经营项目，两者的目的并不一致。债权人事先知道借出资金是有风险的，并把这种风险的相应报酬纳入利率，通常是在考虑了包括公司现有资产风险、预计新添资产的风险、公司现有的负债比率、公司的未来资本结构等因素之后才作出借款决策。但是，借款合同一旦既成事实，资金到了企业，债权人就失去了控制权，股东可以通过经营者为了自身利益而伤害债权人的利益。如果公司有足够的收益支付债务，那么债权人通常对现金流量有第一要求权，并取得固定数额的收入。权益投资者对剩余现金流量拥有要求权。但是如果公司现金流量不足以偿付其财务债务，他们有权宣布破产。

3. 政府

政府为企业提供各种公共服务，通过征收各种税收参与企业的利益分配；政府制定的行业政策、财政政策、金融政策、税收政策等对企业的财务管理有重要的影响；政府作为社会管理者，为了建立一个规范的、公平的企业理财环境，防止企业财务活动中违规违法行为的发生，必定会监督企业的财务管理活动，要求企业的财务管理要执行国家有关经济法规，以维护社会公众的利益。政府的这些监管行为也影响着企业的财务管理。

由于政府企业的目标并不相同。因此，作为具有强制力的政府总是通过一些法律手段和经济手段来对企业施加影响，使企业实现持续发展的同时必须考虑员工就业、国家税收、资源配置及环境保护等社会因素。因此，企业在制定财务目标时，必须要较多地考虑社会效益，使企业的关注目标与社会责任达到一致。

(二) 内部因素

1. 企业目标

现代企业财务管理的确定应建立在企业目标的基础上，体现企业的要求。现代企业的目标可概括为生存、发展和获利，三者互为条件、相互依存。财务管理是企业对资金运动及其所体现的财务关系的一种管理，具有价值性和综合性的特征。作为财务管理的出发点和落脚点的管理目标，应从价值形态方面体现资金时间价值、风险均衡等观念，反映企业偿债能力、资金营运能力和盈利能力的协调统一，才符合企业目标的要求，从而保证企业目标的顺利实现。

2. 经营者

企业经营者从个人利益出发，站在个人的立场，目标则是提高自己的报酬、荣誉、社会地位，增加闲暇时间，减少劳动强度。经营者为企业提供智力和体力劳动、组织实施企业的具体财务活动，同时通过工资、奖金、分红等方式从企业取得报酬，参与企业的经济利益分配。如果企业的规模不断扩大，经营者就更容易得到职位的升迁，从而提高他们的社会地位和荣誉。经营者提高自己的报酬会增加企业的经营成本，增加成本意味着减少利润；增加闲暇时间和降低劳动强度可能会减少企业的收入，减少收入同样意味着减少利润；扩大企业的规模不一定符合资本利润率最大化或每股盈余最大化。

3. 企业职工

企业职工包括一般员工和企业管理人员，他们为企业提供了智力和体力劳动，必须要求取得合理的报酬，职工是企业财富的直接创造者，可见职工的利益与企业的利益紧密相连。因此，在确立企业财务管理目标时，必须考虑职工的利益，在社会主义国家，职工利益更应优先考虑。

(三)管理决策因素

1. 项目投资和资本结构是决定企业报酬和风险的首要因素

任何投资都会有风险，而企业实施科学严密的投资计划将会大大减少项目风险。因此，应结合企业实际，建立严格的投资决策审议制度规范和约束投资行为，对投资决策的主体、内容、程序、原则、责任、监督等作出明确规定，以便尽可能地提高企业财务管理目标的实现程度。

资本结构是所有者权益和负债之间的比例关系，如果资本结构不当，会严重影响企业的效益。使企业的总价值最大，就是要寻找一种最佳的资本结构，揭示资金成本、财务杠杆同企业价值之间的关系。另外，未来增长率和销售的稳定性、商业风险、管理当局的控制能力和金融机构对企业的态度，也将对资本结构产生影响，在确定企业财务管理目标的同时，也应一并考虑。

2. 投资报酬率与风险

企业的盈利总额并不能反映股东财富，在风险相同的前提下，股东财富的大小要看投资报酬率。企业为达到经济增长的目的，在面临众多投资机会时，往往通过资本预算来作出长期计划决策。“货币的时间价值”是财务管理从量上分析的一个重要观念，也是评价投资方案的基本标准。因此，为提高投资报酬率，必须对“货币的时间价值”有所研究，找出适合于对资金筹集、投资、使用和回收进行研究的数学模型和分析方法，如采用净现值法、现值指数法、内含报酬率法等，从而提高财务管理决策质量，实现企业财务管理目标。

收益和风险是直接相关的，投资的主要目的是获得收益，收益面向未来，或多或少地存在着风险，企业决策时，要在报酬和风险之间做出权衡，研究风险、计量风险，并设法控制风险。

3. 股利决策

股利决策的重要性是基于以下原因：一是影响融资计划和资本预算；二是股利减少了留存盈利，会引起较高的债务权益比率。一般来说，企业的股利决策一方面应使所有者的财富最大化，另一方面要为企业提供充足的融资。当企业的获利能力增强时，采用“低正常股利加额外股利”的决策；当企业的收益超过投资者投资于别处所获得的收益时，企业应保留盈余而不是分配，以实现股东财富最大化。

七、关于财务管理目标我国较为流行的理论

目前，在我国较为流行的财务管理目标理论主要有利润最大化理论、股东财富最大化、目标和企业价值最大化目标。

(一) 利润最大化理论

这种观点认为：利润代表了企业新创造的财富，利润越多，说明企业新创造的价值就越大，企业的财富增加的越多，越符合企业的目标。利润最大化目标，就是假定在投资预期收益确定的情况下，财务管理行为将朝着有利于企业利润最大化的方向发展。

利润最大化目标在实践中存在以下难以解决的问题：

(1) 利润是指企业在一定时期实现的税后净利润，它没有考虑资金的时间价值。

(2) 没有反映创造的利润与投入的资本之间的关系。

(3) 没有考虑风险因素，高额利润的获得往往要承担过大的风险。

(4) 片面追求利润最大化，可能会导致企业短期行为，与企业发展的战略目标相背离。

(二) 股东财富最大化目标

股东财富最大化目标是指企业的财务管理以股东财富最大化为目标。在上市公司中，股东财富是由其所拥有的股票数量和股票市场价格两方面来决定。在股票数量一定时，股票价格达到最高，股东财富也就达到最大。

1. 与利润最大化相比，股东财富最大化的主要优点是：

(1) 考虑了风险因素，因为通常股价会对风险做出较敏感的反应。

(2) 在一定程度上能避免企业追求短期行为，因为不仅目前的利润会影响股票价格，预期未来的利润同样会对股价产生重要的影响。

(3) 对上市公司而言，股东财富最大化目标比较容易量化，便于考核和奖惩。

2. 以股东财富最大化作为财务管理目标存在的问题是：

(1) 通常只适用于上市公司，非上市公司难以应用，因为无法像上市公司一样随时准确地获得公司股价。

(2) 股价受众多因素影响，特别是企业外部的因素，有些还可能是非正常因素，股价不能完全准确地反映企业财务管理状况，如有的上市公司处于破产的边缘，但由于可能存在某些机会，其股票价格可能还在走高。

(3) 它强调更多的是股东利益，而对其他相关者的利益不够重视。

(三) 企业价值最大化目标

企业价值就是企业的市场价值，是企业所能创造的预计未来现金流量的现值。企业价值最大化的财务管理目标，反映了企业潜在的或预期的获利和成长能力，其优点主要表现在以下几点。

(1) 该目标考虑了资金的时间价值和投资的风险。

(2) 该目标反映了对企业资产保持增值的要求。

(3) 该目标有利于克服管理上的片面性和短期行为。

(4) 该目标有利于社会资源合理配置。

其主要缺点则是企业价值的确定比较困难，特别是对于非上市公司。

第二节　财务管理目标确认过程中存在的误区及产生原因

一、财务管理目标研究中的误区及产生原因

深入分析财务管理目标理论与实务矛盾的表象，作者认为研究中一直存在误区，误区主要表现在以下几个方面。

(一) 观念误区

财务管理目标从最初提出至今天，几经变化，在其发展历程中，企业管理理论的变化对其起着推波助澜的作用。从西方国家来看，财务管理目标主要以企业管理理论为支撑并不断随之改变，主要经历了利润最大化、每股收益最大化、股东财富最大化、相关者利益最大化、企业价值最大化几个阶段。从我国来看，财务管理目标随着我国经济体制由计划经济逐步向市场经济的转变而变化，并逐渐向西方国家靠拢，主要经历了产值最大化、利润最大化、经济效益最大化、股东财富最大化、企业价值最大化几个阶段。除此之外，在财务管理目标研究中还有一些其他观点，如 EVA 最大化、企业可持续发展能力最大化等，但这些观点只限于理论探讨，缺乏众多的支持者。

深入分析中外各种观点，抛开利弊不谈，不同观点的提出都以指标形

式反映，而这些指标均具有显著的综合性，都是多种因素综合作用的结果，其实现是企业全员努力、全方位策略实施的结果。显然这些指标不具有财务管理的自身特色，而具有的是企业特色。由此可以得出结论：从财务管理目标提出的最初，就具有企业目标的特征，人们观念中一直将财务管理目标等同于企业目标。事实上，这是一个误区，正是这个误区导致了财务管理目标理论与实务的矛盾。

从中外的一些文献来看，也印证了这一结论：美国哈佛商学院教授迈克·C. 简森 (Michael C.Jensen) 在《价值最大化、利益相关者理论和企业目标的函数》一文中指出，如果要回答公司的标准或目标函数这一问题，许多经济学家会简单地回答为价值最大化，而与价值最大化主要的竞争观点是利益相关者理论；王庆成教授将财务管理目标定位于经济效益最大化，认为“理财目标离不开整体企业的目标，谋求最佳的经济效益首先是企业的目标，而财务管理对于这一目标的实现具有特殊的作用”；刘俊勇在阐述企业目标时，明确指出两种典型的企业目标是利润最大化和价值最大化。

众所周知，财务管理仅是企业管理的一个方面。如果财务管理不能替代企业管理，那么财务管理目标也就不能等同于企业目标。事实上，没有一个企业、一个人将财务管理与企业管理等同看待，“企业管理以财务管理为核心”这句话充分说明，我国改革开放后财务管理的地位空前提高，但也恰恰意味着两者不能划等号。显然，将财务管理目标与企业目标等同看待是一个错误，如果以此为目标，使财务人员置身于企业地位，将导致其盲目、无所适从。

(二) 研究层面误区

财务管理目标属于财务管理基本理论体系的一个重要组成因素，从这点来看，人们都将此问题视为纯粹理论问题探讨，这没什么错误，但问题在于财务管理目标本身与实务密切相关，对其研究不能脱离实务而闭门造车。然而，人们在研究中恰恰犯了这样的错误，从没有考虑实务中的选择。

按照葛家澍的观点：会计目标具有主观性，它是外界对会计信息系统所提出的要求。作者认为这里的主观性可以理解为变动性，外界可以理解为经济环境适应性，也就是说会计目标将随着经济环境的变动而变动，其实各类目标都具有此种特性。然而财务管理目标虽然几经变化，但在其变化中，人们仅从纯粹理论角度探讨，研究中只关注指标的完善。

20世纪50年代之前，古典企业管理理论占有绝对优势，亚当·斯密、大卫·李嘉图等经济学家都主张以利润最大化作为企业目标，而将财务管理目标与企业目标等同看待的众多研究者，将利润最大化视为财务管理目标就不足为奇。

然后利润指标自身的缺陷日益显露，首先人们认识到，这一指标属于绝对数，它无法用于不同企业之间的对比，由此导致每股收益最大化（或称净资产收益率最大化）观点的出现；但人们很快发现，这仅克服了利润指标的一个缺陷，利润指标的其他缺陷依然存在，诸如没有考虑资金的时间价值、没有考虑风险问题、可能会促使企业出现短期行为等。与此同时，企业管理理论有了开拓性的发展，1972年，阿尔奇安和德姆塞茨共同提出了“剩余索取权”假说，该假说为现代企业理论的地位奠定了基础，主张股东至上的企业治理体系。受“剩余索取权”假说的影响，股东财富最大化观点被提出。人们发现股东财富最大化观点能够克服利润最大化观点的所有缺陷，因此前者取代后者，成为20世纪80年代的主流观点。与此同时，企业价值最大化观点逐渐抬头，学者们认为：企业价值最大化也能克服利润指标的所有缺陷，而要使股东财富最大化，就必须使公司价值最大化，此观点优于股东财富最大化。但很多人将这两种观点等同看待，因为股东财富最大化也可以说成股价最大化，而在假设负债市场价值不变的前提下，企业价值最大化完全可以视为股票价格最大化，因此在很多人看来，股东财富最大化与企业价值最大化观点没什么区别，但从企业管理理论支撑角度来看，股东财富最大化观点更占主导地位。然而，随着企业治理理论的出现和盛行，股东财富最大化观点的地位被动摇。

企业治理理论由奥列夫·威廉姆斯于1985年率先提出，该理论认为：企业是利益相关者的共同治理体系。显然，企业治理理论较“剩余索取权”假说更具有说服力。受此理论的影响，相关者利益最大化观点也受到推崇，但研究者们很快发现，该理论并不合乎逻辑，会破坏公司价值，因为利益相关者观点的人更关心如何分配已经摆上餐桌的蛋糕而不关注如何利用公司资源烤制一个更大的蛋糕。

研究者们从避免利益矛盾角度，放弃了此观点，其中大部分人同时也放弃了股东财富最大化观点，因为股东虽然是企业中的最大利益集团，但其他利益集团也不可忽视，因此导致企业价值最大化观点地位的最终确立。

纵观财务管理目标的演变历程，研究者们一直从理论上关注财务管理目标的完善，而从未考虑实务中的选择，从而忽视实务层面对目标的影响，进而导致理论研究结论与实务结论的矛盾。

二、走出财务目标的误区

经济体制的转换要求企业经营管理者的思想和观念也随之更新。经过几十年不懈地摸索和尝试，尤其是在我国社会主义市场经济发挥巨大作用的，企业界逐渐形成了这样一个共识：现代企业必须重视管理，企业管理应以财务管理为中心。但是，在目前的实践中还存在一些认识上的误区，影响了财务管理的中心作用的发挥。因此，实际工作中应该提高对财务管理的认识。

(一)“企业的”财务目标还是“企业财务的”目标

“企业的”财务目标与“企业财务的”目标两者有着明显的区别：

(1) 主体归属不同。“企业的”财务目标主体归属于“企业”;“企业财务的”目标，主体归属于“企业财务部门”。

(2) 职能不同。即实现其目标各自发挥的职能作用不同。“企业的”财务目标，其实现是通过企业决策当局对企业内外部各种资源要素(包括人力资源、物力资源、环境资源等)综合性、适时性、动态性地指挥、协调及运作的阶段性结果；而“企业财务的”目标实现则是企业内财务这一职位部门通过筹资、投资等财务理财职能作用发挥(即主要是物力资源的综合性价值管理)所要达到的财务部门自身的理财目标。

(3) 目标层次不同。企业目标有多种，如市场占有率目标、产品质量目标、品牌目标、扩张目标等。“企业的”财务目标只是企业的众多目标之一，是用财务指标所表现的综合性最强的企业目标；而“企业财务的”目标则是为企业目标的实现服务的，为企业目标实现提供基础和保证的财务子系统目标。

(4) 责任人不同。“企业的”财务目标的责任人是企业最高管理当局，而“企业财务的”目标的责任人是财务管理部门。

同时，“企业的”财务目标和“企业财务的”目标又是紧密相联的，财务的理财目标是为企业目标服务的，是受企业目标支配的，但它又反过来制约或促进企业目标的实现，不仅影响企业财务目标的实现，也影响企业其他目标的实现。

(二) 财务管理职能与财务的理财目标

长期以来理论界用“企业的”财务目标代替企业财务管理本身的目标(即“财务理财目标”)，造成财务管理本身的目标虚设、财务管理职能方向模糊，在很长时间内忽略乃至放弃了对“财务理财目标”的研究。由于“理财目标”这一重大的财务基本理论问题被忽略，导致如何发挥财务管理职能来真正地、脚踏实地地实现财务部门自身的理财目标的理财观念、理论、知识、方法、技能等也被理论界和实践所忽略，使财务管理学科的发展和企业的财务理财实践受到重大影响。财务职能的概括表述为“以资金为中心，对企业进行综合性的全面价值管理”，或简述为“筹资、投资、收益分配”。而财务理财目标可以表述为“改善财务状况，扩大理财效益”。

财务管理职能和财务理财目标间的关系是怎样的呢？笔者认为，财务理财目标为财务管理职能的发挥提供方向和动力；财务管理职能的发挥是财务理财目标实现的途径和保证。财务理财目标又进一步对财务的理财职能提出要求。

1. 财务理财的第一大目标——改善企业财务状况

企业必须做到具有充分的支付能力、稳定的资金来源、合理的资金结构，才能保障自己的生存和发展；财务部门通过筹资、投资、资产管理等理财职能的发挥，达到改善企业财务状况的目标，从而为企业的生存和发展提供保障。

(1) 只有具备充分的支付、偿债能力，企业才能源源不断地购进生产、经营所用物资、支付税费、员工薪金等以维持企业正常的生产经营活动，维系企业的生存与发展。而企业的支付、偿债能力取决于企业生产经营活动中的资金运动和财务理财活动的矛盾运动过程。在这个矛盾运动过程中财务理财所要解决的问题，首先是如何通过自身职能作用的发挥尽可能地保证企业支付能力和偿债能力的充裕，这就要求财务人员研究、评价其支付能力状况(如长短期支付能力、长短期偿债能力、资产流动性、资产变现力、现金流量等)，分析其产生根源、找出并实施其改善途径，并在财务职能的范围内采取措施以使企业支付能力和偿债能力得以加强和改善。

(2) 财务理财还要能使企业有稳定的资金来源，以保证企业稳定的生存和发展。因而要研究企业面临的资金市场、筹资渠道、财务风险、财务结构、资本结构及企业资产结构等，要从企业长期资本和短期资本的比重、借入资本与主权资本的比重、企业资产结构的动态变化和相互关系中找到规律、把握规律从而使企业保持稳定的资金来源。

(3) 财务理财还要能使企业各项资金有一个合理的分布，使企业资金周转能顺畅地进行。因而要研究企业各项资产变现速度，比较企业的总资产结构、流动资产结构的变动，各项资产的功能作用特点、最佳的资金投放量、最有效的管理方法等。

因此，财务部门理财的首要目标是改善企业财务状况，即增强企业支付能力的充裕性，资金来源的稳定性，资金投放的合理性。而改善本身正是财务职能作用发挥的动态过程。如何改善则涉及财务理财的基本理论体系、基本方法体系和基本技能体系的指导和综合运用。

2. 财务理财的第二大目标——扩大理财效益

财务部门通过财务理财职能作用的发挥要达到扩大理财效益的目标。理财效益包括以下两层含义：

(1) 通过财务状况的改善，保障企业生产经营活动顺利进行，从而捕捉住每一个获利机会所创造的理财效益。

(2) 直接通过理财活动本身技能的发挥所创造的理财效益——即通过筹资、投资、资产管理等直接理财行为的改进来扩大的理财效益。

如在筹资决策中，通过融资组合中资本结构、资本成本、融资风险、财务杠杆、所得税等因素的综合权衡来扩大主权资本收益率。在投资决策中，通过流动资产各项目投资的收入与成本动态权衡原理货币资产、债权资产、存货资产的最佳投资额测定原理、方法、技能；固定资产投资决策中时间价值的运用、风险价值的比较、风险与收益的权衡、现金流量的计算；长期证券投资中证券估价原理的应用、资本资产定价模式和证券投资组合的研究来减少风险、增加收益。还要通过生产经营活动中的收益规划，从财务角度研究存量资产转变为流量资产运动的条件、规模、速度及加速度、成本、效益、弹性、经营杠杆等的相互作用及对企业财务状况和财务成果的影响等，从而采取特定的财务措施来扩大企业效益。

因此，改善财务状况和扩大理财效益就成了财务的两大理财目标。改善财务状况是理财的直接性、基础性目标，这不仅因为财务状况的好坏会影响企业获利能力的大小，更因为它关系到企业的生死存亡；从而直接通过理财活动本身技能的提高来扩大理财效益就成了理财的较高层次目标。

综上所述，“企业财务的目标”就是财务的理财目标；是财务管理人员自身的工作目标，而不是企业的财务目标；对财务理财目标的明晰化和合理定位是财务的理财职能合乎逻辑的方向性延伸；将理财目标定位于“改善财务状况、扩大理财效益”，不仅大大强化了财务管理职能，也使财务管理职能和财务管理实践有了方向和动力；更主要的是它使企业财务管理人员真正明确了自身的工作职责、任务、工作奋斗的目标方向和着眼点，从而花大力气深入钻研财务理论、掌握理财知识、不断探索理财实践，提高财务管理水平和企业经济效益。

第三节　如何有效地进行财务管理目标的选择和确认

要实现企业的财务管理目标，必须考虑影响企业财务管理目标的各种因素；企业的财务管理目标不仅要受到企业本身管理决策各因素的影响，同时还要受到企业外部环境因素的影响。因此，确立企业财务管理目标要与财务管理活动、企业经营、管理措施、战略选择等方面联系起来考虑，企业也正是通过提高管理决策和改善外部环境这两大因素来实现财务管理目标的。

一、企业确定财务管理目标应考虑的因素

财务管理作为企业管理的核心，其目标必须与企业的目标相一致，企业财务管理目标是企业从事财务管理活动的根本指导，是企业财务管理活动所要达到的根本目的，是企业财务管理活动的出发点和落脚点。

（一）财务管理目标应当与企业管理的最高目标保持一致

财务管理是企业管理系统中的一个子系统，所以财务管理目标应当与企业管理的最高目标保持一致，以便通过开展财务管理工作促进企业管理最高目标的实现。现代企业管理的最高目标是实现可持续发展，所以应将推动企业实现可持续发展作为确立现代企业财务管理目标首先考虑的问题。

（二）财务管理目标的可操作性

企业在确定财务管理目标时，应关注这种总目标是否能对分目标起控

制作用，并能通过管理者的行动付诸实施。简而言之，财务管理目标应具有可操作性，它应该既是指导性的，也应该是可量化的，具有可控性，否则就不能起到目标的指导作用。

（三）不应将企业的财务管理目标与企业担当的社会责任相提并论

企业的财务管理受到理财环境影响，企业的财务管理活动不是单独的企业行为，它是法律约束下的理财活动，法律约束本身就规范了企业的行为，也规定了企业应承担的社会责任。如企业按规定为职工缴纳养老金、保险金、住房公积金本身就表明企业已承担了相应的社会责任。在法律约束下，企业的财务管理活动，应更多地考虑企业自身的发展，企业发展了，其社会责任也就实现了。

（四）财务管理目标必须是所有者利益与其他主体利益的最佳兼顾

财务管理目标必须是所有者利益与其他主体利益的最佳兼顾。市场经济条件下，与企业存在利益关系的除所有者外，还有债权人、职工、供应商、消费者及政府等。

各利益主体间的关系是“合作伙伴”，强调的是“互惠”。无论制定何种财务政策，都必须合理兼顾企业所有者利益与其他主体的利益，绝不能厚此薄彼，更不能顾此失彼。只有这样，才能正确处理好各种经济关系，使财务分配政策保持动态平衡，获得各利益主体的信任与支持，保证企业的生产经营正常进行，并实现持续稳定的发展。

二、企业价值最大化更符合我国国情

目前我国大力发展具有中国特色的社会主义市场经济，这种市场经济明确规定具有中国特色和社会主义特征，这一特征体现在我国的现代企业与国外的现代企业存在许多不同的因素，影响着企业财务管理目标的界定。一方面与国外许多公司相比，我国的企业更强调职工的权利和利益，强调社会财富的积累，强调协调各方面利益的共同发展，最终走上共同富裕的道路。这就决定我们在确定企业财务管理目标时，必须考虑协调各利益方的利益。从这个角度来看，企业价值最大化明显优于其他财务管理目标，因为利润最大化强调一切以利润为中心，必然导致企业的短期行为和会计的稳健性原则难以执行，如有的该摊的不摊或少摊，该提的不提或少提，有的还会搞虚盈实亏，从而忽视了企业长远发展的利益，最终导致削弱了市场竞争的能力，而股东财富最大化，则只强调投资者的利益，而忽视其他相关利益者，如国家、社会（公共福利、环保等），债权人（银行）、经营者、劳动者（职工）的利益，也必然导致企业难以健康发展，如忽视职工利益，职工的积极性就难以提高。另一方面，我国的企业特别是国有企业目前正处于体制转换的关键时期，企业的产权还没有完全明确，很多国有企业的所有者缺位，企业的高层管理人员成为所有者代言人，如果片面强调所有者的利益，不仅会损害其他利益方的利益，而且会导致作为所有者代言人的企业高层管理体制人员的机会主义行为，造成国有资产的流失，强调企业价值最大化，有利于利用其他利益关系方的力量来制约机会主义行为的发生。

三、企业价值最大化与产权理论一致

产权理论认为：企业不仅是所有者的企业，而是企业所有者与企业中的其他利益关系方共同的企业，如银行、联营企业、其他债权人等。他们通过签订合同的方式将资源投入企业，目的都是为了实现企业自身利益最大化，但是他们处在企业之外，只有经营者在企业里直接从事财务管理工作，股东、经营者和债权人之间构成了企业最重要的财务关系。股东委托经营者代表他们管理企业，为自己的目标而努力，但经营者的目标和股东的目标并不完全一致，经营者往往追求更高的报酬和更多的闲暇时间，债权人把资金借给企业，并不是为了股东财富最大化，与股东的目标也不一致。所以企业必须协调股东与经营者、股东与债权人以及企业目标与社会责任三方面的冲突，而企业财务管理的目标，就是为了实现各种利益关系方财富最大化而确立的目标，各利益关系方之间相互协商确定利益的分配方案。企业价值最大化就是从产权理论出发，理顺了企业财务管理目标与各投资方的利益关系，使各利益方的利益通过企业财务管理目标来实现。

四、企业价值最大化符合社会福利最大化的经济原则

社会福利最大化是经济学和管理学都必须研究的共同原则。从企业的价值与整个社会福利的关系来看，企业是社会的组成部分，如果每个企业的财务管理都能使该企业价值达到最大化，那么整个社会的福利必然达到最大化。如果我们以所有者财富最大化作为企业的财务管理目标，当企业价值最大化与所有者财富最大化出现矛盾时，就有可能损害企业的整体利益，从而

导致社会福利的损失。

如前所述，我国是一个以社会主义为制度、以市场经济为经济模式的国家，现代企业制度在我国有着独特、复杂的发展历程。与国外企业相比，我国企业应更加强调职工的利益与权利，强调社会财富的积累，强调协调各方利益，实现共同发展和共同富裕。企业价值最大化的宗旨是把企业长期稳定发展放在首位，着重强调必须正确处理各种财务关系，最大限度地兼顾企业各利益主体的利益，将其作为企业的财务管理目标具有其合理性，企业价值最大化目标符合上述客观要求，是我国财务管理目标的最佳选择。

五、IT 服务的财务管理目标

“财务管理”目标是独特的，因为其中包括两种不同类型的目标：一个针对内部组织机构，另一个针对商业环境。商业环境可以被看作外部或内部收费，也就是费用分摊 (chargeback)。

(一) ITIL 所阐述的目标

1. 对于内部组织机构，目标有以下两点：

(1) 提供用于提供 IT 服务的 IT 资产和资源的有成本效益的职位。

(2) 在商业环境中，目标陈述可能要反映公司的利润和市场目标。

2. 任何 IT 服务公司的目标包括以下两点：

(1) 能够充分考虑在 IT 服务上的开销，并且知道这些开销都是为公司的客户交付服务的结果。

(2) 通过提供详尽的“对 IT 服务的变更”的业务案例来协助制定有关 IT 投资的管理决策。

正如您所看到的，IT 服务的“财务管理”不仅与预算有关，还与成本效益有关。但是，预算是该流程的一个关键组成部分。SLM 目标表明“符合业务或开销理由”，而“财务管理”流程就是管理开销的理由所在。讨论开销时，ITIL 通常使用短语“满足应用”，这是一个关键短语，因为它与明智地投资 IT 服务有关。

内部组织机构仅支持内部员工，并不实行费用分摊制度。在商业环境中，存在对内部客户进行费用分摊或对受支持的外部客户收费的现象。接下来我们研究一下“财务管理”目标的各个基本组成部分。内部组织机构的目标是提供用于提供 IT 服务的 IT 资产和资源的有成本效益的职位。包含大量的含义，因为对公司没有什么成本效益的工作职位可能很快就会因公司管理制度的变动或因业务外包而被免除。“成本效益”可以简单解释为与 IT 服务相关。例如，某些公司主张成本越低越好。其他公司则主张投资于质量服务会更好。成本效益通常受预算限制（而非可靠的业务决策）驱动。但是，对于该目标，需要在整体目标中查看成本效益。不管预算或其他标准制定了哪些限制条件，都仍然必须对 IT 财务进行管理以保护和增加 IT 投资。

“职位”具有几个潜在的含义，其中包括管理人、监护人、保管人、负责人、主管人以及保护人等。查看这个同义词列表，您可以发现之所以选择“职位”是因为每个同义词都与该目标相关。请注意，职位同义词与监督和保护相关而不是与管理和命令相关。“职位”意味着指导和引导，而“成本效益”描述的是支出水平和支出目的。

“用于提供 IT 服务的 IT 资产和资源”：在我们探究这一部分之前，我们应该提醒我们自己 ITIL 中资产的含义。

业务流程的组成部分资产可以包括人员、办公设施、计算机系统、网络、纸张记录、传真机等。

如果要由有成本效益的职位来管理资产，那么必须对资产进行登记和控制。“配置管理”是专门用于管理 IT 资产的 ITIL 流程。

IT 服务环节需要为客户提供必需的服务。资源通常是指计算机和相关的设备、软件、机构或公司（人员）。

乍看起来，“资产”和“资源”的定义非常相似，但是存在一个主要的差异。资产是一个组件，而资源需要很多资产来提供服务。例如，提供电子邮件服务需要很多资产。在很多情况下，资产可能会在众多的资源中共享。例如，服务器是一项资产，但很多服务都将该服务器作为其资源的组成部分。

要满足该目标组件的要求，不仅需要知道与资产相关的成本，还要知道如何分配您提供给客户的服务的成本。在这种情况下，可以建立一个成本结构，以便清楚地知道成本是如何分配的。

商业环境的目标要素包括前面介绍的内部 IT “财务管理”的目标要素，以及下面将要介绍的目标要素。

(1) 能够充分考虑在 IT 服务上的开销：这意味着必须事先准备好允许管理成本的财务软件和流程，才能考虑 IT 开销。例如，是否知道电子邮件服务每个月的运行成本？这包括资产、处理器时间、变更成本、打到服务台的电话以及电信成本。充分考虑这笔开销意味着将 IT 作为业务来驾驭。

(2) 这些成本都是为公司的客户交付服务的结果：接着前面的要素继续，您如何为客户分配电子邮件服务的成本？对此，将需要一个计算成本的公式。一个例子是根据每位客户使用该项服务的比例来计算其成本所占的百分比。另一个例子是使用“用多少，付多少”的计量方法。不管使用什么方法来满足该目标要素的要求，必须知道所有服务的成本，因为它们与客户相关。是否有分配成本的公式？如果没有您将无法满足该目标要素的要求。

(3) 通过提供详尽的“对 IT 服务的变更”的业务案例来协助制定有关 IT 投资的管理决策：这是一个非常简单的要素，但它确实依赖于要满足要求的“财务管理”中的所有其他要素。如果其他要素没有就绪，提供业务案例的数据就不可用。请不要将该陈述仅理解为成本数据，如服务器的成本。业务案例还需要用于计算投资回报率的数据以及其他关键业务信息。如果不符合所有其他标准，就无法满足该要素的要求。

IT 的“财务管理”对于管理成本和在市场中保持竞争力变得越来越重要。通过使 IT 成为业务资产而不是业务支出，执行有效的财务 IT 管理的公司将受益匪浅。因此，达到这些目标对于 IT 和业务都有好处。

(二) 容量管理目标

容量管理是大多数 IT 部门一直面临的一个挑战，因为基础设施和服务需求每天都在发生变化。如果没有财务限制，“容量管理”就会很简单。但是，实际上财务限制以及合理利用旧系统中的投资这种需求将继续使容量管理成为一个挑战。

ITIL 对“容量管理”做了简单说明：

确保成本合理的 IT 容量始终存在并确保它与当前及将来确定的业务需求相符。

说起来简单，做起来却很难。我们在分析“容量管理”的目标之前，ITIL 讨论的整体基础设施不只是一些技术组件的容量，在通常情况下，我们认为容量是指带宽、处理能力、内存或磁盘空间，而忘记了其他重要的基础设施项目，如人员配备标准。当我们考虑“容量管理”的目标时，应牢记这些目标将应用到整个 IT 基础设施中。

（1）确保成本合理的IT容量始终存在：此处的关键是“成本合理”。很多公司都没有有效的容量计划，并且对他们将来的需求也知之甚少。因此，他们往往是要么购买的基础设施组件过多，要么就是购买的不足。那些购买过多的公司希望确保他们能够满足不断增长的需求，但却从未考虑过增长的程度有多大。这通常会导致资源的闲置，如服务器的利用率低于容量的40%。那些购买不足的公司希望能够节省资金。这可能会导致容量不足，意味着服务质量将会有所降低。

（2）短语“始终存在”准确地表达出了这个意思：也就是说，足够的容量始终可用于提供与客户达成的服务级别。因为“容量管理”还包括“性能管理”，这意味着不仅要提供足够的资源来满足需求，还要提供足够的资源来满足在达到SLA中既定性能目标时的需求。您的服务台是否接到了客户抱怨他们的工作站“速度变慢”的电话？通常，这些客户会在以后打来电话说他们的工作站再次“加速”了。如果接到有关工作站“速度减慢”的电话，则可能是由容量引起的。您是采取“下意识”的方式来解决容量问题，还是使用系统的方法来解决它们呢？下面是一些要在确定您的容量是否“始终存在”的过程中寻找的迹象。

（3）它与当前和将来确定的业务需求相符：要与当前和将来的业务需求相符意味着必须经常地测定容量，并与客户讨论他们当前和将来的需求。进行磋商以确定应将客户需求作为服务水平管理(SLM)的一部分来满足。SLM应为“容量管理”提供相关的数据以确保存在适当的容量。“容量管理”还应该与SLM一起配合使用，以从客户那里获得所需的信息，从而来执行容量管理活动。SLM是否在客户和“容量管理”之间提供了一个纽带？您是否定期发布容量计划？曾经是否有过由于容量不足而与客户发生冲突的情况？这里仅仅是一部分能够表明“容量管理”是否适当的迹象。

“容量管理”是一种正在进行的活动，它可确保典型的成本管理和业务效率。达到这些目标意味着IT可以顺利地发展，而不会徘徊不定、停滞不前。也就是说，一旦达到这些目标，要想发展IT就变得非常容易了，也不会带来代价高昂的损失。

第四章　加强企业财务管理工作

当代经济发展使企业财务环境发生变化，从而影响企业财务管理。对企业财务环境，可以从宏观和微观两个方面进行分析。从宏观角度来看，经济环境的主要表现是经济全球化浪潮势不可挡，信息技术、通信技术与电子商务的快速发展等。从微观角度来看，经济环境的主要表现是公司内部机构重组，公司之间的购并与重组，虚拟公司的兴起等。无论是宏观经济环境还是微观经济环境，都对企业的财务管理产生着重要影响，并提出新的要求。

第一节　改善管理模式

适度的压力可使人集中注意力，提高工作效率。有效的压力管理可将压力变动力。从组织角度来看，员工压力管理主要是为被管理者营造一个能充分发挥所长的适度压力的工作环境，同时要避免过度压力的产生。综合起来，管理者可以运用以下几个策略来改善员工压力管理的模式，满足员工的合理化需求，缓解和消除员工的压力。

一、加强企业财务管理的必要性和重要性

随着社会主义市场经济的迅速发展，市场机制逐步形成，市场竞争日趋激烈，要提高经济效益，客观上要求企业必须加强内部管理，尤其是财务管理。在企业内部建立起科学、严密、高效的管理控制机制，以财务管理为龙头，不断深化和细化财务管理，充分认识企业存在的深层次问题，从而找出解决问题的方法，促进企业经济效益不断提高。

(一) 财务管理的含义

财务管理是对企业生产经营中所需资金的筹集、投放、运用和分配以及贯穿全过程的决策谋划、预算控制、分析考核等所进行的全面管理。它包

括以下两个基本含义：

（1）企业管理必须由计划经济中的以生产计划为中心，转变为市场经济中以财务管理为中心。企业目标也应由产量、产值最大化转变为企业价值最大化。在现代社会中，企业经营正从产品经营向资本经营转化，企业管理必须转向以价值管理为主的财务管理，树立以财务管理为中心的管理观念，并以财务管理的目标带动其他各项管理。

（2）财务管理贯穿于企业管理的全过程，既是企业管理的突破口，又是企业运行的控制点，也是企业发展的落脚点。在市场经济的条件下，对资源配置起基础和调节作用的是市场信息，而财务管理就是以市场信息为基础进行市场预测，据此提出经营方案，参与经营决策。

（二）财务管理的必然性

改革开放以来，特别是我国确立市场经济体制后，财务管理的中心作用显得尤为突出。这是市场经济的本质要求，也是由财务管理的地位和特性所决定的。

1. 财务活动的综合性决定了企业管理以财务管理为中心

企业的经济活动分为使用价值运动和价值运动。价值运动或者资金运动是通过财务活动表现出来的，包括筹资、投资和分配等活动。企业其他经济活动属于使用价值运动。由于不同使用价值指标不能相加，因此使用价值运动不具有综合反映性。而价值指标具有可以加总的特点，可以全面地反映使用价值的生产与交换过程，综合反映生产经营活动的过程与成果，综合监督各项经济活动的运行。

2. 财务管理目标的全局性决定了企业管理以财务管理为中心

在市场经济条件下企业管理要以提高经济效益为中心，必须注重扩大收入，减少消耗，追求本金投入与产出的比例指标，求得资产增值。而财务管理的总目标恰恰是实现经济效益最大化、企业价值最化。其他各项管理目标都是为财务管理目标服务的，是围绕总目标的具体目标。

3. 财务关系和财务环境的导向性决定了企业管理以财务管理为中心

财务关系包括企业与国家之间、企业与投资人之间、企业与债权人之间、企业与职工之间的关系等。财务环境包括法律环境、经济环境、金融环境、财务与税收环境等。企业要生存和发展，必须处理好各方面的财务关系，适应各种环境。这些关系和环境影响着企业的发展方向和规模，而其他各项管理是企业内部的事情。从财务关系和财务环境的角度来讲，财务管理解决的是企业向何处去的问题，而其他管理解决的是如何去的问题。因此，财务管理对其他各项管理具有导向性。

4. 财务管理职能的控制性决定了企业管理必须以财务管理为中心

企业财务管理的职能包括财务预测、财务决策、财务计划、财务控制和财务分析评价。其中，财务决策和财务控制处于关键地位，关系到企业的兴衰成败，决定着其他各项管理活动的产生、变更或消失。同时它能利用有关信息和特定手段，对企业经营活动施加影响，并对其他各项管理起着控制和监督的作用。

5. 财务风险的制约性决定了企业管理以财务管理为中心

在市场经济条件下，企业面临着经营风险和财务风险。随着市场一体化和经济全球化的发展，这些风险在企业的供应、生产、营销活动中加大，不仅要考虑需求的变化，而且要考虑能否以较低的成本筹措所需资金，能否进行分散风险的组合投资，能否在进出口贸易中减少外汇风险。从防范和化解风险的角度出发，企业应加强财务管理。

（三）做好企业财务管理的重要性

（1）重视人的发展与管理观念，是现代企业管理发展的基本趋势，也是知识经济时代的客观要求。伴随着知识经济时代的到来，人本化的理财观念已深入人心，而企业管理中每项财务活动都是由人发起、操作并管理的。因此，企业发展的好坏直接取决于财务管理的强弱，也就是取决于财务人员的知识智慧以及努力程度。做好财务管理，建立责权明确的财务运行机制，是企业有效开展各项工作的基本要求。

（2）财务管理作为一种经营管理手段，贯穿企业经营活动的各个环节，保证企业价值最大化目标的实现。将财务管理与企业经营活动联系起来，可以确保在营销活动时不会出现大的资金问题，密切把握资金动向，加大了对企业债务、资产、投资回收、现金回流和资产增值等方面的管理与监督作用。

（3）科学的财务管理确保企业在正常运营的同时扩大生产，促进企业的发展壮大。财务管理可以指导各项管理工作的深入开展，并且对各项管理工作的过程和最终结果进行全面综合的反映，根据企业的总目标和实际情况制定财务计，控制成本，实现资源利用最大化。同时，还可以防止生产过程中不必要的开支和浪费。

(4) 完善的财务管理制度是企业竞争的重要保障。在新经济形势下，国际社会的企业合作日益加深，汽车、网络、电信、金融、保险和一些制造业相互融为一体，共同发展。虽然过去的竞争对手转为合作伙伴，但彼此间的竞争仍然存在。因此，科学完善的管理制度可以大大提升企业的竞争实力，为企业保驾护航。

(四) 如何做好财务管理

(1) 与其他部门密切配合。如果财务部门与其他管理部门割裂开来，财务管理不能延伸到各项管理工作之中，那财务管理就成了无本之木，其作用得不到发挥，形成经营和生产“两面化”会给企业带来很大的隐患。

(2) 拥有一只高水平的财务队伍，在加强队伍建设的同时不断加强财务人员的法制观念。部分企业的财务人员专业水平相对较低，账目设置混乱，账簿的启用和交接操作不规范、不正确。部分财务人员由于自身原因或外在压力，丧失了应有的职业道德，不如实记录账目，甚至出现了私自修改账目、做假账、挪用公款的现象，严重影响了财务管理在企业管理中所应发挥的作用。财务人员是财务管理的现实执行者，对财务管理能否发挥效应有着至关重要的作用。因此，会计人员必须按照会计法律、法规和企业制度进行工作，保证所提供的会计信息合法、真实、准确、及时、完整。企业在招聘财务人员的过程中要严格筛选，在工作中做好监督；并要不断提升财务工作人员的业务素质，定期组织培训、考核等。

(3) 完备、规范的财务管理制度是保证一个企业正常运作及发展壮大的必要条件。“工欲善其事，必先利其器”，好的财务管理制度是企业发展的重要武器，企业只有真正做到在原始凭证记录管理、定额管理、计量验收等方面有据可查、有度可依，在财务部门职责权限、岗位分工明确，账务处理程序井然有序、稽核制度严格透明，才能真正发挥其主体作用，更好督促各部门工作，促进企业发展。

(4) 加强资金管理。很多企业管理者重视资金，却忽视资金管理的重要作用，没有科学的使用资金，造成资金的不足或闲置，降低了利用率，阻碍了资金的循环流通，大大降低了企业利润的生成。现金对于企业来讲好比人体的血液，如果企业的现金流断裂，迎来的只有倒闭。资金的耗费关系着企业的生产成本和竞争能力，如果光是为了占据市场，将战线拉得过长，导致现金套牢，那么企业周转必然不便利，库存和应收账款与现金正好成反比，如果没有很好的财务控制，导致成本浪费、错误决策、重复购买等，增加了企业的应收账款，造成亏损，最终导致现金流断裂而使企业轰然倒下。企业应将现金流的控管分为事前、事中和事后：事前制定预算，事中做好偏差分析并及时改进，事后总结归纳。避免出现资金投入过多、回收困难、长期滞留等情况，影响企业的发展。

(5) 非财务工作者了解现代财务管理的技能与方法，但不能干涉财务管理工作。非财务人员了解财务管理制度对企业各项工作的顺利开展起到推进作用。

① 要认识到财务的重要性，了解财务管理的主要工作内容，学会看财务报表并能通过报表了解企业的状况。

② 要走出观念误区，财务管理并非“只管钱”。认为只要管住钱就万事大吉了，而忽略了核算的重要性，如此“重资金、轻核算”，做不到真正的节支降耗，“钱”是管不住的。

③ 许多企业的财务部门从创业初期即由管理者一人或其亲属掌管，财政大权“一手抓”，导致财务管理工作无法顺利开展，给企业的长远发展埋下隐患。

(五) 企业管理以财务管理为中心的现实性

(1) 财务管理为中心是建立现代企业制度和企业产权制度改革的必然要求。产权的产生、界定和构成都建立在一定财务关系的基础之上，离不开科学的财务预测、分析和决策。责任明确、政企分开，也要靠合理、合法、有效的财务关系来完成。管理科学必须以财务管理为中心，为其他各项管理提供基础资料，并带动其他各项管理的发展。从现代企业最重要的组织形式——公司制的组织结构来看，股东大会及其委托机构——董事会的基本职权包括制定财务预算、计划，决定投资、利润分配方案和注册资本的增减，而其他管理的决定权下放到了董事会的委托机构——经理层，财务管理在企业中处于高层次、全局性的地位。

(2) 财务管理为中心是资本经营的基本要求企业面临市场竞争所要解决的问题，企业面临国际竞争所必须重点解决的问题，都离不开财务管理。我国市场经济的发展状况，特别是金融市场的发展状况，要求企业以财务管理为中心，采用恰当的资本结构，利用各种方法和手段强化资金管理，调整资金的存量、流量和周转速度，优化企业债权、债务比例，以便能最大限度地降低资本成本，实现资本增值。财务管理是伴随着经济的发展而不断强化和完善的。改革开放后，特别是我国确立了市场经济体制后，财务管理被放在了企业管理的显著位置。实践证明，企业摆正财务管理的位置，以财务管理为中心，企业就能适应市场经济，就能更好地发展；企业忽视财务管理或财务管理失误，企业管理就会失控，企业目标就不能实现，甚至会破产、倒闭。

二、财务管理中存在的问题

财务管理处于企业管理的重要地位，是企业提高经济效益的重要环节。如何加强企业财务管理是企业财务管理人员亟待解决的问题。

(一) 融资困难，资金严重不足

目前，我国中小型企业初步建立了较为独立、渠道多元的融资体系，但是，很多融资难、担保难仍然是制约中小型企业发展的最突出的问题。其主要原因有以下几条：

(1) 负债过多、融资成本高、风险大，造成中小型企业信用等级低，资信相对较差。

(2) 国家没有专设中小型企业管理扶持机构，国家的优惠政策未向中小型企业倾斜，使之长期处于不利地位。

(3) 大多数中小型企业是非国有企业，有些银行受传统观念和行政干预的影响，对其贷款不够热心。

(4) 缺乏财务管理战略，大部分企业的财务管理仍处于记账管理阶段。

(二) 财务控制薄弱

(1) 对现金管理不严，造成资金闲置或不足。有些中小型企业认为现金越多越好，造成现金闲置，未参加生产周转；有些企业的资金使用缺少计划安排，片面考虑到季节价格波动，过量购置不动产，无法应付经营急需的资金，陷入财务困境。

(2) 应收账款周转缓慢，造成资金回收困难。原因是没有建立严格的赊销政策，缺乏有力的催收措施，应收账款不能兑现或形成呆账。

(3) 存货控制薄弱，造成资金呆滞。很多中小型企业月末存货占用资金往往超过其营业额的两倍以上，造成资金呆滞，周转失灵。

(4) 重钱不重物，资产流失浪费严重。不少中小型企业的管理者，对原材料、半成品、固定资产等的管理不到位，财务管理职责不明，资产浪费严重。

(三) 管理模式僵化

管理观念陈旧。一方面，中小型企业典型的管理模式是所有权与经营权的高度统一，企业的投资者同时也是经营者，这种模式给企业的财务管理带来了负面影响。中小型企业中相当一部分属于个体、私营性质，在这些企业中，企业领导者集权、家族化管理现象严重，并且对于财务管理的理论方法缺乏应有的认识和研究，致使其职责不分，越权行事，造成财务管理混乱、财务监控不严、会计信息失真等。企业没有或无法建立内部审计部门，即使有，也很难保证内部审计的独立性。另一方面，企业管理者的管理能力和管理素质差，管理思想落后。有些企业管理者基于其自身的原因，没有将财务管理纳入企业管理的有效机制中，缺乏现代财务管理观念，使财务管理失去了它在企业管理中应有的地位和作用。

三、解决企业财务管理中存在问题的对策

以上财务管理方面存在的问题是由人员、内部管理机制等多种因素造成的。针对这些问题，我们应从以下几个方面入手:

(1) 我国中小型企业在财务管理方面存在的问题是由宏观经济环境和自身双重因素造成的。所以，为了更好地解决问题，除了政府出台扶持政策、适应市场、优化价值链和供应链外，企业自身应从三个方面入手。

投资要面向市场，对投资项目进行可行性研究，正确进行投资决策，努力降低投资风险应以对内投资方式为主。对内投资主要有以下几个方面:

① 对新产品试制的投资。

② 对技术设备更新改造的投资。

③ 人力资源的投资。

目前，应特别注意人力资源的投资，从某种角度来说，加强人力资源的投资，拥有一定的高素质的管理及技术型人才，是企业制胜的法宝。分散资金投向，降低投资风险。中小型企业在积累的资本达到了一定的规模之后，可以搞多元化经营，把鸡蛋放在不同的篮子里，从而分散投资风险，规范项目投资程序。当企业在资金、技术操作、管理能力等方面具备一定的实力之后，可以借鉴大型企业的普遍做法，规范项目的投资程序，实行投资监理，对投资活动的各个阶段做到精心设计和实施。另外，要注意实施跟进战略，规避投资风险。

(2) 企业要苦练内功，强化资金管理，加强财务控制提高认识，把强化资金管理作为推行现代企业制度的重要内容，贯彻落实到企业内部各个职能部门。由于资金的使用周转牵涉企业内部的方方面面，企业经营者应转变观念，认识到管好、用好、控制好资金不单是财务部门的职责，而是关系到企业的生产经营环节的大事。所以，要层层落实，共同为企业资金的管理做出贡献。努力提高资金的使用效率，使资金运用产生最佳的效果。

① 要使资金的来源和动用得到有效配合。如绝不能用短期借款来购买固定资产，以免导致资金周转困难。

② 准确预测资金收回和支付的时间。如应收账款什么时候可收回，什么时候可进货等，都要做到心中有数，否则易造成收支失衡、资金拮据。

③ 进行资金分配。流动资金和固定资金的占用应做到合理组合，加强财产控制。建立健全财产物资管理的内部控制制度，在物资采购、领用、销售及样品管理上建立规范的操作程序，堵住漏洞，维护安全。对财产的管理与记录要个人来做。要定期检查盘点，以揭露问题和促进管理的改善及责任的加强。

④ 要不定期地突击检查，督促管理人员和记录人员保持警戒而不至于疏忽。因此要加强对存货和应收账款的管理。

近年来，很多中小型企业陷入经营流动资金紧缺的困境，加强存货及应收账款管理是重要的解困措施。加强存货管理，尽可能压缩过时的库存物资，避免资金呆滞，并以科学的方法来确保存货资金的最佳结构。加强应收账款管理，对赊销客户的信用进行调研评定，定期核对应收账款，制定完善的收款管理办法，严格控制账龄。对死账、呆账，要在取得确凿证据后，进行妥善的会计处理，保持财务资料完整。很多中小型企业疏于日常记录，很难提供一份完整的财务资料，这势必会给自我评估、融资、计划、预算等财务管理工作带来很多困难。现代化的企业管理，特别是有效的财务管理，必须要有完整的财务资料，以帮助管理者分析过去和预测未来。

（三）加强财会队伍建设，提高企业全员的管理素质

目前，不少中小型企业会计账目不清，信息失真，财务管理混乱，企业领导营私舞弊、行贿受贿的现象时有发生，企业设置账外账，弄虚作假，造成虚盈实亏或虚亏实盈的假象等。究其原因，一是企业财务基础薄弱，会计人员素质不高，又受制于领导，无法行使自己的监督权。二是企业领导的法制观念薄弱，忽视财务制度、财经纪律的严肃性和强制性，为要解决上述问题，必须加强财会队伍建设，对财会人员进行专业培训和政治思想教育，增强财会人员的监督意识，加强全员素质教育。从企业领导做起，不断提高全员法律意识，增强法制观念。只有依靠企业全体的共同努力，才有可能改善企业管理状况，搞好财务管理，提高企业的竞争实力。总之，企业要牢固树立财务管理的观念，重视资金的管理，真正把资金视为维护企业的生命线，讲求资金的使用效果，让每位职工都认识到财务管理的重要性。企业领导者应重视财务管理、懂得财物管理、抓财务管理，把有限的资金合理地用到生产中去，实现企业资金运动的良性循环，保证生产的正常进行，使企业健康发展，提高经济效益。建立现代财务管理制度是企业改革的根本出路。企业必须重视财务管理在企业管理中更要重视财务管理的作用，明确财务管埋的最终目标和财务管理的发展。

第二节 加强财务控制的手段

从传统的意义上来讲，企业财务控制的手段很多，主要体现在各种财经制度、财务制度、资金费用定额等方面，如对生产、销售、采购、投资、融资、现金等都有严格的程序和制定的规定，以及各种事前、事中、事后的监控手段。但从现代企业财务控制来看，控制手段越来越集中到预算管理上来，尤其是企业集团的财务控制，通过预算管理把企业的目标、业绩评价、激励和约束等各种控制手段融合到一起，成为渗透到企业生产、销售、经营、投资、融资等各个环节的主要控制手段，加强企业财务管理的对策与措施。

一、财务管理人员必须树立现代财务管理新理念

现代企业制度的建立，不仅赋予企业自主理财的权利，同时也将现代企业理财置于瞬息万变、高度风险性的市场经济环境中。这对企业财务管理人员提出更高的要求，财务人员必须建立适应知识经济时代的理财新观念。

(一) 要强化信息观念

在现代社会中，经济信息是商品，会计信息也是商品，任何商品都有价值，会计信息也有价值。一方面，财务人员通过迅速、准确、全面地收集信息，为企业筹资、投资决策提供依据；另一方面，对企业生产经营状况分析所提供的资料，成为企业改善经营管理的决策依据，对企业管理战略产生重大影响，客观上为企业创造价值。所以，在复杂的市场经济环境中，财务人员必须强化信息观念，关注企业一切相关因素的发展变化。

(二) 强化发展观念

企业应追求长期持续健康的发展，企业财务管理必须充分考虑理财行为对企业的长期影响。在市场经济条件下，风险与报酬共存，企业在追求利润的同时，必须在两者之间有一个正确的度量，资金运动中必须合理安排财务结构，克服企业财务决策的短期倾向性，立足于企业的长期发展。

(三) 增强风险观念

企业的理财活动环境复杂多变，企业不可避免地承担一定的风险。如筹资过程中筹资渠道稳定性的风险，筹资过程中的汇率风险、利率风险，经营过程中的资本结构风险，投资中的立项风险等。财务人员必须建立科学的预测体系，防范和化解风险，将可能发生的风险尽量降低到最低程度。

二、对企业财务管理目标进行科学定位

财务管理目标是现代企业理财活动所希望实现的结果，是评价企业理财活动是否合理的基本标准，是财务决策的出发点和落脚点。现代企业必须对作为财务管理驱动力的财务管理目标进行科学定位，才能形成与之相适应的财务管理与运行机制，优化企业的理财行为。现代企业是多边契约的总和，是人力资本和货币资本的结合。这其中包括投资人、经营者、员工，缺少其中任何一种因素，资本都难以实现增值。现代企业中，不仅投资人承担

企业经营风险，而且债权人、经营者承担的风险也大大增加。现代企业利用财务杠杆使企业资产负债率大大提高，债权人承担的风险迅速攀升。而对于经营者和员工而言，由于现代社会分工的细化，使其付出的时间、精力、学习的机会成本也大大增加。鉴于各个团队所负担的风险和彼此依赖的关系，企业的财务管理目标应以企业价值最大化为财务管理目标，使各方受益，借以实现各个团队的利益。

三、提高企业对财务环境的适应力

财务环境也称企业的理财环境，是指企业财务管理之外影响企业财务决策各项因素的总和。宏观财务环境包括经济状况、经济政策和技术水平、法律环境、金融市场环境等；微观环境包括企业组织形式、治理结构、企业自身的技术特点等。企业处于财务环境之中，不可避免地受到财务环境的影响。如筹资过程中货币政策的调整、金融市场结构变化将对企业筹资成本、筹资方式产生直接影响；投资中，国家的产业政策都对企业形成约束。现代企业财务环境的不可控制、动态性、复杂性的特点使企业必须搞好财务环境的分析，提高企业的应变能力。因此，企业应实行财务弹性管理。在企业进行财务收支估计和财务控制时，实施弹性分析、弹性预测，留有合理的伸缩余地，使企业在财务环境发生突发状况时，不致陷入窘境，尚可周旋。在弹性的确定上应依据企业应付能力的大小和不利事件发生的可能性，以免造成不必要的浪费。企业还应优化各类资产的收益、期限。合埋搭配财务结构，搞好公共关系。

四、建立有效的财务风险规避制度

在现代市场经济条件下，企业财务经营风险较高，所以必须加强风险管理。这些管理内容主要包括：有效地选择和利用市场信息，充分及时地披露内部和外部的信息；根据产品寿命周期确定财务的经营方式；根据“媒体空间”不断扩大的趋势，及时调整财务经营战略，加强对无形资产的管理等。在企业财务管理的实践中，要达到企业财务风险管理的目的，重要的是建立一整套与之相应的财务风险规避制度。

（一）建立风险识别制度

即辨别、判断企业资本经营过程中可能存在的风险能力，包括识别当前运行环境状态下的风险威胁，分析和预测未来可能发生的风险概率，识别的主要方面包括风险的类型、发生的可能性、发生的原因、强度、影响范围以及风险对企业可能导致的后果。

(二) 建立风险防范制度

即在风险尚未真正发生之前，事先对企业的经营活动进行防范设计，以降低企业面对风险的概率。既可以采用消极防范，采用适合自身的对策避开风险，也可以采用积极的防范，通过改善环境的结构，达到降低风险发生的概率的效果。

(三) 建立风险控制制度

当出现风险时，企业能够通过一定的手段和方法转移、分散或者控制风险的影响，减少风险造成的实际损失。风险转移既可以采用策略组合、策略调整和运用保险等手段，也可以采用扩展风险承担主体，选择合适的资本经营方式组合以及扩大资本经营主体的优势覆盖面等途径，从而达到分解企业承受风险的压力。

五、建立健全新的财务管理体系

企业财务管理要服从于生产经营的需要。进入 21 世纪后，企业的生产经营无论从生产到营销均已发生了深刻的变化。因此，应建立健全适应于要求的、以财务管理为中心的新的管理体系。

(一) 要建立新的财务管理内容体系

在 21 世纪知识经济条件下，如何衡量知识资本，如何估价知识产权，如何确定人力资源价值等，这些都要求对财务管理的内容进行创新，建立适应新的发展和管理形势的财务管理内容体系。

(二) 建立健全新的财务分析内容

随着企业知识资本的增加，企业经营业绩、财务状况和发展趋势越来越受制于知识资本的作用。因此，企业财务分析的内容应包括对知识资本的分析，即评估知识资本的价值，定期编制知识资本的报告，披露企业在技术创新、人才资本等方面的变化和投资收益，使信息使用者了解企业知识竞争力的发展情况。

(三) 建立新的财务分配方式

财务分配是由经济增长中各要素的贡献大小决定的。随着知识资本成为经济增长的主要来源，知识资产逐渐转变为财务分配的轴心，因此财务分配的方式应适应新的形势发展要求，确立知识资本在企业利润分配中的地位，使掌握知识及利用知识能力较强的职员在总体上分享更多的企业利润。

第三节　改变陈旧观念

随着改革的不断深入和市场经济的发展，企业已成为市场的主体，生存、发展和活力已成为当今企业的总目标，市场经济要求企业生产经营者、财务管理人员必须尽快转变观念，树立正确的财务观。——树立起自主筹资、自我约束观念、资金成本和时间价格观念、负债经营和财务风险观念、偿债观念，还要加强财务指标的运用和分析观念。要强化各项财务指标的科学运用，学会用指标来分析财务状况，加强财务管理。

从思想上重视财务管理，在许多学者认为财务管理已经取代生产管理成为企业管理核心的今天，激烈的市场竞争和生存压力将迫使企业必须改变“财务管理跟着会计核算走，会计核算跟着领导意志走”的状况。企业应自上而下形成重视财务管理的风尚，重视财务预算、营运资金管理、财务控制等工作，紧紧围绕企业目标，从大局上把握企业经营，提升企业财务管理层次。

案例分析：对改革和加强消防部队预算管理工作的调查与思考

2001 年 3 月，中央军委批准了总后勤部《军队预算编制改革实施方案》，江苏省、市两级也从 2001 年 1 月 1 日起执行《部门基本支出预算管理试行办法》和《部门项目支出预算管理试行办法》，预算编制方法由传统的“基数增量法”改变为先进的“零基预算法”，预算编制项目由“切块分配”改变为“精确分配”，预算编制范围覆盖面扩大，有偿服务收入和库存物资都纳入了预算。它标志着财政预算编制向科学化、规范化迈出了关键的一步，为建立财权财力集中、经费分配科学、项目具体透明、监督制约严密的预算新模式奠定了坚实的基础。

那么，目前我国消防部队的预算管理现状怎么样呢？与今后消防部队建设和发展有哪些不相适应的地方？消防部队预算编制改革应着力解决什么问题？要采取什么对策？就这些问题，我国按照总队的统一部署，从4月9日起至8月23日先后对苏州、南通、泰州、扬州、宿迁、淮安等消防支队以及常熟、海安、如皋、姜堰、涟水等消防大队进行了调查和分析。

一、目前消防部队预算管理现状及存在的主要问题

消防部队经费主要来源于两部分：一部分是消防部队作为国家武装集团的组成部分，维持正常生活和部队行政管理、教育的经费来源于中央财政，称为部队行政经费；另一部分是消防部队实行统一指挥与分级管理相结合的管理体制，担负防火灭火和抢险救援任务，直接受当地政府和公安机关领导，为地方经济建设和社会保障服务，其所需经费来源于地方各级财政，称为消防事业经费。消防部队行政经费管理执行武警部队统一的预算管理制度，消防事业经费管理执行地方财政部门制定的预算管理规定。由于武警部队和地方财政的预算管理要求不同步，口径不完全一致，一级消防管理部门每年要按照经费的来源、编制两种不同的预算，这必然给预算的编制、执行和考核带来难度。

从预算编制方式来看，目前我省消防部队行政经费和消防事业经费预算编制总体上仍采用“基数分割法”，即以上年度预算执行结果为基数，根据本年度经费标准的增减和事业任务的变化情况，将经费层层分割，采用预算包干制度，这是一种计划经济体制下的经验型预算法。部队上级和地方财政对消防部队实行的是基数加专项的一种预算管理形式，对消防部队按实际需要编制的申请预算考虑不多，消防部队各级要做的工作主要是执行下达的指标。

部队各级为保障事业任务的完成，希望部队上级和地方政府能够增加对消防部队的经费投入，而各级财政在财政压力比较大的情况下，特别是地处苏北的大部分市、县财政为“吃饭财政”，他们希望尽可能的压缩各单位的经费预算，其中包括消防部队的事业经费预算，首先保证“吃饭”。于是，政府在确定各部门预算时，只能在财力允许的前提下，首先保证“吃饭”和各部门开展业务工作的最基本需要。这种预算方法实际上只是对每年新增加的经费进行预算安排，而不对“基数”部分再进行分析和考察。长此以往，造成经费缺口大的单位和部门，缺口得不到弥补，而且越来越大，使部队发展计划与预算脱节，一方面造成消防工作现实急需要建的项目，财政预算得不到保障，另一方面消防部队从事业发展和需要出发，负债进行建设又违反

财政有关管理规定，这一点，在消防装备建设和基本建设项目上表现得尤为突出。从调查的支队、大队情况来看，除了个别正在从事消防站建设的单位外，每个单位的维持性经费支出比例约在 70%～80%，苏北地区的支队、大队都将超过这个比例，现有经费只能维持消防部队正常消耗性开支，消防车辆装备和基本建设经费缺口严重。

据统计，至 2001 年年底，苏、通、泰、扬、宿、淮六个支队（不含所属大队）基本建设资金缺口 1711 万元，消防车辆装备经费缺口 859 万元。按城市建设规划，目前尚缺消防站 66 个。随着我省经济建设的飞速发展和城市化进程的加快，消防部队所担负的任务日趋繁重，我省消防部队经费来源特别是消防事业经费投入不足日显突出。1998 年，中央做出军队、政法机关不再从事经商活动以及 2002 年 7 月 1 日起我省取消消防设施建设费行政事业性收费项目之后，我省消防部队的经费供需矛盾日益加大，其中就取消消防设施建设费这一项，我省消防部队各级一年减少收费 8 000 多万元（2001 年统计数字），占全省消防事业经费总额的 30% 以上。从这次调查的支队、大队来看，2000—2001 年，各单位收取的消防设施建设费 40%～80% 用于弥补消防事业维持性支出，剩下部分主要用于补助消防车辆装备和消防站营房建设。取消收费后，我省消防事业经费的保障将更加困难，消防基础设施建设的难度也愈来愈大。从 2001 年开始，我省各级财政逐步实行了部门经费预算，消防部队的消防事业经费基本上还是沿用了以前的“基数分割法”预算管理模式，其原因除了部分市、县财政无力承担外，还因为我省消防部队的维持性经费定额不好确定，如各种类型的消防车维护保养费用，车载泵辅和器材种类繁多，财政部门不能像对行政车辆那样定一个消耗定额；火灾和其他灾害事故有偶发性，消耗品的补偿也有偶发性等，使财政部门难以按实际确定预算定额。这也给消防部队争取事业经费带来了不确定因素。

从预算思想观念上来看，部队预算法制观念、效益观念不强，忽视对经费投向和投量的有效管理，实践中往往以习惯思维代替科学思维，以习惯做法代替按规定行事。由于历史和制度方面的原因，目前部队经费预算活动中较注重行政管理手段，而忽视经济和法制手段。目前，国家尚未出台《国防预算法》来规范部队预算活动，而部队内部制定的有关预算管理规定缺乏完整性、系统性和稳定性，致使预算活动中有法不依、执法不严等现象时有发生。由于预算中留有的缺口，部队各级在预算执行中面临着完不成事业任务或突破预算的选择，这在部队各级基本建设活动中表现较为明显。近三年，我省总队开展了“队伍正规化、业务规范化”的建设活动，部队各级营房的搬迁和改造掀起了一个高潮，有力地促进了部队的各项建设，但也有少数单位在经济条件比较差的情况下，搞攀比，超预算、超规模搞建设，基建资金缺口严重，往往是楼盖好了，负债的“包袱”也背上了，年年要钱，年年还债，执勤消防车辆和装备却得不到添置和更新，结果是一任成绩，多任包袱。预算执行情况未能与部队其他行政管理手段相结合，形成一种有效的制约机制。

从预算执行情况来看，部队各级在经费供需矛盾突出的情况下，一些单位出现赤字；更多单位在不突破预算总额的情况下，采取变通方法，集中经费保障人员经费和本级、本部门的重点任务需要，出现了预算编制与执行“两张皮”的现象，也是我们常说的预算的“虚化”和“软化”。例如，2002年7月1日，我省总队人员编制实力为6 216人，而实有实力为6 690人，各类行政车辆计领经费编制实力246辆，实有实力为697辆，按编制实力计领的经费数远远低于实际需要量，结果只能是申请预算时按编制实力计领经费，执行预算时按实际需要安排。近年来，部队在经费使用管理上存在不同程度的负债建设和前几年存在一些单位动用部队行政经费结余搞基本建设等现象正说明了这个问题。这样做虽然有利于发挥各级各部门的理财积极性，使有限的经费得以灵活机动地适应不断变化的经费供需情况。但同时也带来预算的虚假性，使预算编制流于形式，成了“纸上文章”。

从消防部队预算体系上来看，消防部队管理体制的特点决定了消防部队财务保障的复杂性。中央财政和地方财政分别给消防部队核拨行政经费和消防事业经费，部队内部又将经费层层分割给基层部队。由于消防部队“线长点多”，难以实现集中统管，加上各地经济发展水平不同，消防事业经费保障水平悬殊较大，因此难以形成一个有效的保障效益考核标准。按项目管理规定，部队基本建设项目分别由公安部消防局和地方政府下达，但由于经费保障不到位，财政拨款不足，有的项目建设只能到处“找米”“借米”下锅或负债建设。我们在调查中发现，有的支队在前两年将行政经费中部分项目支出如水电费、差旅费、通讯费、医疗费、维修费、油料费等全部安排在地方消防事业经费中支出，使部队行政经费“结余”，用于弥补基本建设资金的不足。从账面上来看，消防事业经费超支，部队行政经费结余，实际情况并非如此，这给经费决算分析工作带来了困难。2000年，苏州支队全年计领公用经费256万元，实际安排支出45万元，公用经费“结余”211万元；南通支队全年计领公用经费184万元，实际安排支出135万元，公用经费“结余”49万元。从部队行政经费账上看都有或多或少的结余，但实际支出情况是，支队的水电费、油料费、维修费、差旅费、通信费、医疗费等支出全部或部分列入支队消防事业经费开支。如苏州支队这几项经费支出达497万元，南通支队同口径支出为194万元。按经费管理要求，部队行政经费和消防事业经费使用不得相互挤占、挪用，但实际上这两种经费在部队使用时有的是无法分清界限的，如总队、支队、大队的水电费、取暖费、公杂费、营房维修管理经费等，哪些是行政管理方面的开支，哪些是消防业务方面的开支很难分清，加上一些项目建设资金不到位，必然产生“挤占”“挪用”的现象。总而言之，现行的预算体系导致预算不能充分地反映部队财力资源投入的具体情况，不利于分析和考评部队资金的使用效益，不利于部队各项建设的统筹规划和综合平衡。

二、结合消防部队实际，适应改革需要，建立和完善消防部队的预算管理体制

(一) 适应国家和地方财政部门有关预算编制改革的基本要求，实行“分类预算”“零基预算”和“综合预算”

(1) 熟悉掌握经费的分类依据，针对不同的经费保障重点，分别实施不同的调控政策。对基本支出经费预算，抓标准定额、抓人员、装备实力的宏观调控，要根据我们消防部队的自身特点搞好标准定额的测定。其中，部队和地方通用的标准，我们可以套用，特殊的如行政经费中的伙食费、卫生经费，消防事业经费中的消防车辆装备维修保养费、训练费、培训费等可以统一制定一个计领标准定额；人员和装备要按实际需要实事求是地确定编制，并通过有效的制约手段确保严格执行。对项目经费预算，抓立项、抓论证、抓落实。

(2) 积极推行零基预算方法。零基预算是构建预算管理新机制的核心，要将各项经费安排从零开始，对预算年度内的所有经费需求，按照轻重缓急和财力可能统筹考虑，有任务急需建的项目就安排经费，任务多任务重的项目和重点项目就多安排经费，反之则不安排或少安排经费，避免平均主义。

一方面，我们要了解各级财政的投资方向，对部队建设搞好计划安排，尽量做到科学、合理，尽可能多地争取经费投入。另一方面，在年度经费预算确定以后，认真执行预算。

（3）坚持综合预算制度。要把不同来源的经费全部装进预算的“笼子”，按规定统筹安排使用，全面反映和控制一个单位或部门所有财力的收支活动，可根据消防部队的实际情况，除了在消防局保留总预备费科目外，总队以下预算单位取消预备费、机动费科目，预算外经费科目只核算收入，不核算支出，收入、纳入预算统一安排。参照地方财政部门的做法，增设招待费科目，并明确标准，避免招待费无标准、随意铺张现象。

（二）综合规划，分类编报

消防部队经费管理部队性和地方性兼有，部队行政经费需纳入部队部门预算，消防事业经费需纳入地方财政部门预算，特别是我们消防部队有的装备建设、基本建设项目是“拼盘项目”，一个项目投资来源多渠道，给消防部队项目预算编制带来了困难，如何编制一个全面、综合部门预算是我们必须解决的问题。我们应从以下两个方面入手：

（1）制定各级消防部队建设发展规划。各级预算单位在考虑工作规划时，要打破部队行政经费与消防事业经费的界限，以一个预算单位为整体，通盘考虑，制定一定周期（两或三年）部队建设发展规划，将部队所有经费资源融合到一个管理系统内，在此基础上编制本单位的综合经费预算，将部队经费支出安排方向与部队的总任务联系起来，实现有效的资源配置。

（2）按照部队和地方财政预算编制要求分类编报预算。由于消防部队同属部队预算单位和地方财政预算单位，根据预算编制规定，都应根据经费分类要求不同，独立上报本单位的年度经费预算。各预算单位要在编制综合预算的基础上，将部队经费预算分为基本支出经费、项目经费、代管经费三类编报上级业务主管部门，将消防事业经费预算分为维持性经费和建设性经费编报同级财政部门。

（三）按预算管理的职能作用，理顺部队内部预算管理监督制约关系，形成消防部队上下编制统一、关系顺畅的财务管理体制

做法上可以借鉴财政部门、大型企业和国外军队的预算管理体制，如现在一些地方大的集团公司成立了直属公司董事会的预算管理委员会，负责

制定预算目标、计划决策；再如美国三军都有专门的预算计划管理部门，直接负责计划、规划、预算决策和购货价格的权利机构，具体的执行机构是负责经费支付和结算等工作的财务会计中心；财政部门在事业财务部门之外设立单独的预算管理和审核部门。我省消防部队在不能单独设立预算管理机构的前提下，可以增加财务部门人员编制，设立预算管理岗位，负责预算的编制、审核和监督，切实保证预算管理的独立性和有效性。

(四) 充分利用和开发微机使用功能，尽快实现财务信息处理自动化、网络化

消防部队财务因它自身的特殊性决定其经费和物资保障千头万绪，信息量大。要做到及时处理各种复杂的情况，我们可以建立部队预算综合管理系统。根据消防部队预算的信息需求，充分考虑具体业务处理的需要，建立统一规范、技术手段先进的部队预算综合管理系统。具体设想包括以下三点：

(1) 资产信息网络系统：主要功能是管理消防部队的器材装备、固定资产和库存物资。对器材装备软件要求是能反映器材装备在各单位的实际配置情况、应配数量、超配或缺配情况，并按使用寿命和用途分类，上内部网接受各部门监督；固定资产软件要能反映固定资产的保管人、使用单位或部门及数码图片等信息；库存物资软件也应上网公布，特别是器材装备库存的上网，有利于各级领导及时掌握现有的物资情况，便于统筹考虑，合理配置资源，减少不必要的浪费。价格信息模块以政府采购的信息网为龙头，建立连接，以便及时掌握和了解部队所需装备器材物资最新的价格信息，便于经费的预算管理。以上的这个系统能与部队会计管理系统和事行财务软件的资产管理建立关联，便于财务管理。

(2) 预算综合管理系统：主要功能是实现与现行的部队行政经费核算软件、消防业务经费核算软件相连接，建立综合预算管理控制体系。具体可分为预算编制、预算监控和调整、考评三部分。主要内容有以下几点：

① 根据各预算单位对应的实体账套，编制预算科目的年度、季度和月度预算与计划。

② 各单位可以自定义具有自身特征的预算指标并进行对应会计科目的指定。

③ 预算编制时自动显示该预算指标对应的预算科目和已编预算额汇总数。

④ 年中执行预算过程中可以进行预算指标的额度追加。

⑤ 提供分别针对年度预算和调整预算的审核功能。

⑥ 预算指标能够按照部门进行明细和汇总查询。

⑦ 可以查看到预算指标和预算科目的预算完成进度。

（3）健全预算管理规章制度，坚持依法理财。法制性是预算管理的基本特征之一，国外军费管理通常都有健全的法规制度作为依据。例如，美国有《军事拨款法》《军事建筑拨款法》，法国有《国防预算法》等对经费管理做了严格规定。当前我国法规建设亟待解决的问题是制定与《预算法》配套的适合于消防部队的预算管理规章制度。要修订完善《预算经费管理规定》《会计规则》及部队其他一些财务管理规定等，对一些行政消耗性开支科目，制定定额，加以控制。建议制定《消防部队预算审查监督条例》，规范消防部队各级的财务行为，预防和惩处违反财经法纪行为，促进上级单位对下级单位的预算审查监督由程序性监督向实质性监督转变，有效地制约法规意识薄弱、随意性大等行为的发生，做到违者必究。

三、消防部队实行预算管理改革需要强调的几个问题

消防部队推行资产管理与预算管理相结合是深入贯彻落实科学发展观的具体体现；是全面建设现代后勤的重要内容；是节约资源、转变保障力生成模式的有效途径。对资产实施管理是我国长期发展的基石，面对消防部队采取的管理策略，我们应将重点转移到资产管理上，这样才能实现资源的科学规划，严格把握各个环节的核算工作，提升资产管理效率。

（一）部队各级领导要从根本上改变理财观念

目前，消防部队一些单位领导对预算管理的认识不足，预算管理流于形式，经费管理仍停留在标准加补助的经验型管理方式上，管理方法上突出行政手段，开支随意性大。实施预算管理改革要求管理者理财要具有前瞻性、全局性，必须全面学习和了解财政预算编制改革的实质，充分理解改革的必要性。增强法制观念，不仅要积极争取经费，还要注重对经费投向和投量上进行宏观调控，引入成本与效益分析等经济方法，分析各种决策方案的机会成本，采取有效措施，使项目决策更加科学合理，使消防部队经费运行

走上良性循环的轨道。

（二）制定部队一定周期发展建设规划，加强对项目预算的研究论证

预算的编制要有预见性，准确程度要高。由于预算一旦确定，经费在类别和项目之间就不能调整，这就要求各单位对下年度及以后要建的项目和开展的重要活动要提早规划，认真测算所需要的资金，并充分考虑财力的可能，分清轻重缓急，按序建立本单位项目建设的项目库。消防部队经费预算是部队用于完成防火、灭火及抢险救援任务所需资金的计划，它反映了部队建设和消防事业发展计划，实际上是部队发展战略、规划的数字化，所以说部队建设发展战略、规划是预算管理的核心内容，部队发展的中长期规划建立的科学与否，直接影响部队资金特别是预算经费中建设性经费的使用效益。我们在确定部队建设发展规划和计划时，要注意做好“三结合”：一要结合国家、地方政府确定的经济和社会发展总体规划；二要结合国家、地方的经济形势和财力状况；三要结合消防部队的自身特点和执勤备战的实际需要，因地制宜，实事求是，既要避免照搬照套解放军、武警部队建设标准，又要避免脱离部队和当地经济发展的实际情况，既不能建“豪华”工程和“花架子”工程，也不能因地方经济条件差而无所作为。总队作为决策机关、领导机关，要搞好规划、计划的政策性引导和管理，装备建设和改造要以实战需要，提高战斗力为标准，切忌标准“一刀切”。加强对预算编制项目经费的研究论证，要以部队建设规划为依据，使每个项目建立在“非立不可，必须建设”的基础之上。在对重大项目和大宗经费开支决策时，必须遵循先调查研究、拟制初步方案、进行可行性论证、请专家咨询、方案评估、选优，最后由党委集体决策的程序进行。把项目论证建立在科学可靠的基础之上，使预算编制更科学、更透明。项目主管部门在确定建设项目的同时，要保证建设资金及时、足额到位，不留缺口，这样，预算执行中的“虚化”和“软化”必然能加以杜绝。

（三）财务人员认真履行职责，把好预算编制关、预算执行关

财务人员要学习领会预算管理改革的相关知识，提高分析问题、处理问题的能力，增强事业心、责任心，全面了解收集本单位的基础数据，建立部门预算基础数据库，包括人员、装备、资产情况、价格信息等，准确掌握家底情况，否则会严重影响部门预算的编制质量。还要了解本单位及部队建

设规划、建设项目的具体实施意见。在具体执行过程中，财务部门要做到预算确定的就办，没有的就不办，遇到特殊情况确需调整的，必须按规定程序审批，要拿准主意，当好参谋，提好建议，把住关口。

(四) 建立物资集中采购制度，加强对资产物资的管理

(1) 要根据公安部消防局下发的队伍正规化管理要求和《消防站车辆装备配备标准》，结合各总队的实际情况，按照各地经济发展水平和消防保卫任务的繁重程度，制定部队学习、生活、训练、执勤设施和消防车辆装备器材分类配备标准，避免出现“一刀切”和不切实际。

(2) 要按照《预算法》《合同法》《招标投标法》等国家法律、法规及有关规定，结合各单位的实际情况，制定《物资集中(政府)采购管理规定》，以规范部队的物资采购行为，节约部队资金，杜绝违纪现象的发生。

(3) 建立部队物资装备采购网络，及时提供所需的各种物资装备器材信息资料，便于预算制定与执行时作参考，以降低采购成本。

(4) 加强对库存物资和现有资产的管理，资产管理部门要随时掌握各种装备的规格性能、质量状况、使用寿命、维修周期以及库存数量等情况，在制定物资采购计划时，提供给预算编制部门和预算决策领导，以便充分利用现有的资产，作出正确的决策。

(五) 加强经费分析，促进预算管理

经费分析是对经费预算执行情况监督的继续，应从以下三个方面着手：

(1) 加强日常维持性经费活动的分析，主要分析消耗定额的执行情况，人员、装备平均消耗水平，人员、装备等现状情况，部队战斗力的维持和提高水平等。

(2) 积极开展对建设性经费及项目经费的经费分析，主要分析建设程序执行情况，资金拨付与工程进度情况，建设规模与预算执行情况，建设质量和时效等。

(3) 做好不同时期经费使用的动态分析。

(六) 探索建立预算管理评价体系

具体包括项目经费的评价体系、价格评价体系、预算执行情况评价体系。充分利用审计的职能，加强经济责任审计。

第五章　私营企业财务管理的特征

改革开放以来，我国私人投资创办企业的积极性空前高涨，私营经济得到了长足的发展。私营企业为创造税收、繁荣经济、增加就业等方面做出了一定贡献。但在私营企业的发展中可以看到，只有少数企业能在短时间内完成原始积累，发展为规模大、管理规范、资本雄厚、市场竞争力强的大企业，相当一部分私营企业处于“高出生与高死亡率”状态。影响私营企业发展的因素很多，既有外部因素，也有内部因素，其中企业财务管理水平是影响其发展的一个重要的内部因素。分析私营企业财务管理特征，探索财务管理与理财环境影响的关系，有助于提高财务管理水平，促进私营企业的健康发展。

第一节　决策缺少证据

财务管理地位不高的小规模非科技型私营企业，其决策模式主要为经验决策。私营企业在经营决策方面有着高效率的优势，但决策程序较粗糙，决策所需要的信息中，相当程度仍使用以供销人员为主体的偶遇式的市场信息收集方式，信息的收集、处理、利用并无规范的规则，财务人员参与收集分析的信息极小，决策信息准确度较差，决策的可靠度低。企业财务管理未受到重视、财务管理在业主以外的管理中影响不大、地位不高。大部分小企业未配置独立的财务管理机构或人员，财务人员被当作“记账”员，主要负责对外提供财务与纳税报表。

第二节　财务人员业务能力低

私营企业在发展初期财务管理职能作用不大，人与人的关系基于血缘关系和地缘联系，对团体以外的人天然的不信任。在财务这一敏感部门，

“忠诚度”成为用人的重要标志，无血缘、地缘关系的财务管理能人群体很难与家族势力平衡。所以，在小规模低层次的私营企业中，真正的财务专业人才很难留住，财务人员大多未经正规的专业培训，缺乏财务管理的能力，难以为管理高层提供有效的财务信息。

对现金管理不到位，现金周转不灵，存量现金没有盘活，大大地降低了企业的收益。有些私营企业认为现金越多越好，造成现金闲置，未参加生产周转；有些企业的资金使用缺少计划安排，过量购置不动产，无法应付经营急需的资金，陷入财务困境。而许多私营企业不编制现金收支计划，他们对现金的管理很大程度上是随意性的，一旦市场发生变化，经济环境发生改变就很难使现金快速周转。

应收账款周转缓慢，随着经济的发展，信用销售会越来越普遍，在市场竞争激烈的情况下，私营企业为抵御大企业的压力，会采取更多的商业信用促销。但由于应收账款管理水平不高，无严格的信用标准、信用条件和收账政策，更无相应的责任部门来组织落实，造成了大量应收账款沉淀，使企业资金周转不灵，并隐含着较大的坏账风险。

存货控制薄弱，许多私营企业对存货缺乏有效管理，无存货计划、无存货定期监督和检查制度，对日常存货的控制不到位，很多私营企业月末存货占用资金往往超过其营业额的两倍以上，造成资金呆滞、周转失灵。成本费用管理水平低，私营企业内部缺乏科学有效的成本费用控制体系，相当一部分企业在成本费用控制上仍处于事后算账的阶段，定额标准、信息反馈、责任制度等都不健全，事前和事中控制能力较低。因此，许多私营企业成本费用管理中存在核算不实、控制不严、控制体系不健全等问题。

第三节　业主绝对领导

财务管理内容单一的中国私营企业在其发展的初级阶段，表现出个人专权和家族控制的特色，80%以上的资产集中于创业者身上，董事长兼总经理是普遍现象。企业的资金筹集、使用由老板说了算。权力集中的家族式的经营，使财务管理也高度集中。不少小型私营企业的财务管理活动仅限于财务控制，即财务部门通过控制财务收支和分析检查财务指标完成情况来监督企业本身的经营活动，降低产品成本，增加企业盈利，协助业主实施财务监控。

第六章　造成私营企业财务管理现状的影响因素

企业的财务管理活动是受理财环境制约的，研究理财环境各因素变化对企业财务管理的影响，是为了分析财务管理的发展规律，寻求提高财务管理水平的途径。影响我国私营企业财务管理的因素既有宏观方面也有微观方面。

第一节　宏观社会环境因素的影响

宏观社会环境包括国家经济政策、产业政策、经济发展水平和金融市场状况等。宏观社会因素的正面刺激作用是因为地方政府对私营经济鼓励态度更为明显，地方政府各种优化环境，促进私营经济发展的经济政策出台，经济结构中的市场化成分进一步提高，金融市场进一步完善，融资“不以企业性质论长短，一视同仁”，为私营企业调节资金余缺，进行资本投资提供便利。税法和公司法等法规不以所有制性质实行差别待遇，为私营企业市场公平竞争、规范管理活动起到推动作用，周全执行力为小企业做关于企业战略模式和企业规划。负面作用包括政府有关部门对私营经济意识形态方面排斥力仍大，政府经济主管部门和执法、监督部门在掌握政策中对私营企业“宁左勿右”，“宁紧勿松”，公共经济资源分配中的差别待遇仍然存在，金融业的信用贷款仍不向私营企业开放，企业融资渠道少，融资总量有限。这些负面影响导致私营企业不敢贸然扩大投资，对外投资也信心不足，宏观社会环境因素的变化，对企业财务管理的地位职能作用及活动空间有直接影响。

一、经济全球化凸显财务管理的重要性

伴随着国际资本流动的加剧，国际财务管理成为企业经济管理的重要方面。这就要求企业提高管理层次，尤其是以国际化的经营理念、发展思路、理论和技术加快企业财务分析、资本运营以及筹资、投资决策等财务管

理方面的变革，以适应企业发展的需要。而企业的资金安全性、投资收益、时间价值、筹资成本、资本结构作为决定企业生存发展的重要因素，防范和规避企业财务风险，进一步提高企业投资决策的及时性、合理性和科学性成为企业迎接挑战的重要内容，使财务风险管理的重要性日益凸显。

二、法律环境逐步完善

近年来，随着《中华人民共和国企业所得税法》和《物权法》等法律的颁布实施，我国企业的财务管理面临的法律环境得到逐步完善。

三、网络技术和电子商务的发展提供新手段

网络技术和信息技术的快速发展为财务管理提供了新的技术化的手段。网络财务的主要特点是实时报告，便于企业进行在线管理。网络财务是一种基于网络计算的技术，以整合实现企业电子商务为目标，能够替代互联网环境下会计核算、财务管理模式及其各种功能的财务管理软件系统。

另外，企业内部的联系及企业外部的联系更趋紧密。就企业内部而言，财务管理活动涉及企业生产、供应、销售等各个环节，每个部门也都在合理使用资金、节约资金支出、提高资金使用率上接受财务的指导，受到财务管理部门的监督和约束。同时，财务管理部门本身也为企业生产管理、营销管理、质量管理、人力物资管理等活动提供及时、准确、完整、连续的基础资料。就企业外部而言，现代企业的财务管理也涉及企业与其股东之间、企业与其债权人之间、企业与政府之间、企业与金融机构之间、企业与其供应商之间、企业与其客户之间、企业与其内部职工之间等各种关系。

第二节　微观环境因素的影响

在客观和微观两方面的影响因素中，微观因素对企业财务管理活动的刺激作用更大，主要包括组织形式、结构、生产经营管理水平、业主及财务人员素质状况、企业文化等，这些因素均会影响到私营企业的财务管理发展。

一、现代企业制度下的财务管理具有高度综合性

财务管理作为一种价值管理，它包括筹资管理、投资管理、权益分配管理、成本管理等方面，是一项综合性强的经济管理活动。正因为是价值管

理，所以财务管理通过资金的收付及流动的价值形态，可以及时全面地反映商品物资运行状况，并可以通过价值管理形态进行商品管理。也就是说，财务管理涉及生产、供应、销售每个环节和人、财、物等各个要素，渗透在全部生产经营活动之中。

二、对人力资源采取适合的激励机制

随着知识经济的发展，新技术产业不断发展，传统产业不断升级，其技术含量全面提高，与此相应，企业资源配置结构也发生了变化。在某些行业，传统的以厂房、机器、资本为主要内容的资源配置结构转变成为以知识为基础，知识资本为主的资源配置结构，人力资本逐渐成为决定企业乃至整个经济和社会发展的最重要资源。

企业财务关系将由内外协调转向侧重于企业内部人本化管理，企业决策阶层及财务人员应懂得如何调动科技人才的积极性，这将决定企业能否生存，因此成为企业财务关系中最重要的组成部分。

三、企业的并购和重组活动趋于复杂

由于全球经济一体化的发展，企业间的竞争越演越烈，企业自身为了保持竞争优势也在不断地进行战略调整。企业并购活动和重组活动日益增多，对于财务管理提出新的调整。

第三节　资本来源结构的不同

组织形式的选择不同类型的企业，其资本来源结构不同，企业所适用的法律方面有所不同和差别，财务管理活动开展的空间范围也不同。私营企业选择有限责任公司这一组织形式的居多，但大多私营企业是亲戚、家族、朋友合办的企业，这类企业在建设初期情义代替规章制度。企业组织形式不同，其资本结构也不同，资本结构和组织特点影响企业财务监督模式和财务管理的具体内容。

案例：三一重工资本结构案例分析

一、研究背景

资本结构问题是上市公司财务管理的核心问题，也是目前备受关注的热点问题。不同的资本结构导致不同的资金成本、财务风险，进而影响公司

的市场价值和业绩。因此公司必须调整负债和所有者权益的比例形成合理的资本结构才能使公司价值最大，使上市公司能够在资本结构优化的过程中，建立产权清晰、权责分明、管理科学的现代企业制度。目前，随着证券市场的不断发展和完善，公司越来越多的企业依靠股权融资，股权融资虽然有其客观必然性，但是过度依赖股权融资对公司本身及证券市场的发展将造成不良影响。合理的融资形式形成最佳资本结构是股东和债权人的共同目标。目前，我国上市公司在资本结构上存在诸如内部融资不足、外部融资中偏好股权融资、负债结构不合理等问题，严重影响我国上市公司的自身发展和社会经济的发展。企业在不同的发展阶段应该选择不同的资金结构以及不同的资金数量才能以最优的资本结构支持企业的发展，这就是资本结构理论的基本主张。事实上，资本结构对企业经营业绩的影响主要是由于资金成本和财务风险两方面对权益净利率的影响造成的。

二、三一重工简介

三一重工为三一集团的核心企业。三一是全球工程机械制造商50强、全球最大的混凝土机械制造商、中国企业500强、工程机械行业综合效益和竞争力最强企业、福布斯“中国顶尖企业”、中国最具成长力自主品牌、中国最具竞争力品牌、中国工程机械行业标志性品牌、亚洲品牌500强。

三一重工2008、2009、2010年资本结构如表6–1所示。

表6–1　三一重工2008、2009、2010年资本结构

项　目	2008年（百万元）	2009年（百万元）	2010年（百万元）	2008年比重（%）	2009年比重（%）	2010年比重（%）
负债合计	7 782	7 552	19 422	55.72%	47.69%	61.97%
股东权益合计	6 185	8 285	11 919	44.28%	52.31%	38.03%
负债及股东权益合计	13 967	15 837	31 341	100%	100%	100%

从表6–1可以看出，三一重工的负债总额一直很高，并且有不断上升的趋势。仅2010年就较2009年增加了14.28%，由于三一重工是一家大型机

械装备制造企业，对资金的需要量较大，通过债务手段融资是其获取资金的方式之一。从中也可看出资本结构的一些特点：在资金来源中，负债融资在2009—2010年大幅度上升，反映出在调整资本结构，以促使企业的财务与经营战略相适应，已达到风险和收益的平衡。

三、三一重工相关财务数据（如表6–2所示）

表6–2　非流动负债变化

年份	2008	2009	2010
长期借款	2.532	744	1.212
所占比重	78.90%	52.30%	64.10%
应付债券	488	487	489
所占比重	15.14%	34.22%	25.83%

从表6–2可以看出，三一重工的非流动负债主要是长期借款和流动负债，并且2010年较2009年长期借款的上升说明公司的长期负债规模在上升。

三一重工的净利润见表三。

表6–3　三一重工净利润一览表

年份	2008	2009	2010
权益	3 996 254 651.53	4 523 430 125.88	4 896　015 774.35
净利润	1 014 307，687.38	357 568 417.20	6 014 083 902.75
产权比率	1.25	0.911	1 629

从表6–3可以看出，三一重工有限集团以上数据可以看出2009年较2008年产权比率下降了0.339个点，表明资金来源里股权融资所得资金较负债比例增大，虽导致企业财务风险降低，但企业的净利润大幅度下降；而2010年产权比率较2009年增长了0.718个点，说明企业大幅度提高了负债融资在企业资本结构中的比例，加大了企业的财务杠杆促使利润较2009年产

生巨大幅度上涨。

四、同行业比较

徐工科技与中联重科的资产负债率及产权比率分别见表四、表五。

表6-4　徐工科技

指　标	2008年	2009年	2010年
资产负债率（%）	63.78	70.75	51.39
产权比率	1.7611	2.4190	1.0572

表6-5　中联重科

项　目	2009	2010	2011
资产负债率（%）	77.615	56.3865	50.2181
产权比率	3.467287	1.292868	1.008763

由表6-5可以看出，在2009—2011年中，资产负债率逐年下降，企业的举债经营比率下降，这与三一重工有所不同，一方面源于自身造血能力的提升；另一方面得益于其上市公司的身份，可以在资本市场上融资，相应降低企业对于贷款的需求。产权比率，股东权益比率逐年增加。

适当地降低企业的股权融资比例，提高债券融资和长期债务融资。通过上述分析，企业股权融资比例过高必然导致企业的资本成本的升高，继而影响企业的经营业绩。在目前资本结构下，与同行业相比三一重工股份有限集团的财务风险仍处于行业的低水平。所以，企业可以适当地降低企业的股权融资，提高债券和长期债务融资，以使企业的资本结构趋向于最优化。

第四节　业主素质

私营企业业主往往既是投资者又是经营管理者，业主素质的高低，直接影响着财务管理活动的开展。企业财务管理目标能否实现取决于业主在韬略上把握控制、监督理财的素质。

物业公司的财务管理是指对物业公司资金运作的管理，物业公司的财务活动包括投资、资金营运、筹资和资金分配等一系列行为，管理对象是物业公司的营业收入管理、成本费用管理、利润分配管理及专项维修资金的管理。做好物业公司财务管理工作，有利于规范物业公司的财务行为，有利于促进企业公平竞争，有效的保护物业管理相关各方的合法权益。为了提高经济效益，现在的物业公司多实行“一业为主，多种经营”的方针。因此，其收入来源比经营业务相对单一的企业复杂，其财务管理与一般企业相比也相对复杂。

一、财务管理的内容和任务

财务管理的主要内容有对资金筹集和运用的管理，物业服务费的管理，固定资金、流动资金和专项资金的管理，资金分配的管理，财务收支汇总平衡等。物业管理企业财务管理的基本任务是依据企业资金运动的规律，遵循国家的政策、法令和财经制度，合理组织财务活动，正确处理财务关系，加强计划 (预算) 管理和经济核算，改善和促进企业经营管理，提供经济效益，加强财务监督，维护财经纪律。

(一) 财务管理的内容

财务管理是物业公司经营活动中重要的组成部分，其主要内容包括：资金筹集和使用管理、固定资金管理、流动资金管理、专项资金管理、租金收支管理、公共服务费的收取与管理、资金分配的管理及财务收支汇总平衡管理等。

(二) 财务管理的任务

1. 筹集、管理好资金

为了保证物业经营活动正常，满足投资和资金营运的需要，企业筹集所需资金时：一方面，企业需要根据战略发展的需要和投资计划来确定各个时期企业总体的筹资规模，以保证投资所需资金；另一方面，要通过筹集资金渠道、方式或工具的选择，合理确定筹资结构，降低筹资成本和风险，提高企业价值，提高自有资金的收益率，加速资金周转，提高资金运用效能，还应管理好资金，对各项支出做好安排，严格控制，注意节约，防止浪费，充分发挥资金的效用。

2. 加强经济核算，提高投资效益

物业公司应通过财务管理加强经济核算，改善经营管理，降低修缮、维修、养护成本，不断降低消耗、增加积累、提高投资效益和经济效益。

3. 实行财务监督，维护财经纪律

物业公司的经营、管理、服务，必须依据党和国家的有关方针、政策、财经法规及财务计划，对公司的预算、开支标准和各项经济指标进行财务监督。财务监督主要是对资金的筹集运用和分配活动进行监督，使资金的筹集合理、合法、资金运用的效率不断提高，确保资金分配兼顾国家、集体和个人三者的利益，最大限度地调动多方面的积极性，保证坚持正确的经营方向，保护企业财产不受侵犯，同时也要确保企业取得最大的长期利益。财务管理是以价值指标考核和评定企业及企业内部各核算单位经营管理成果，通过财务核算程序对企业及企业内部各核算单位的生产经营过程的活劳动消耗、物化劳动消耗和资金占用实施有效地监督。

4. 加强财务控制

财务控制是对预算和计划的执行进行追踪监督、对执行过程中出现的问题进行调整和修正，以保证预算的执行。在控制过程中，由于企业各个部门的运作及预算的执行都会最终以价值的形式体现出来，都会对企业的资金运动产生影响，这就需要协调企业全体员工参与全面预算的落实和执行，以使企业的经营能高效运转，实现价值增值。此外，还要协调好与企业外部各方面的关系，并充分利用各方面的资源，为企业谋取更大的利益。更为重要的是，要对财务活动的各个环节进行风险控制和管理，以保证目标和预算的执行。尽可能地提出风险的预警方案、确定和甄别风险、采取有效措施规避、化解风险或减少风险所带来的危害等。

5. 实现企业价值的最大化

投资者建立物业公司的重要目的在于创造尽可能多的财富。这种财富首先表现为企业的价值。企业的价值就是企业的市场价值，是企业所能创造的预计未来现金流量的现值，反映了企业潜在的或预期的获利能力。

二、当前我国物业公司财务管理上存在的问题

我国城市化进程在不断向前推进的过程当中，人口的数量也在不断地增长，再加上其他多种因素结合在一起就导致了我国人均居住地面积的减

小。小区这类居住生活区的类型便成了我国居民普遍采用的方式，而在我国小区物业管理其服务方面的收费问题一直是社会大众所关注的重要问题，物业服务管理收费受到物业管理企业、小区业主、开发建设单位以及相关法律、法规的重要影响，在很多方面都存在着不足之处，针对这些存在的问题提出有效的解决措施成为众多学者所关注的问题。

(一) 管理者缺乏市场观念，忽视财务管理工作

物业管理是市场经济的产物，理应按照市场经济的要求，将物业管理企业全面推向市场，通过招投标选择物业管理企业，实行优胜劣汰。但是，目前除少数城市外，绝大多数城市的物业管理市场尚未形成，仍由主管部门或开发企业委派自己的物业管理公司管理物业。这种封闭的自我保护式的管理方式，不仅有碍物业管理市场的培育和发展，而且使物业公司的管理者认为“物业管理工作就是简单的维修保养、清洁卫生以及环境绿化和保安”，缺乏现代管理理念和科学的市场定位，没有长远的经营谋略，形不成规模效益，再加上不重视财务管理工作，人、财、物、信息等资源未能优化配置，甚至存在严重浪费，致使企业经济效益低下。即使在物业管理已实行市场化的地区，由于行政部的监管尚未到位，物业市场存在无序的竞争等。

(二) 财务管理较薄弱，内部控制不规范

从总体上来看，物业公司内部的财务管理仍比较薄弱。主要表现在：物业管理行业至今没有一套完整的财务管理办法；有些物业企业尚未制定内部财务管理制度；虽然大部分物业公司设立了账目，但会计基础管理薄弱、依法建账不到位，且没有按照会计科目的要求分门别类的设置明细的账目，会计信息得不到真实的反映。

(三) 财务制度多元化，报表笼统，无法满足管理需要

各个物业公司由于组建方式不同，因此在财务管理上，有的参照主办单位行业财务会计制度，有的执行外商投资企业财务会计制度，还有的执行事业单位财务会计制度。有的物业公司结合自身经营管理的要求，自行补充和建立了一些内部财务制度及会计核算科目。有些物业公司根据会计制度的要求，对外提供的报表，只有资产负债表、利润表、现金流量表，数据过于笼统和宏观，无法满足管理需要。

(四)资金管理的力度不够，筹资能力差

物业管理资金的来源渠道和数量都非常有限，主要有物业管理的启动资金，即资本金，物业维修资金，日常综合管理服务费及经营性收入。至于其他渠道，如银行借款资金，由于物业公司几乎都是中小型企业，其注册资金较少，资本实力有限，加上土地、房屋等银行认可的不动产资产数量较少，缺乏信用保证，所以难以取得银行贷款。

(五)财务工作人员素质偏低、水平不高

受传统观念的影响，一些物业公司的领导认为：物业公司是服务性行业，只是简单的收支、记账而已，对财会人员没有较高的要求。使公司所聘用的财务工作人员素质较低，业务水平差，无法满足管理需要。

(六)专项维修基金使用率低或监督力度不够

目前，我国房屋维修基金有两种代管模式：一种模式是由政府主管部门代管；另一种模式是由物业公司代管。从性质上来讲，专项维修基金属于全体业主所有，是业主为维护房屋而提前预付的资金，政府部门和物业公司只是代管这笔资金，可现实的情况是，业主交了钱后，却躺在职能部门的账上，一旦业主房屋需要维修，业主根本就不知道这笔资金的存在，更不知道如何申请使用这笔资金，导致专项维修基金使用效率低下。按照规定，专项维修基金用于物业保修期满后的住宅共用部位、设施和设备的维修、更新和改造，不得挪作他用。而事实上，专项维修基金被挪用时有发生。

(七)内部监管力度不够

由于物业公司实行“一业为主，多种经营”，这就要求物业公司要有相关财务制度和监督制度与之相匹配，尤其是一些规模较大的物业公司，已实现跨市、跨省经营，由于这些公司缺乏完善的内部财务制度和监督制度，企业规模虽然上升了，但企业整体利润却下降了。

三、改进物业公司财务管理的建议

我国物业服务收费方面存在的问题受到多个参与方的重要影响，因此对这些问题的进一步解决也需要从这些方面来分别进行改进和解决。总而言之，要解决我国这些物业管理收费工作方面存在的不足之处就需要业主、物

业管理公司自身以及政府等多方面参与方通过漫长的改进过程，才能够逐渐完善和解决，进而为我国物业管理工作提供更加优秀的基础支持。

(一) 建立完善的物业公司财务制度

一个企业要顺利进行财务活动，就要建立完善的财务制度，因为企业财务制度是财务管理工作的经验总结，是组织财务活动的基础，是处理企业财务关系的准则，也是实行财务监督的依据。物业公司财务制度是规范物业管理企业财务行为、协调处理企业同各方面财务关系的法定文件。所以物业公司进行财务管理的首要环节就是建立完善的财务制度。物业公司的财务制度的建立要以国家的有关法律、法规为依据。物业管理企业应按照《企业财务通则》《物业管理企业财务管理规定》结合自己的经营特点和管理要求，制定一套适合本企业的完善、规范、具体的财务管理制度，使物业管理企业的财务管理真正做到有法可依，有章可循，物业管理企业内部财务管理制度的主要内容包括：财务管理机构的设置，财务人员的职责分工、内部控制、成本费用管理、财务工作的组织及实施要求等。

其主要财务制度包括：物业管理会计核算办法；会计核算方法及凭证账册制度；货币资金管理制度（预算审核管理制、借款管理制等）；现金报销制度（差旅费报销制度、加班费报销制度、招待费报销制度等）；固定资产管理制度；会计报表制度；财务检查管理办法；驻外分公司财务管理制度。同时，物业管理企业也应该建立完善的会计制度，因为在实际工作中，财务管理与会计核算是密切相关、相辅相成的，会计核算是财务管理的基础，它给财务管理提供了很多及时、有利的信息。

物业管理企业应当遵循我国的《会计基础工作规范》的规定，根据《中华人民共和国会计法》《企业会计准则》《企业财务通则》《企业会计制度》及《物业管理业财务管理规定》的原则，结合物业管理企业的自身特点，制定本企业的内部会计制度。

(二) 建立财务成本分析控制制度，强化成本观念，强化队伍建设

物业管理作为服务性行业，财务管理的一个重要方面就是成本管理，因为其最重要的成本支出是人工成本和管理费用的支出，因此物业公司应该树立全员成本控制的观念。一方面物业公司应确立科学的财务管理和成本控制目标，提高全员成本素质和意识，使所有单位和部门都重视成本。另一方

面通过对人力资源的科学整合，激发人才潜力，减少冗员，降低人工成本。同时还要通过职业道德及服务技术培训，造就一批爱岗敬业、懂技术、会管理的高素质复合型人才队伍，来提高工作质量和效率。

(三) 规范财务基础工作主要做好以下几项基础性工作

(1) 加强对财务信息原始记录的管理。一是要统一规范各种原始记录的格式、内容和方法；二是要明确签署、传递、汇集、反馈、保管原始记录的要求；三是要建立各环节的责任制，确保原始记录的真实、完整、正确、及时，健全财务核算资料。

(2) 加强对定额管理的管理，制定并严格执行企业内部的劳动定额、物质定额、费用定额、人员定额、工时定额及考核办法。

(3) 严格规定企业物质的购进、入库、领用、维修等环节。计量验收管理工作，堵塞漏洞，增收节支。

(4) 加强对财务预算的管理。

(5) 加强对财产清查的管理，定期做好财产清查工作，对加强财产管理、加速资金周转、提高经济效益、确保会计报表质量具有十分重要的意义。

(四) 加强专项维修基金的使用监督，提高维修基金的安全和使用效率

如何使专项维修基金真正取之于民、用之于民，是关系到群众切身利益的重要问题。2007 年，建设部和财政部联合发布的《住宅专项维修资金管理办法》明确规定："房产主管部门和业主委员会每年应向业主公示住宅专项维修资金的交存、使用、增值收益和结存情况。"这就要求政府职能部门切实把有关专项维修资金的政策多向群众宣传；切实按照规定，将住宅专项维修资金的交存、使用、增值收益和结存情况定期向社会公布，给公众提交一份明明白白的账本，定期由纪检和审计部门对这笔资金进行监督和审计。

(五) 加强物业管理资金的筹措及运作

管理物业管理资金的来源，除资本本金或者银行贷款外，其他物业管理收入都是向业主或使用人收取的管理费用，所以资金的筹措必须注重社会效益和经济效益的有机统一。同时，加强资金有计划及合理的使用，把有限的资金用在必要的物业管理项目上，增加资金使用的透明度。另外，进行科学的投资决策，积极防范投资风险。

物业管理企业多是中小型企业，特别要注重选择科学合理的投资模式，尽可能地采用中短期投资，扬长避短，在科学合理的投资模式下，加强投资项目的可行性研究和论证。同时，加强项目投资实施过程中的控制和管理，搞好监督工作，以达到企业价值的最大化。

第五节 企业文化

业主在企业文化的形成方面起着极为重要的作用。企业文化又影响财务管理人员的选拔使用，财务管理职责权限及财务信息在企业管理中的披露程度。企业文化还在一定程度上吸引和稳定财务管理人才的重要因素。

企业财务文化研究是财务管理战略研究的重要组成部分。对企业财务文化研究，其最终成果是要拿出具有符合企业实际、与本企业协调发展的财务文化，从而更好地指导企业财务管理实践。对企业财务文化的认识和定位以及塑造企业财务文化，促进财务管理创新进行探讨。

企业文化的较量也从后台走上前台。企业财务文化是在一定的社会经济、政治、文化等环境的影响下，通过企业财务管理部门的长期培养和倡导，由企业财务部门和全体职工在长期理财活动中共同创造出来的理财成果和理财精神成果表现形态的总和。财务文化是企业文化的表现之一，它具有历史继承性和渐进性。任何一个企业，只要它存在就会有自身的财务文化体系。财务文化的出发点和落脚点应该是企业的财务管理的改善，企业的财务管理领导和职工是财务文化的培养者和倡导者，他们决定着企业财务文化的发展方向。

一、企业文化的追溯与借鉴

国家有文化，可以提高国家竞争力，因为文化可以内聚人心，外引人才。如唐朝时同突厥、回纥、吐蕃关系文化渊源颇深，与天竺、新罗、日本和西方国家文化交流频繁，而彼时佛教文化和伊斯兰教文化也进入了中国，与儒家文化一同构成了中华文明的文化与此相适应，唐朝与世界的经济交流也极其频繁，而相对富裕的生活使其在三百年内，内乱频率最低，外强而内不乱，使唐朝成为中国历史上统治最长、国力最昌盛，及其对世界与后世影响最大的朝代之一。

商人有文化，可以聚财，可以消灾，也就是能提高收益、防范风险。范蠡提出的企业文化是“夏则资皮，冬则资絺，旱则资舟，水则资车，以待乏也。”他用这个理论将落难的勾践扶上了越王的领导岗位，也将后代培养成了富甲一方的家族企业，还知道适时引退江湖，避免了兔死狗烹的结局。另一位“商圣”白圭提出的“人弃我取，人取我与”，更成为中国今日商企文化的精髓。近代欧洲，文艺复兴成为资本主义工业革命的先导；现代美国以其民族包容性，产生文化多元性，必然导致以信息技术创新和金融工具创新为标志的产业革命相继诞生在美国，推动美国长期占据世界霸主地位；当代中国，文化复兴后经济迅速腾飞，而游子海归的回流以及孔子学院的出游，为中国文化与经济在全世界范围的交流产生了重大影响。

二、企业财务文化现状

企业文化是指企业在生产经营实践中逐步形成并共同遵守的价值观念、经营宗旨和道德规范，以及由此形成的行为规范与企业形象体现的总称。财务管理文化在很大程度上可以影响财务控制的效果，而财务控制的效果又在很大程度上直接影响企业目标的实现。因此，财务管理文化的提升成为现代企业管理的核心。试图解决企业管理中存在的种种财务失控的问题，找出症结分析原因，从而建设科学完备的企业财务控制体系，就必须从财务管理文化入手。目前，许多企业充分关注公司运营效果，以努力提升竞争空间来进行决算目标的规划，但对财务管理文化建设上有所疏忽。

(一)对财务管理目标的认识不足

部分企业管理者认为财务工作就是记账、算账、报账，忽略了财务管理工作对建设资金保障，提高管理效率，规避项目风险等方面的作用。

(二)对财务信息化的理解不全面

部分企业对财务信息化的认识仍然停留在自动记账系统的水平上，忽视了财务分析、财务预算、财务考核与评价等部分的高端运用，以至于基层财务人员把信息化工具当成被动接受的必须完成的工作程序，使得企业基础财务管理水平与企业管理层对财务数据的要求有一定的差距。

(三)财务管理制度的系统性不够

系统性的财务管理制度应当在企业或企业集团统一的战略目标下，采用统一的原则，按系统性的方法设计制度，实现统一考核方法的推广与应用，从而在企业集团及所属单位内部，同行业领域进行有效的信息沟通，以进一步实现财务集中控制。

（四）财务管理方法的延续性不够

财务管理方法会随着企业管理者或财务负责人的变更而改变，以制度为基础，以文化为底蕴，才能使一个企业的财务管理不因股权的变更而变化，不因人事的变迁而变异。

（五）财务管理考核的激励性不够

其中原因是财务管理工作难以量化或财务管理考核流于形式。

三、企业财务文化的功能

企业财务文化研究是时代的产物，是国内外开展的财务管理战略研究的重要组成部分。中国企业财务文化研究，其最终成果是要拿出具有中国企业特色，与中国企业协调发展的财务文化发展战略模式，从而更好地指导企业财务管理实践。

（一）记录功能

在企业财务文化的形成过程中，语言文字的作用是极为重要的。企业财务文化会被语言符号和非语言符号自觉不自觉地记录下来，进一步认识、研究企业理财过程，提供多方面的一个优秀的企业，其财务管理的经验教训往往都会被系统地记录并保存下来，供企业的新人和其他企业参考借鉴。随着社会的发展和科技的进步，企业财务文化的记录功能将会越来越被企业理财者及管理当局所重视，并会被广泛深入地加以研究和自觉运用。

（二）认知功能

借助于符号系统的记录，人们可以了解和认识企业财务管理的历史、现状，了解和认识与其他企业的差异，考察自身财务管理的具体运行过程，探求企业财务管理的运行机制和发展规律。只有了解了一个企业的财务文化，才算真正地认清了企业财务管理的真面目，也只有对一个企业的财务文化进行全面而深入的研究，才能真正地把握住企业财务管理的精神实质，才能采取相应的措施，完善企业的财务管理系统。高级的财务管理专家应当对企业财务文化的类型进行理论研究，在这种深刻认识的基础上，所采取的各种措施和财务政策才能行之有效。通过研究企业的财务文化去认识企业如何才能搞好财务管理，是明智而且成功概率很高的选择。

(三) 传播功能

随着信息社会的到来，企业与企业之间的财务文化的传播速度越来越快。一个企业财务管理的特点、制度安排、方式方法、习惯等方面的情况，都会得到广泛地传播。企业财务文化的传播是超越国界的，通过这种传播，可以极大地影响企业财务管理文明的发展。企业在财务管理中认识自己、认识社会、认识不同企业财务文化的浓厚兴趣和强烈愿望，是企业财务文化传播的心理动力。对自身理财成功经验的总结及宣传，吸取其他企业理财方面的经验和教训，是企业财务文化传播的现实需要。通过企业财务文化的传播，企业理财世界将变得更加丰富多彩。

(四) 教化功能

从文化心理学的角度去理解，我们可以发现不同的企业财务行为背后有不同的价值观念，即有不同的财务文化。企业财务文化被人创造，同时它又反过来塑造企业中的每一个人。企业中每一个成员常常处于财务文化的熏陶之中，人们在有意无意之中调整自己的行为和思想，使之合乎所处环境的要求。企业财务文化的教化功能就表现于这种调整过程中，人们总是生活在某一群体之中，企业就是一个群体，每个人都经常处于他人利益、自我利益、个体私益和集体利益的矛盾和冲突当中。企业中每个人都会处于某种期待状态，企业财务管理在满足人们这些期待、化解各种矛盾的同时，无疑是在对企业中的成员进行着财务文化的教化。

(五) 凝聚功能

每个企业的内部都有一种或大或小的向心力、凝聚力，这是文化凝聚功能的具体体现。企业财务文化系统存在着一种双向辐射现象，一种是内辐射，产生向心力，发挥凝聚功能；一种是外辐射，产生发散力，发挥融合功能。这两种功能相互作用，相互协调，相辅相成，是企业财务文化形态保持相对独立、相对完整，同时又在不断发展的内在规律之一。首先，企业财务文化的凝聚功能是“凝”，即人们的心理状态在财务文化的作用下呈现出一致性和一体化状态。其次是“聚”，即由共同的财务文化活动所导致的原来并不在一起，甚至思想并不一致的人们，在企业这个特定的环境中、特定的时间内趋向同一种财务行为。

（六）变革功能

企业财务文化活动，能够变革自身的财务状况，改善自身的物质条件、企业财务管理人员不断地利用已经掌握的科学文化知识，促使企业财务状况朝着有利的方向发展，他们的努力不但能变革企业的财务状况，还能变革人们的精神状况，变革人的观念，扩大企业理财的思想领域。企业财务文化不仅具有变革的功能，而且往往是双向的。不同企业的财务文化在各自进入对方的财务文化之后，都会在对方企业财务文化的演变过程中起到一定的变革作用。而这种变革都能由对方得到补充和丰富，获得新知，从而促进企业财务文化整体的不断发展。

（七）融合功能

企业财务文化是传统与现代、本企业与其他企业、本国企业与外国企业理财文化结合的产物。如我国企业应用量本利分析。标准成本法加强内部财务管理，就是中西方企业财务文化融合功能的极好例证。改革开放后，西方企业的财务文化先是和我国三资企业有了一定程度的融合，并借助于三资企业的发展壮大得以传播。随着市场经济体制的确立，西方企业财务文化对我国企业的影响越来越广泛。但是，中西方企业财务文化的矛盾也日益突出。然而，财务文化毕竟具有融合功能，并具有自调节和自组织机制。不同企业财务文化交流的过程中，各自都会进行一些适应性变革和调和，进而在新的基础上融为一体。企业财务文化还可以把一些优秀的理财思想，潜移默化地融合到具体的工作中去，使职工自觉或不自觉地把个人融合到集体的财务管理的洪流中去。

（八）规范功能

优良的企业财务文化也是一种理财道德规范，能促进员工自觉地按照企业制定的各种财务管理制度来规范自己的思想和行为，从而形成良好的群众理财基础。企业财务文化可以对企业行为起导向作用，而且对企业整体的财务目标取向起导向作用，从而有效地规范企业的各种理财活动。优良企业财务文化可以综合、立体、全方位地规划企业的财务管理活动，可以清晰地阐明企业各部门与财务部门之间以及各部门之间的财务关系。在对外处理财务关系时，也会有自身特有的理财规范。企业财务文化是一种“内隐文化”，是企业为了实现财务目标而一贯倡导、逐步形成、不断充实并为全体成员所自觉遵循的理财价值标准、道德规范、工作态度、行为取向和生活观念，以及由这些因素融会、凝聚而形成的整体财务管理精神风貌。应该把形成和发展“企业财务文化”的主要工夫用在良好规范功能的建立上，以形成企业强大的凝聚力和战斗力。

四、塑造企业财务文化，促进财务管理创新

企业财务部进行理财，要形成优良的财务文化。不同的财务文化会把企业理财引向不同的道路。

（一）树立符合市场经济和现代企业管理要求的财务价值观

财务价值观是对财务管理的目的和宗旨的基本认识或者总的看法，是反映和表示财务工作存在与发展的根本价值和意义的财务人员整体化、个性化的群体意识，它在财务文化系统中处于核心地位。历史和实践都已证明，经济越发展，财务管理越重要。在市场经济迅速发展的今天，我们应该充分认识到，财务管理在企业管理中处于中心地位，它不仅履行一般管理的职能，而且也是创造经济效益的一种管理活动。在实际工作中，企业财务部门不仅可以通过筹资和投资活动直接创造经济效益，而且可以利用独立于生产经营过程之外的资本来创造经济效益，这些经济效益都直接体现在企业的财务成果之中。建设优秀的财务文化，必须充分认识到财务管理在企业管理中的地位和作用，树立正确的财务价值观。

（二）加强制度文化建设

加强制度文化建设，一是制订、修订制度。根据企业改革发展的新要求，制订、修订了一系列财务管理制度，来规范各项财务工作程序；二是抓制度学习和落实。不仅在财务部内部，而且在全公司，不管是干部还是职工，分别组织学习，从严抓制度落实。

（三）塑造速度文化，提高财务管理的保证性、时效性

一方面，充分发挥职能，千方百计满足快速产出、快速交货对财务管理特别是资金投入的需要。另一方面，根据企业培育快速反应市场的速度文化

的要求，改进财务部内部管理，使业务流程快捷高效。如：对财务简报、快报、分析预测信息和各项管理目标进展评价资料，明确了提前报送时间；抓各项工作提速，各岗位人员自主加班加点，保证在期限内完成或提前完成。

（四）塑造品质文化，以人的品质保证财务工作的质量品质文化

在财务文化中体现为：努力造就具有一流思想道德素质和一流业务素质的财会人员队伍，以人的高素质保证财务工作的高质量。注重开展品质教育、职业道德教育；加强和改进组织领导，调动骨干力量的积极性；轮岗换岗，提高素质，调整充实岗位人员；各科、各岗位开展自主管理，创新管理，强化责任激励；树立新形象，提高工作和服务质量；实行“AB 岗制”；增强敬业精神，工作力求完美、精益求精，减少差错，提高质量。

（五）塑造创新文化，营造创新的环境和氛围

教育全体财务人员深刻地理解“与时俱进、求实创新、追求卓越”的深刻内涵，不断超越自我，突破思维定式，提倡挑战性思维，全面推进创新。从部门领导到各岗位人员，每个月都要求有一项管理创新成果，并相应给予奖励，鼓励大家积极主动地开展创新理财活动。

（六）塑造学习文化，提高队伍素质

要求每个人把追求个人进步与做好本职工作紧密结合起来，有组织地开展学习与自主学习，探索建立学习型组织，提倡相互学习、全员学习、自觉学习、终生学习，更好地适应企业财务管理的要求。

（1）组织各科人员认真学习企业财务管理制度，结合实际和职责，抓好落实、管理控制、监督考核评价。

（2）组织学习和研究应用国家各项优惠政策。

（3）强调自主学习。

（4）会议讲评交流学习。

总而言之，对企业财务文化的研究，是顺应市场经济潮流，推动财务理论和实践发展的客观要求。因此，企业财务部应不断培育财务文化，创新财务管理，充分发挥职能，更好地推动企业持续快速地发展。

第六节　科技发展状况

高科技私营企业里，人力资源是企业的重要资源，企业的发展壮大要靠科技创新和管理创新。所以科技发展状况影响企业管理机制和利润分配机制，也影响财务管理的职能作用的发挥。

近年来，我国的高科技产业发展速度很快，目前已初具规模，但是由于起步晚，相应的产业基础、市场和制度环境都很不完善，与发达国家还有很大的差距。主要表现在：高科技产业在国民经济整体中所占比重不高、整体分布结构不合理，缺乏核心竞争力等。作为高科技产业微观基础的高科技企业，也存在着规模小、管理水平不高、创新能力不足等问题。本文试图通过对高科技企业财务管理环境分析，来探索高科技企业财务管理与理财环境的关系，希望能促进高科技企业财务管理水平的提高，并进一步发展高科技产业。

一、高科技企业财务管理环境分析

财务管理环境是对财务管理有影响的一切因素的总合，它既包括宏观的理财环境，也包括微观的理财环境。其中宏观环境主要是指企业理财所面临的政治、经济、法律和社会文化环境；微观环境主要是指企业的组织形式、企业的生产、销售和采购方式等。影响我国高科技企业财务管理的因素既有宏观因素也有微观因素，各种因素互为条件，互相制约。

(一) 高科技企业宏观财务管理环境现状分析

1. 产业政策不明确

迄今为止，我国还没有一个明确和完善的发展高科技产业的产业政策，这必然会导致我国高科技产业发展的无序化，表现为整体分布和产业结构不合理。各地的高科技企业盲目上马，各自为阵，造成不断出现低水平重复现象，如近年来的VCD市场。最后不仅企业无利润可言，而且造成国家资源的极大浪费。

2. 我国科技基础研究薄弱

我国每年在研究与开发经费中用于基础性研究的比例仅为6%。科技基础研究是科技的持续发展的基础，科技基础研究薄弱，会使我国科技发展到一定阶段出现后劲不足。而在美国，近十年来，美国政府的经费支出一直呈上升趋势，在克林顿执政时期，1993～1996年研究与开发费用约2900亿美元，1998年经费预算为750亿美元，加上私人的投资，美国目前人均经费约500美元。正是大量的科研经费投入为美国保持科技世界领先地位提供了雄厚的资金基础。

3. 我国高科技企业融资渠道不畅

我国高科技企业的融资渠道主要是靠政府的科技拨款，银行信贷和企业自筹。如今，政府拨款能力有限；普通银行信贷又不愿承担高科技企业的高风险，而企业较小的有形资产也无法满足抵押的要求；大多高科技企业本身较难满足主板市场较高的上市要求，无法通过现有的证券市场融资。这样，我国高科技企业可融通的资金主要是从银行获得的短期流动资金贷款。由于发展所需的资金短缺，极大地限制了我国高科技企业的发展。

4. 侵犯知识产权的案例时有发生

近几年来，我国国民的知识产权意识已经有了很大的提高，但距离发达国家的水平还相差很远。一位IT巨子已经给我们提出了警告：如果我国再不加强知识产权的保护，那么中国的软件行业永远不可能发展。的确，知识产权保护不力，挫伤科技人员的科技创新激情，这对本身就缺乏科技创新的中国高科技企业而言，无疑是雪上加霜。

5. 现行科研体制与时代发展严重脱节

具体表现在科技开发和创新的成果转化率低，转化速度慢，转化质量不高。现行科研体制将高校、研究院等科研机构与企业截然分开，这显然是对前者科研能力的极大浪费，使科研成果不能很快地转化为生产力。

（二）高科技企业微观财务管理环境现状分析

1. 高科技企业缺乏完善的公司治理结构

完善公司治理结构，已成为我国包括高科技企业在内的所有企业的一个迫在眉睫的问题。由于高科技企业的老总通常是其核心产品的发明人及本企业的创办者。从心理上来讲，他不希望退出企业管理的一线。但当企业发展到一定的规模时，搞科研出身的人往往会有力不从心的感觉。西方发达国家的高科技企业发展到这个阶段时，通常的做法是，创办者退出直接管理企业的行列，转而聘用职业经理代其管理，自己转为对职业经理的经营业绩实施监督评估。

2. 高科技企业普遍缺乏持续创新能力

也可以说是缺乏一种科技创新意识。要知道，科学技术是具有很强的时效性的。高科技企业的超额利润往往来源于企业产品所含科学技术知识的垄断性、排他性和先进性。但这种排他性、先进性只可能存在一段时间内。特别是在知识经济时代，科技更新的速度越来越快，很多先进技术一段时间后就变得不先进了。而我国很多中小高科技企业，在发展初期就没有很好地注意持续创新能力的投入，仅靠一项技术闯天下，最终只能是昙花一现。

3. 我国高科技企业对财务管理重视程度不够

很多高科技企业内部财务管理混乱，缺乏高素质的财务管理人才，没有制订或实施完善的资产控制制度、项目评估制度和会计核算制度。这就必然导致财务决策的失误。其中名噪一时的巨人集团就是一个例子。巨人集团因追求多元化经营，以超过其资金实力十几倍的规模投资于一个自己生疏而且资金周转周期长的房地产行业，使公司有限的财务资源被冻结，从而使公司的资金周转困难。而且巨人集团从事房地产开发和建设，却未向银行申请任何贷款，不仅使企业白白浪费了合理利用财务杠杆给企业带来杠杆效益的机会，而且也使企业因放弃举债而承担高额的资本成本，最后使企业陷入难以自拔的财务困境。此外，由于企业的财务管理和会计核算不完善，将给企业今后上市融资带来很大的困难。

4. 大多数高科技企业的市场开拓能力较差，创建“名牌”的能力不够

对于企业而言，生产出高品质的产品只是第一步，成功地将产品卖出去，才是最终的目的。技术创新和市场开拓能力是企业核心竞争力的重要组成部分，缺一不可。我国目前有一些高科技企业的产品市场前景好、科技含量高、性能价格比优，但由于企业的市场开拓能力差而发生滞销。

5. 高科技企业的人才流失严重

人才流失已成为严重威胁我国高科技企业生存的一大难题。当前企业间的竞争越来越激烈，相互挖人才的情况屡见不鲜。科技人才的流失，特别是关键人才的流失，不仅使企业在人力资本上的投入付诸东流，而且使企业的核心技术也将被带走，企业的竞争力荡然无存。

二、如何完善我国高科技企业财务管理环境

(一) 完善财务管理宏观环境

1. 建立以政府为引导，市场为依托的财税政策机制

我国应有明确、系统、科学的发展高科技产业的宏观目标和产业政策，作为宏观调控手段的财税政策与之协调、配合，体现国家高科技企业发展方向和领域。政府通过财税政策向市场传递信号，由市场引导企业，使企业投资行为能够按照导向进行，形成“政府—市场—企业”这种有效的高科技产业财税政策机制。

2. 振兴国家财政，提高“政府购买”，加大财政支持高科技产业发展的力度

财税政策虽然对企业技术改造、技术引进给予一定的支持的优惠，对企业技术开发的新产品带来的利润予以税收减免，但只是一种事后鼓励。然而，在企业创建、技术开发阶段，企业投入大，开发时间长，承担很大的风险，而财税并无实质性的支持，更没考虑到开发过程的失败和具有外溢性创新成果的财政补贴。因此，企业科技创新和技术研究，产业结构调整和升级受到很大的制约。在振兴国家财政的同时，还要转换财政职能，按公共财政框架的要求调整支出结构，在有限的财力中确保技术与发展，特别是基础研究开发费用支出的优先增长。同时，政府可以通过对符合科技产业政策的企业产品实行保护性购买政策，利用“政府购买”从需求上拉动企业发展，有时效果要比财政直接资助作用大的多。例如，在20世纪50年代，美国国防部购买航空产品、电子产品促进了“硅谷”和波士顿126号高速公路的崛起，70年代的机械能源采购和80年代的机器人、超大型计算机的采购都起到了高科技发展原始推动力的作用。

3. 建立良好的风险投资机制，加快推出“创业板”市场

从国外高科技产业发展的经验来看，风险投资的兴起对其成功起到了保证和促进的作用。美国前总统里根早在其执政时就指出：“以信息工业为主体的高科技产业，即将把美国带入一个新经济时代，这种跃进将主要由新创建的高科技公司带来的，而高技术产业群发展的最重要的动力就是风险投资。”风险投资不仅可以给创建时期的高科技企业带来发展急需的资金，同时还为高科技企业提供先进的经营管理和市场运作经验。高科技企业的创业

家们通常缺乏管理企业的经验。风险投资家参与高科技企业的管理，协助策划后续融资，帮助企业制定发展战略和市场营销计划，监控企业经营和财务状况，有效地利用风险资本投资家的专长、经验和公共关系，帮助高科技企业顺利发展。据统计，目前全国有各类科技信托、投资公司已达100多家，已具备40多亿的投融资能力。但无论从数量上还是规模上来看，远不能满足我国高科技企业发展的需要。政府应建立一个健全的政策扶植体系，激励风险投资的发展。另外还应进一步完善资本市场，开辟风险投资的多元化融资渠道和良好的退出机制。现在，我国正在加快推出“创业板”，“创业板”的推出不仅可以弥补风险投资无法满足进入扩张高科技企业的融资要求，而且为风险投资的退出机制开辟了新的路径。

4. 加大对知识产权的保护力度，提供一个健康有序的市场环境

随着《知识产权保护法》的颁布与实施，知识产权的保护意识已深入人心。但侵犯知识产权的案例仍大量存在，而且手法越来越隐蔽。政府应采取一切措施，确保高科技企业的合法权益不受侵犯。在这一点上，立法部门与执法部门应通力配合。由于科技发展日新月异，知识产权的表现形式也是让人眼花缭乱。立法部门要紧跟科技发展步伐，不断完善相关法律、法规，尽可能使执法部门有法可依，不让违法分子钻法律的空子。另外，执法部门也应不断提高执法者的业务能力，以做到公平执法。

5. 改革现行科研机制，鼓励人力资源投资

以院校或研究机构为科技源，发挥学、研、产结合的优势，开发一些尖端化，易于产业化的高科技项目，将有利于解决我国普遍存在的如科技成果转化率低、转化速度慢、转化质量不高的问题。可以采取院校以技术成果入股的形式，或是企业与研究机构签订项目开发协议的方式，由企业尽快将科学成果转化为生产力，这样可以达到企业与高校双赢的效果。从财税角度来看，可以扩大税收规模，增强政府财力，提高财政教育支出占国民收入的比重。另外，政府应为高层次科技人才提供良好的科研和生活条件，吸引更多的优秀人才来我国。同时，政府可以考虑直接拨款或由专管部门提供专款投资于企业和高校合作的研究开发项目，促进高科技研究和科技成果的转化，形成“政府—高校—企业”共同发展高科技产业的有效科研机制。

(二) 完善微观财务管理环境

对企业而言，通常宏观环境是很难改变的，但内部财务管理环境的完善却是掌握在自己手中的。高科技企业完善微观内部财务管理环境可从以下几个方面入手。

1. 完善企业治理结构

现代企业通常是以公司的形式出现，因此企业治理也叫作公司治理。它研究的是包括股东在内的利益相关者之间的关系，以及规定他们之间的制度安排。随着高科技企业的成长壮大，加上风险投资者的介入，创业者开始聘用职业经理，以及以后企业进入“创业板”融资后，高科技企业内部的利益相关者之间的关系将变得越来越复杂。必须妥善地处理好这些利益关系，才能为企业发展提供坚实的后盾。

2. 完善企业的激励机制，吸引和稳定高素质人才，使企业人才结构趋于合理

进入知识经济时代，信息和知识技术以及接受、利用、加工、创造这些信息和技术的员工，在企业的财富创造中起着重要的作用。对视知识技术为生命的高科技企业来说，具有丰富知识技术的人才显得更为重要。按照我国1991年由国家科委颁布的《国家高新技术产业开发区高新技术企业认定办法》规定，高科技人员在高科技企业中，其比例至少是60%以上。要想吸引人才，首先应做到稳定人才，特别是要留住掌握企业核心技术的关键人才。具体可以用“绩效股”“股票期权”“年薪制”“利润分成制”等激励机制，褒赏企业主要经营管理者和科技人员，使他们感到企业的利益与自身的利益息息相关，从而全身心投入到工作中去。企业留住人才，本身就是一种实力和信誉的宣传，企业外部的人才也会感到企业有很强的凝聚力和发展潜力，自然会投奔过来。另外，在引进人才的过程中，应注意人才结构的合理性。适当引进高素质的经营管理和财务管理人才以及市场营销人才，将会使企业的发展更加顺利。

3. 创建企业文化，努力营造一种创新竞争的氛围

高科技企业有别与其他传统企业的一个很大区别就是它的高层次人才比例很大。通常认为，学历越高越容易管理，其实并非完全如此。高学历的人普遍都会有一种“自以为是”的心态，对上级的安排经常会有一些自己的

看法。这时，高科技企业就需要有一个能把大家凝聚在一起的力量，良好的企业文化正好可以起到这个作用。有凝聚力并不代表只有服从，健康完善的企业文化提倡在竞争中求团结，在团结中求竞争。要积极营造一种创新的氛围，不论是在技术上还是在管理上，都需要积极鼓励创新，特别是科技创新。因为高科技企业发展依靠的就是在科技上的不断创新，保持自己的技术在行业中处于领先地位。

4. 突出财务管理在高科技企业的战略地位，完善企业财务、会计制度

企业财务管理目标决定了企业要追求所有者权益最大化，企业的各个部门都应努力工作，为企业创造更多的财富。高科技企业的生产和经营的各个环节都是面向市场的，财务工作也处处体现了市场对企业资金的筹集和运用的深远影响。企业正是通过财务管理的统筹安排和统一协调，将内部形式上相互隔离但内容上紧密相关的各项财务决策过程结合起来，以面对变幻莫测的市场环境。另外，财务管理在高科技企业发展过程中起到了集中有效财力开发新产品，占领市场，促进资本原始积累，制止资金浪费，确保企业资产安全的作用。财务管理部门还应制定标准，分解落实财务责任，实施追踪控制，及时调整误差，为考核评价财务活动提供信息。同时企业财务人员参与企业经营的全过程，对企业的决策和运行实行动态管理和制约，促使企业经营获得高速稳健地运行。高科技企业的财务人员要按市场经济的要求，进一步转变观念，更新内容，建立健全财务管理人员的激励机制，充分调动财务人员的积极性、创造性，不断提升高科技企业的财务管理水平。

5. 加强风险管理

与传统企业相比，高科技企业不仅要面对市场风险和财务风险，还要面临着技术开发风险和人才流失风险。关于人才流失风险的问题，前面已经讨论过。这里，主要论述技术开发风险。高科技企业的生存发展的基石是技术创新与开发，而技术创新与开发所需投入之巨，所费时间之长都是空前的。统计表明，高科技企业的存活率一般在15%左右，这表明大部分高科技企业开发的产品不成功。而一旦开发失败，前期投入就变得毫无意义。对技术开发风险的防范应当列为企业财务与会计工作的重要内容。这要求财务、会计人员积极参与企业的风险管理。在产品开发初期参与可行性研究，制定详细的预算和风险控制方案；在开发过程中，根据预算对开发项目实施成本控制，并配合企业的发展战略，确定合理的资本结构，实施企业的融资

战略。而且在风险管理中，财务管理人员要善于摆脱传统模式的束缚，敢于进行财务创新。

第七章 财务管理中存在的问题及改进

改革开放以来，我国的经济得到迅猛发展，但我国的企业在财务管理和资本运作过程中普遍存在着财务管理薄弱、财务管理不协调、财务风险巨大等问题。而财务管理是企业管理的核心，面对不断变化的经济生存环境和经济全球一体化的发展趋势，只有加强企业的财务管理，完善自身的财务理念，借助各种财务管理手段，防范风险。稳健经营，寻求适合自身发展的财务管理方式。

第一节 财务管理体系

企业财务管理是对企业资金的管理，它贯穿企业经营全过程，并以综合性强、涉及面广、灵敏度高的特点，在市场经济体制下成为企业管理的中心，从而实现加强企业财务管理，提高企业经济效益的目的。财务管理是一切管理的基础、管理的中心。抓好财务管理就是抓住了企业管理的牛鼻子，管理也就落到了实处。

一、财务管理目标特征

所谓企业财务管理目标就是企业在一定时期从事财务管理活动所期望达到的目的。明确财务管理目标是企业进行财务活动要达到的根本目的，是评价企业财务活动是否合理的标准。财务管理目标是企业整个财务管理工作的基础和归宿。对企业财务活动实行目标管理是一种先进而科学的财务管理方法和现代激励制度。具有中国特色的企业财务管理目标应具备的特征：符合社会主义基本经济规律，不能与其相抵触；应该能使制约企业发展的与目标有关的几个主要矛盾达到高度统一；其指标必须能够以货币计量；所命名或确定的企业财务管理目标概念清楚、内容明确；必须与企业的财务管理内容密切相关，并能够对其进行控制。

二、现代企业财务管理模式

建立现代企业制度是发展社会化大生产和市场经济的必然要求，我们所要建立的现代企业制度，就是在社会主义市场经济条件下，根据现代企业固有的性质和要求，按照世界通行的国际惯例和标准，来塑造适应社会主义市场经济发展的要求，能自主经营、自负盈亏、自我发展、自我约束的法人实体和市场竞争的主体。我国企业现行的财务管理模式既要与国际惯例接轨，又要体现中国社会主义市场经济特色，要在建立现代企业制度的同时，不断在理论上和实践中进一步探索和完善，建立健全的内部机制和财务会计组织机构，强化财务监管力度，逐步形成现代企业特点的会计管理体系。

第二节　企业财务管理存在的问题

财务管理是对企业资金运动及其所体现的财务关系所行使的直接管理，主要内容包括筹资管理、投资管理、资产管理、收入管理、分配管理等。资金运动是企业经营管理的货币表现，所以哪里有资金运动哪里就有财务管理，哪里有经营管理哪里就有财务管理。财务管理具有三大功能：资金管理功能、成本控制功能、监督控制功能，三大功能贯穿企业经营的全过程，因此财务管理是企业管理的核心，财务管理状态对于企业经营和企业经济效益具有十分重要的影响。

一、物业企业在财务管理上常见的问题及产生原因

目前，就我国各地各级法院受理的物业纠纷案件而言，呈现案件数量逐年上升，在民事案件中所占比例逐渐加大；案件类型多样化，新类型案件不断出现，业主多为案件的被告，且败诉多，以判决为结案方式的比例高，案件调解比例低，双方当事人矛盾较大，物业管理纠纷诉讼主体复杂，法律关系复杂，对纠纷案件的审理有一定的难度，具有群体性纠纷的潜在因素等特点。

(一) 经营者对财务管理重视不够

1. 问题的表现

(1) 有的经营者在企业经营管理中偏好于行政手段，以自己的意志为行动准则，财务管理意识薄弱，随意性强。

(2) 有的过于“放手”，让部门各自为政，没能沟通部门职能间的内在联系，财务管理的综合性和系统性大打折扣。

(3) 有的不懂得财务部门是企业财务管理的机构和企业内控的中心，没有给予必要的授权，也没有提出任务和要求，只满足于算账、出报表。

(4) 有的经营意识停留在规模扩张上，试图多接项目出效益，不重视提升管理出效益，结果项目多了效益还不见好。

(5) 有的经营者重服务质量轻经营质量，只关注维修保养、清洁绿化、保安等这些具体服务，没有认识到经济效益是物业项目管理的重要内容，不顾亏损创品牌，创出的只是一个亏损的品牌，一个不可能持久的品牌。

2. 主要的原因

(1) 经营者领导能力方面有缺陷。如经营管理中偏好于行政手段，以自己的意志为行动准则，随意性强，不懂得用人，不知道经济手段和专业技术手段对经营管理有更强大的威力和作用。

(2) 经营者管理能力方面有缺陷。如对部门过于“放手”，缺少全面系统的管理思想，他们不知道企业经营管理是一个复杂的系统，没有建立起各条线的相互联系和协调，使之形成一个完整的管理系统。

(3) 管理者缺少某些方面的知识，如主观武断和不重视财务，可能是工作作风的原因，也可能是缺少财务知识的原因。因为，他根本不知道会计是如何记录企业经营的信息，不知道这些信息对经营管理的作用。

(二) 财务部门建设薄弱，财务管理能力不强

1. 问题的表现

(1) 部门技术力量配置较弱。有的物业企业把财务部的作用定位在收支、记账、出报表，所以对财务部没有较高的要求，所聘财务工作人员业务水平低，管理能力差，无法满足财务管理的需要。

(2) 人员配置不合理。或人员偏少，勉强应付会计管理，没有力量从事财务管理；或人员偏多，工作量不饱满，加上财务管理肤浅简单更显人浮于事。

(3) 部门分工不合理。往往以会计工作进行分工，疏忽财务管理工作的人员设置。

(4) 缺少具有财务专业管理能力又熟悉物业管理业务的人才，在内部财

务控制中显得力不从心；

(5) 下属企业。如分公司、子公司财务相对独立财务人员听命于单位领导独立性难以保证。

2. 主要原因

领导重视的财务部的外部环境，部门人员尤其负责人的知识和能力则是内因，也是主要原因。

(三) 制度不健全或贯彻不得力

1. 问题的表现

(1) 有些重要制度缺失。如会计制度、预算管理制度等，有的企业有财务制度，但没有会计制度，会计基础工作不规范，造成财务管理运作困难。

(2) 管理制度不配套。有的物业企业制定了财务管理制度、会计管理制度等重要制度，但因这些制度都比较宏观，比较原则，没有相应的内部控制制度配套支持。如采购管理制度、存货管理制度、会计内控制度等，管理控制不严密，漏洞较多。

(3) 制度内容与管理实际相脱节，不能满足管控要求。如内容能体现财务管理的一般要求，但与物业管理行业实际需要相脱节、关键控制环节内容缺失或不全等。

(4) 制度贯彻执行不力。这种现象比较多见，或制度在实际管控中未真正执行，或制度执行时把握过松过宽，导致制度刚性不足，灵活有余，使制度形同虚设。

2. 主要原因

(1) 管理层或财务负责人对制度建设存在重视不够或疏忽的情况。

(2) 制度建设的管理不善。首先，制度设计人员知识和能力的原因，制度设计有缺陷；其次，未经必要的程序，如调研、草拟、讨论、评审、批准、发布等，形成的制度质量不高。

(3) 制度制定和修订时考虑管理的系统性和完整性不足，全局性的重要制度应该满足企业发展战略的需要，局部性的和重要制度的细则必须满足内控体系的需要。

(4) 制度的修订、升级不及时，制度制定后长期未进行修订，管理中出现新情况、新变化未作跟进，致使部分内容失效。

(5) 制度执行时弹性过大，因人因事把握尺度不一致，久之导致制度失去严肃性。

(四) 业务建设差，业务基础薄弱

1. 问题的表现

(1) 有的财务部门依法建账不到位，明细科目设置过于简单，明细账目不明确，数据过于宏观笼统，甚至不准确，统计分析困难，不能真实反映企业的经营信息。

(2) 有的财务部门重会计轻财务，只关注记账、出"三表"(资产负债表、利润表、现金流量表)，缺少各种财务分析报表，忽视了财务的监督控制职能。

(3) 有的财务部门经济核算粗糙，没有按管理项目做经济核算，即没有项目经济核算报表，也没有账目明细数据统计分析，无法知道每个项目的经营情况，不利于项目的分析考核，也无法满足业主公布账目的要求，违反了《物业管理条例》的规定。

(4) 财务控制功能淡化，不能发挥作用，有的财务部自身财务预算工作不到位，对基层也没有实施预算管理、收入管理、成本费用控制等措施，有的管理项目长期亏损却没有对策。

2. 问题存在的原因

(1) 财务人员尤其是部门经理的业务素质和能力较低，与任职要求有差距。

(2) 工作标准低，有的并不是人员素质问题，而是工作标准定位较低造成的。

(3) 基础建设没搞好，先天不足，难以达到高质量的工作水准。

(4) 对物业管理行业财务不熟悉，沿用了过去所从事的工业会计或商业会计的办法。

(五) 财务控制不到位，风险防范能力低下

1. 问题的表现

(1) 财务部门自身控制不到位，财务内控制度不健全、内部不相容职务分离不严格，时有舞弊情况发生。

(2) 财务预算制定不科学、不准确，甚至与企业经营目标相左；对各条

线的经营预算，因缺乏基础数据，拿不出自己的意见，往往任其自由，只起一个统计汇总的作用，因而从制定预算开始就控制不力。

(3) 对各条线运营的控制参与不深，如对他们管理制度规定的缺陷、不相容职务未分离、成本费用超预算及预算外开支未管控等监督控制度不严。

(4) 对经营活动中的财务风险不能及时提出预防措施等。

2. 问题存在的原因

(1) 企业管理体系存在缺陷。如管理制度体系不健全、制度缺少相应的细则、规定或流程配套、内控体系未建立或内控机制不健全。

(2) 对财务部门的定位和要求偏低或领导支持不够。如对财务部的工作目标定位偏低或不明确；对财务部的职能、权限规定不明确或不准确，财务实施的管理和控制缺乏依据；对财务部与各经营管理部门的关系梳理不清楚，协调与支持度不够。

(3) 财务部门建设和管理比较薄弱。如业务管理制度不健全、会计制度和财务内部控制制度等，或没有建立或内容不健全，部分财务人员素质不高，部门内部管理不严，工作质量欠佳等；

(4) 财务控制手段比较单调。如全面经济核算、全面预算管理、企业内控管理等科学手段或没有实施、或虽已实施但实施中的管控不严，导致效果不佳。

二、国有公司治理结构中的缺陷及对策

现代企业制度的一个突出特点就是所有权和经营权、所有者和经营者、专门投资者与专业经营者相分离。所有者将自己的资产委托给专业经营者去经营，以取得比自己经营更高的收益。所有者与经营者这种委托代理关系，要求在企业内部形成一种有效的监督制衡机制，从而使公司治理结构问题突出出来。

所谓公司治理结构，是指建立在出资者所有权与法人财产权相分离的基础上，企业股东会、董事会、经理人、监事会分权制衡的企业组织制度和企业运行机制。从我国目前国有企业进行公司制改造的情况来看，虽然进行改造的公司普遍建立了公司治理结构，但我国的公司制企业是直接由工厂制企业改造而来的，并没有经过西方企业制度演进过程中的业主制、合伙制、股份公司制三个阶段。因此，必然存在诸多弊端。本书拟从公司治理结构中

的董事会、经理人两个方面对我国国有公司治理结构进行剖析，来发现其缺陷并提出一些政策建议。

(一) 董事会

在现代公司治理结构中，起最关键作用的是董事会。公司法人财产权的具体运作掌握在董事会手中。董事的产生和董事会的组成是由股东大会决定的。因此，董事会直接向股东会负责，其法人财产经营效率的高低，直接关系着股东的投资利益。同时，董事会又是联结出资者和经理人的桥梁，是公司经济活动的统帅部。因此，构建国有公司治理结构的关键是建立一个规范而富有效率的公司董事会。从我国公司制企业董事会的设立及其运作情况来看，主要存在以下缺陷：

1. 董事会来源不规范

董事会来源不规范表现在以下三个方面：

(1) 董事委派政出多门

在我国国有公司制改造试点中，委派国有股权代表的做法至少有三种：分别委派、联合委派、委托委派。从法律上来说，由政府主管部门委派不具有合法性。这些国有股权代表在股东大会上行使表决权，其主要成员将作为国有股代表进一步进入公司董事会，由于国有股权代表分别由不同机构委派，各自又代表不同部门的利益，并且将各自代表机构的级别和个人的行政级别带进企业，形成错综复杂的人际关系，从而影响了公司董事会的决策效率。

(2) 董事资格问题模糊

到底什么人能成为董事，我国目前并没有严格的规定，尤其是国有公司，似乎只要符合上级主管部门的意志，就可以委以董事重任，以致各种不胜任董事职务的人进入公司董事会。还有一种特别值得警惕的做法，即离职休人员——特别是政界要员“发挥余热”进入公司董事会或监事会，如果其擅长公司管理和经营尚还说得过去，但是有些人根本就是充数，其结果是不利于市场机制发挥作用，使政治腐败和经济腐败合二为一。

(3) 董事选举走过场

目前，我国一般由大股东提出董事候选人，在国有控股公司往往是政府主管部门提出董事候选人，对董事候选人的介绍也是极尽美言，股东不了解情况，或由大股东控制，使选举流于形式，股东大会难以发挥作用。

2. 董事会空壳

由于旧体制的束缚和配套改革跟不上，在不少企业中，虽然都组建了董事会，但董事会并未发挥整体决策的作用，形成“董事会空壳”。具体表现为以下五个方面：

(1) 董事长个人专断。

按公司制的要求，董事会作为企业经营决策机构，其决策产生必须经董事会集体表决，董事长也只有一票权。董事长未经授权，并不能单独决定公司事务。而在现实中，由于董事长大多是原来厂长、经理或党委书记转过来的，习惯于首长负责制，更习惯于将“长”字视为行政职务，因而造成新的个人专断，其他董事权力旁落。

(2) 董事素质参差不齐。

一些董事的董事意识淡薄，责任心不强，开会不发言，选举不投票的董事不在少数，凭经验和感觉办事的大有人在，出现了许多“董事不懂事”的笑话。

(3) 董事责任虚置。

按照《公司法》的规定，董事既有权力，又有责任。但问题是董事失职如何来追究。非股东董事与公司无直接经济约束，作为国有资产代表的董事不可能以身价作抵押，决策失误的责任难以追究。又由于股东董事的股份几乎都不是个人的，拿别人的财产来赔偿也不合理。现实中董事决策失误的不在少数，而由董事赔偿的却鲜有所闻。在这种名有责任实无约束的董事决策机制下，其效率是要大打折扣的。

(4) 党政联席会议取代董事会和经理人行使职权。

在公司实践中，出现一个新的问题是以党政联席会议取代公司董事会，行使经营决策权，甚至取代经理人，行使经营指挥权，这是由于公司党政班子多头兼职所致。又由于董事会是集体领导体制，而董事长往往就是公司党委书记，甚至书记、董事长、总经理三职一肩挑，其他各机构负责人也多有兼职，公司决策图简便省事，就习惯于开党政联席会议解决问题，由此造成公司治理结构的决策执行、监督机制失灵。

(5) 董事会与经理人关系失和。

一种情况是董事长兼任总经理，造成经营者权力膨胀，决策与执行合二为一，不利于监督制衡。另一种情况是董事长、总经理争权力、闹摩擦，影响经营效率。

3. 对策

鉴于目前我国国有公司董事会的上述缺陷，提出以下对策：

(1) 董事。

特别是董事长应由有较高资产运作能力、熟悉企业发展和了解同行业发展状况的有威望的企业家担任。在一般情况下，尤其是在不设股东大会的国有独资公司中，董事长不宜担任总经理，以保证出资者和董事会，董事会和经理人相互之间信任托管、委托代理关系的确定，保证权力制衡机制的实现。

(2) 规范董事来源，协调政府主管部门和资产局的关系。

国有股代表最好由资产局选择具有较高水平的企业家担任。至于企业家的官职，可以考虑在出任国有股权代表期间暂时挂职，使股权代表能以单纯的企业家身份进入企业进行经营管理，减少企业中的行政色彩。若其在出任国有股权代表期间，国有资产经营和公司经济效益良好，可以对其提升官职和进行物质激励，以充分发挥其潜力和免除其后顾之忧。

(3) 经理人所兼任公司董事应有人数上的限制，可以规定不超过董事总人数的1/5，以免在公司运作上董事会与经理人职责不清，使经营者和管理者都不易于发挥各自的作用。

(4) 增加职工董事的比例。

在国有独资公司中，最好达到1/3左右，以提高职工参与经营管理的积极性及发挥职工群众的监督作用。

(5) 董事会应有一定比例的企业经营、财会、产权交易等方面的专家参加，既可以从企业外部聘任，也可以从企业内部选拔，并应严格界定外部董事与内部董事的职责和权利，对不履行职责的董事应及时通过法定程序免除其职位。

(6) 董事会实行集体决策制。

所有董事对董事会审议的议题应根据个人判断明确表示自己的意见，并对表决决议的执行结果负相应的个人责任。

(7) 强化董事会对经理人及其他管理人员的人事任免权，尽量避免行政干预。

(二) 经理人

在现代公司制中，经理人作为法人的代理人，不具有法律上的财产权，在公司的产权结构中并不占有重要地位，属于所有者的聘用者。但是经理人站在整个公司生产经营的第一线，掌握了公司生产经营的所有信息。经理人作为法人代理人理应竭诚为整个公司的利益着想，但是有时由于受个人利益或小集团利益的驱使，极易使经理人产生委托代理关系中容易发生问题，如“内部人控制”“道德危机”等。在我国的国有公司制企业中，由于终极所有者的缺位及激励约束机制的软化，更容易发生上述问题。

下面从两个方面对经理人进行分析：

1. 内部人控制问题

内部人控制是现代公司运行中“所有与控制相分离”的结果，这是因为作为所有者的股东不具备经营管理企业的专业知识。作为公司初创时的股东，对于所属行业的情况、经营管理企业的知识和经验，都有较深的了解，但是当他们的后代继承了企业的所有权时，往往不再具备与祖辈同样的专业才能了，他们只能将公司经营管理的控制权交给专职的支薪经理人员。另外，股权分散化也造成所有与控制的分离。现代化大生产需要大规模的投资，需要从社会募集大量的资本，这就使股权分散化。在这种情况下，单个的股东不可能支配企业经营，全体股东也不可能一起经营企业。最好的办法是股东们协商推选专职经理人按照出资者的意志来经营管理企业。此外，在企业实际运营中，企业内部人员掌握了大量的信息，而不直接参加企业经营管理的股东所掌握的信息却有限。在公司实践中，谁掌握的信息准确和广泛，谁就能控制企业。所以，内部人控制是现代经济的必然结果。内部人控制在公司实践中的意义是辩证的。

一方面，内部人控制在公司经济活动中具有一定的积极作用。内部人控制企业后，拥有了较大的自主权，也产生成就感和荣誉感，对企业经营者产生极大的激励作用；内部人控制了一部分剩余索取权，使自身利益与公司利益直接相关，从而增强了责任感。内部人直接掌握市场信息，为经营管理决策提供了依据，从而提高企业经营效率。

另一方面，内部人控制会产生侵害出资者利益的消极作用。董事会对经理人授权代理时，本应有完善的监督约束，以促使代理人按出资者意志行使代理权。由于存在信息不对称的情况，代理人存在道德风险，便出现了违背出资者意志，在没有章程约定的情况下，利用所控制的资本为内部人——包括经理人和职工谋取利益，致使企业交易成本过大，整体效益降低。

(1) 我国当前内部人控制行为的消极方面主要有以下几个方面。

① 经理人在职时过度消费。

② 虚报财务账。不少企业设立两种账目，虚构成本，少报利润，以避免审核和偷漏税，这严重损害了国有出资者的利益。

③ 滥发奖金，随意提高工薪报酬。经理人不管企业盈亏如何，给职工工资奖金照发不误，以维持经理人在公司职工中的声誉。

④ 短期行为。经理人不考虑企业的长期利益和发展，而只考虑眼前的成绩、地位和利益，过度投资和耗用资产，低效率使用国有资产。

⑤ 转移和侵蚀国有资产。

⑥ 不分红或少分红，大量拖欠债务，造成企业亏损。内部人控制在大量为内部人谋取利益的同时，却损害了出资者——国家的利益。

(2) 总地来说，内部人控制行为是经理人法人代理权的失范行为，必须从以下几个方面对其进行治理。

① 要加强公司治理的法规制度控制。经理人的法人代理权尽可能在法规契约上明确限定，减少出资者与代理人之间信息不对称的差距。

② 规范公司保值增值与劳动报酬的同步增长比例，维护出资者利益，防止内部人合谋的行为。

③ 严格会计审计制度，保证会计的独立财务权，严格审计监督。

④ 制定较长时期的经理人经营绩效的评价标准，鼓励经理人集中精力搞好公司的长期经营。

⑤ 尽快实施国有股权代表的人格化工作，避免由于终极所有者缺位造成“内部人”乘虚而入控制企业。

2. 道德危机问题

在国有公司制企业董事会和经理人之间的委托代理关系中，由于委托人 (实际上是出资者) 和代理人 (经理人) 之间的信息不对称，极易产生道德危机问题。如上所述，经理人为了追求个人利益或小集团利益最大化，常常以违背出资者意志、损害出资者利益为代价，取得个人或小集团利益，提高自己在职工中的声誉。由于我国尚未形成对经理人激励和约束的完善机制及企业家市场未建立起来，代理人的这种道德危机在我国的国有公司制企业中极其普遍。针对经理人的道德危机，目前的当务之急是完善对经理人的激励和约束机制以及培育企业家市场，使经理人产生一种竞争压力，促使其能热心竭诚地为出资者、职工、自身以及其他利益相关者服务。

3. 具体措施

(1) 改善对经理人的激励机制

法人代理人离不开必要的激励机制，在公司总体绩效增长的同时，经理人个人也应得到相应的物质和精神鼓励，以激励经理人更好地为利益相关者服务。结合我国当前的情况来看，对经理人的激励方式可以采用年薪、奖金、股票等，在条件成熟时，还可以采用股票期权的方式，借鉴国外经验，可以适当提高经理人的年薪，以消除经理人的付出与所得不相称之感。奖金是与经营绩效挂钩的报酬形式，具有一定的浮动性。用股票作奖励，一方面给经理人一种稳定的收入来源；另一方面又使经理人的经营业绩与自身股权收益相挂钩，促使经理人兢兢业业地经营企业。股票期权激励方式允许经理人在一定期限内（3～5年）以当前市场价购买一定数额的股票。如果在此期限内，公司经营良好，发展迅速，股价上升，那么这种购买权就有极高的含金量；反之，在此期限内公司经营不善，股价下跌，这种期权就一文不值。显然，股票和股票期权激励方式在上市公司中更具有实际意义，它可以激励经理人注重公司长期绩效，把经理人个人利益同公司长远利益联系在一起，使经理人将精力集中到与公司长远发展有关的问题上来，避免了短期行为。

(2) 加强对经理人的约束机制

没有约束条件下的激励，只会增强经理人的道德风险。因此，在建立有效的激励机制的同时，也应加强对经理人约束机制的建设。对经理人的约束主要来自以下三方面：

① 加强公司治理结构的内部监督。一是股东会要建立有效的经营绩效评价体系，防止经理人的短期行为；二是董事会要利用公司章程规定经理人的权限范围，决定人事任免；三是加强监事会对经理人的监督职能。

② 加强公司外部法规和制度的建设。加强《公司法》等经济法规的立法和执法力度，完善国家工商管理监督系统，加强会计、审计、税收及银行的监管力度，保证经理人合法经营。

③ 完善我国的证券市场。证券市场是公司经营好坏的晴雨表，通过证券市场上所反映的上市公司股价的高低，红利涨落，可以综合评价经理人的业绩，约束经理人的行为。

(3) 建立企业家市场

从我国的经济发展历史来看，对企业经营者（厂长或经理）的任用主要采用委任制和行政聘任制两种形式。在传统的计划经济体制下实行的是委任制；在转型时期，实行的是行政聘任制。后一种形式实际上也是委任制的翻版和变形，在企业经营者的任用上并没有起到太大的改进作用。这两种任用方式都充满着浓厚的行政色彩。委任制在人才选用上“论资排辈”，并不是“任人唯贤”，这在很大程度上窒息了一大批有才能的企业管理者。再者，企业经营者“从一而终”“能上不能下”，人才也不能在企业间流动，更不用说跨部门和跨地区流动，导致优秀人才浪费和不足共存的怪异现象。在经济转型时期，随着“内部人控制”现象的出现，加上对企业经营者激励和约束机制的软化，相当多的经营者并未从有利于提高企业经营管理水平的角度来经营管理企业，而是滥用职权，追求个人利益和小集团利益最大化，以至于“穷庙富方丈”、携巨款潜逃、非法转移国有资产等现象屡见不鲜。行政聘任制也未能起到激励和约束经营管理者的有效作用。针对上述两种任用制度存在的缺陷，我们认为最重要的是要建立企业家市场。

众所周知，企业家是现代公司最重要的人力资源，根据我国现代企业制度改革的需要和企业干部由行政官员向企业经营管理者转化的需要，实行企业家产生的市场化，建立一个调节功能强、覆盖面广、高层次的企业家市场是大势所趋。

4. 建立现代企业家市场

建立现代企业家市场需做好以下几个方面的工作

(1) 破除体制障碍，改善企业家成长的外部环境。

如前所述，我国国有企业的经营管理者主要是通过委任制和行政聘任制产生的。据一项调查显示，我国有 92% 的国有企业负责人是由行政主管部门任命的，行政主管部门手中握着企业管理者的乌纱帽，造成企业负责人的眼睛盯着市长而不看市场，一切服从行政安排，扼杀了企业的活力。要解决这个问题，必须彻底破除政企不分的旧体制障碍，通过建立企业家市场，选拔和任用企业的经营管理者。

(2) 建立企业家市场的有关法规，规范企业家市场行为。

由于建立企业家市场在我国尚无先例，因此必须建立相应的法规，避免企业家市场的盲目性和自发性。

(3) 以市场竞争筛选企业家。

通过市场公开、公平的竞争和市场检验，直接沟通人才供需双方，形成优胜劣汰的机制。具体方法可以采用招标和投标的方式，选拔、任用和淘汰经营者。

(4) 健全企业家市场中介组织。

要建立企业家资格审查机构、企业家协会、企业家业绩评估机构、企业家人才交流机构、企业家人才信息库等中介组织，促使企业专门管理人才的合理使用和流动。

(5) 健全企业家评价系统。

在市场经济环境下，企业的经营目标由传统的完成计划指标和社会政治工作的优劣转移到资产保值、增值和利润最大化上来了。

因此，企业的经济效益成为评价企业家的最重要的指标。评价企业家的主要经济指标是企业利润率的提高、资产增值、市场占有率、投入产出比率、企业发展水平和发展后劲等。在建立了一系列的指标后，由出资者聘请企业家业绩评估机构对企业家按年度作出认定评价，以确定企业家的去留。只有逐步建立完善的企业家市场，通过竞争机制来选择国有公司的经营管理者，才能克服传统的委任制和行政聘任制的弊端，对经营管理者实行充分的激励和有效的约束，逐步完善我国的国有公司治理结构。

第三节　财务管理理念的改进

首先从思想上要更新企业财务管理观念，充分认识到财务管理在企业管理中的战略核心地位，使企业的财务管理工作不再是被动地服从再生产过程，而是主动地支配和管理再生产过程，使其满足资金增值的需要。主动的财务管理不仅要做好财务数据的记录和处理工作，更要认真研究如何建立会计规范体系以确保财务原始数据的准确和会计工作效率的提高，同时应充分利用预算工具进行管理。以企业整体经营目标为基础的全面预算，是财务管理的重要手段，起着目标激励、过程控制及有效奖惩的重要作用。

一、树立民营企业的诚信文化理念

树立民营企业的诚信文化理念，加强法律观念，重塑民营企业诚实守信、遵纪守法的良好新形象。市场经济实际上是一种信用经济，信用是最根本的社会关系，是一切经济活动的基础，也是企业增强竞争力的最有力的法宝。没有资金可以靠信用获得，没有市场可以凭信用打开，缺少竞争力可以靠信用增强，而无信用支撑的经济活动让人缺乏安全感，极大地阻碍了市场经济的正常发展。由于各方利益的冲突导致民营企业在生产经营活动中出现不讲诚信甚至违法乱纪的行为，其根源在于企业管理过程中对诚信理念和法律意识的忽视。因此，要减少和消除不诚信经营和违规、违法行为，必须建立民营企业的诚信文化，加强法律观念，努力提高管理者及员工的法律意识和诚信素质。可以通过制定企业的诚信准则，并以此作为判断企业政策及个人行为的标准；通过灵活生动的诚信与法制教育培训使员工明白讲究诚信和遵纪守法的重要意义，树立诚信守法的理念；还可以通过建立激励诚信守法行为的制度规范等措施，来重塑民营企业诚实守信、遵纪守法的良好新形象。特别是对会计人员，要进行全方位的诚信教育，使他们真正理解诚信的深刻含义，以诚信作为做人和会计工作的标准，坚决不做假账。

二、建立健全内部会计控制和内部审计制度

建立健全内部会计控制和内部审计制度。企业会计内部控制制度是企业内部控制的基础。民营企业要明确实施内部会计控制的必要性，围绕提高会计信息质量、保护财产安全完整和确保法律、法规规章制度的贯彻执行来确立内部会计控制的目标，遵循合法、有效、全面、适时原则、不相容职务相分离原则和成本效益原则，运用不相容职务相互分离、授权批准控制、会计系统控制、预算控制、财产保全控制、风险控制、内部报告控制及电子信息技术控制等方法，对企业的货币资金、实物资产、对外投资、工程项目、采购与付款、筹资、销售与收款、成本费用、担保等经济业务进行全面的会计控制，从而达到加强会计核算、提高财务会计信息质量和强化内部管理、提高经济效益的目的。随着市场竞争的日益激烈，内部审计在查错防弊、保护企业财产安全，优化资源配置、提高经济效益和健全内部控制制度、提高经营管理水平等方面起着重要的作用。首先，民营企业要从思想上提高对内部审计重要性的认识，并加强内部审计机构的设置，保证其独立性和权威

性；其次要明确规定内部审计的职权、责任、工作范围、行为规范等，将内部审计纳入规范化和制度化的轨道，保持其客观公正性。同时要加强内部审计队伍建设，提高内部审计人员的职业道德水平和审计业务素质。

三、强化营运资金管理，提高资金利用效率

强化营运资金管理，提高资金利用效率。营运资金在企业的全部资金中占有相当大的比重，而且周转短、形态易变，是财务管理工作的一项重要内容。民营企业要认真分析生产状况，合理确定营运资金的需要数量；在保证生产经营需要的前提下，遵守勤俭节约的原则，挖掘资金潜力，精打细算地使用资金；要加速营运资金的周转，提高资金利用效果。具体可以从以下几个方面做起：

(一) 加强现金和银行存款的日常管理

要严格遵守国家规定库存现金的使用范围，核定库存现金限额，实行内部牵制制度，管钱的不管账，管账的不管钱，使出纳人员和会计人员互相牵制，互相监督。及时做好银行结算工作，按期对银行存款进行清查，保证银行存款安全完整。

(二) 加强财产控制和存货管理

要建立健全财产物资管理的内部控制制度，在物资采购、领用、销售及样品管理上建立规范的操作程序，定期检查盘点财产，堵住漏洞，维护安全。尽可能压缩过时的库存物资，避免资金呆滞，并以科学的方法来确保存货资金的最佳结构。

(三) 加强应收账款的管理

要对赊销客户的信用进行调研评定，定期核对应收账款，制定完善的收款管理办法，严格控制账龄。对死账、呆账，要在取得确凿证据后，进行妥善的会计处理。

四、提高会计人员素质，加强会计基础工作

提高会计人员素质，加强会计基础工作。会计核算的性质和特点决定了会计人员必须具有较高的政策水平、良好的职业道德、全面的业务知识和技能。针对会计人员素质的现状，民营企业必须在强化会计队伍建设、提高

会计人员素质上下功夫。要通过法制教育和思想政治教育，使会计人员熟悉和了解国家和行业各项相关的财经法规和政策，增强法律意识，自觉遵守《经济法》《会计法》《税法》等相关法律制度；通过定期的岗位培训和继续教育，树立和更新会计人员的理财观念，提高会计人员处理会计业务的专业技能；通过职业道德教育，培养会计人员爱岗敬业、脚踏实地、务实求是、尽职尽守的良好职业道德。要坚持会计人员持证上岗制度。要按照《会计基础工作规范》的要求，加强民营企业会计基础工作的规范性，做好账簿的设置、会计科目的使用、会计凭证的填制与审核、现金银行和往来账的及时核对、清理及会计报表的编制等会计基础工作，做到账目齐全清楚、凭证完整无误、理账及时、计算准确。

五、增强风险意识，加强风险管理

风险管理是指企业用于管理、监控、控制风险的一整套政策和程序，其目的是通过辨别、测量、分析、报告、监控和处理公司面临的各种风险。风险管理的本质特征是事前管理，积极的风险管理表现为认真分析风险、有意识地承担风险和科学地管理风险。民营企业由于种种原因，其抵御风险的能力较低。所以，在财务管理工作中，一定要增强风险意识，注意充分发挥会计对风险的预警、防范作用，科学地预测环境变化给企业带来的不确定性因素及其影响。要提高财务人员和管理人员的风险识别能力，使他们对各类风险有比较清醒的认识和正确的鉴别能力，能够搞清楚什么是主要风险、是否存在重大风险，为避免和控制重大风险提供依据，从而使企业能够有预见地采取各种防范措施，把可能遭受的风险损失降到最低。

第八章　成本管理的发展简史

为了适应时代的发展和人民生活等各方面的要求，企业必须保持与时俱进，企业在管理的过程中，应注意以战略为中心，按照战略管理的要求，调整各种管理计划的实际应用，改善管理子系统的运行机制。在企业经营管理中，成本管理是其中非常重要的一个组成部分。它可以衡量一个企业的管理水平的高低。对于企业管理者而言，改善成本管理，以最大程度提高企业的经济效益是企业的首要目标。因此，引进和应用战略成本管理，将成本管理从传统模式提升到以战略成本管理为主的战略高度对于适应现代企业发展要求、适应时代而言意义重大。

第一节　我国成本管理的发展历史

成本管理的概念较早出现在西方国家，之后的发展主要分为三个阶段，即简单的会计簿记管理阶段、复式簿记管理阶段和现代计算机成本管理阶段。其中经验成本管理阶段是最初级的管理，它主要采用统计等比较原始的方法来计算成本，这也生成了后来的成本会计。

一、历史的阶段

随着科技的发展，特别是第一次、第二次科技革命的发展，企业中逐渐诞生了现代成本管理的方法，进入了第三个阶段—现代计算机成本管理阶段。这个阶段的主要特征是自动化程度提高，生产力空前进步，市场竞争加剧。电子计算机的发明和使用使成本计算和分析方法变得快捷而完善。成本管理不仅可以对成本进行统计分析，还可以进行预测和决策，大大提高了管理效率。因此计算机的产生和广泛应用使成本管理水平达到了历史的新阶段。

(一) 经验成本管理阶段

古代生产力低、商品经济发展滞后，没有先进的成本管理方法可以采用，于是人们运用会计的簿记形式来进行成本管理。会计的簿记也只是简单意义上的单式簿记，充当的只是一种替代劳动的工具，而不是充当管理作用。随着生产力的发展，慢慢出现了复式记账法。到了18世界中叶，工业革命的完成使机器开始逐渐代替手工生产，手工劳动的个体工场渐渐被适应机器生产的规模化工厂代替。工厂的出现导致工厂制度的逐渐产生，在工厂中逐渐建立起了简单成本会计，采用的计算方法非常简单，仅仅将直接材料和直接人工包括到产品成本中。这一时期，工厂管理处在经验成本管理阶段。

(二) 科学成本管理阶段

工厂出现初期，由于发展还比较落后，产品种类相对少，成本管理理念在那个时期受各方面因素的限制没有得到广泛地传播和发展。1880年后，随着商品经济的快速发展，大规模生产开始出现，大量大型机器设备投入使用，生产出的产品种类大量增加，因此生产的间接费用提高，竞争也随之加剧。在这种情况下，成本管理开始走向专业化道路。掌握和管理大型企业的不再是某个人，而是各个股东和各色的管理者，成本管理方式也随之有所改变，由原来的简单成本会计转变成了制度化、标准化的科学成本管理方法。

(三) 现代成本管理阶段

随着第二次科技革命的发展，世界科技和经济得到迅速发展，特别是第二次世界大战后，各国开始发展生产，提高生产效率，降低生产成本。20世界60年代，计算机的发明和使用大大提高了社会生产技术自动化程度。现代成本管理主要是依靠计算机完成的，通过计算机进行预测、决策和控制等方面的操作和运用。在现代成本管理法中，应用最为广泛的是目标成本法，它起源于日本丰田汽车，后逐步渗透到其他领域中。目标成本管理是在外部市场竞争压力的驱动下产生的，从20世纪90年代以来，这种发源于日本的成本管理方法得到了欧美等西方企业家的广泛关注和重视，被引进西方社会，并且得到进一步发展和改革，成为当代最主要的成本管理方法。

二、国内外成本管理文献综述

在商品经济社会中，价值规律的作用促使人们不断地寻求以最少的劳动耗费获得质量更优、数量更多的劳动成果，通过交换最大限度的实现超过社会平均劳动耗费水平的经济利益。这种价值规律和利益机制的动机，正是成本控制产生的理论基础。

(一) 国外成本管理研究

国外的成本管理较国内先进。英国学者肯尼斯·西蒙兹（Kenneth simmonds）于20世纪80年代从企业在市场中的竞争地位这一视角对战略管理理论进行探讨，认为战略成本管理就是通过对企业自身以及竞争对手的有关成本资料进行分析，为管理者提供战略决策所需的信息。

美国哈佛商学院的迈克尔·波特教授在《竞争优势》和《竞争战略》两本书中提出了运用价值链（纵向价值链、横向价值链、内部价值链）进行战略成本分析的一般方法。

1988年，Bromwich撰写的《管理会计的定义和范围：从管理角度的认识》一文推进了对战略成本管理的研究。Bromwich指出，战略成本管理是管理会计的发展，而不是分支，是未来高层管理人员所必须掌握的。他认为，战略成本管理不仅需要收集竞争对手的相关信息，还要研究与竞争对手相比企业自身的竞争优势和创造价值的过程，研究企业产品或劳务在其生命周期中所能实现的客户所需要的价值，以及从企业长期决策周期来看，对这些产品及劳务的营销能给企业带来的总收益。

美国管理会计学者Jack Shank和V.Govin Darajan等人（1993）在迈克尔·波特研究成果的基础上出版了《战略成本管理》一书，通过对成本信息在战略管理的四个阶段（战略的简单表述、战略的交流、战略的推行、战略的控制）所起的作用进行研究，将战略成本管理定义为在战略管理的一个或多个阶段对成本信息的管理性运用。

欧洲的克兰菲尔德（Cranfield）工商管理学院（1995）提出了一种战略管理模式，其特点是把战略成本管理的工具运用于问题的诊断以及提出战略定位的选择方案，并根据成本效益分析，对方案进行评估和规划，然后予以执行，通过对执行结果进行评价以及不断学习，开始新的循环过程。该模式认为战略成本管理工具应包括如下主要内容：竞争战略的制定；竞争对手分析和目标瞄准；行业态势分析；成本动因分析；评估组织面临的挑战，确定自身的目标。

英国教授 RobinGooperand（1998）提出了以作业成本制度为核心的战略成本管理模式，这种模式的实质是在传统的成本管理体系中全面引入作业成本法，关注企业竞争地位和竞争对手动向的变化，从而构成了一种崭新的会计岗位——战略管理会计。

1998 年，Richard M.S.Wilson 在其撰写的《战略成本管理》一书中，总结了多年来战略成本管理的发展，并收录了对战略成本管理的发展曾起到重要作用的重要文献。Wilson 将战略成本管理定义为：战略成本管理是明确战略问题和所关切的一种成本管理方法。它通过运用财务信息来发展卓越的战略，以取得持久的竞争优势，从而更加拓展了管理会计的范围。

2000 年，Blocher 等人发表《成本管理：以战略为重心》一书，进一步将战略成本管理的理念融合到了成本管理的方法体系之中。

20 世纪 90 年代以后，日本成本管理的理论界和企业界也开始加强对战略成本管理及其竞争情报的应用等研究，提出了具有代表意义的战略成本管理模式——成本企划。这种战略成本管理模式是从事物的最初点开始，实施充分透彻的成本信息分析，来减少或者消除非增值作业；应用反求工程（Reverse Engineering）方法，在设计产品的同时，与竞争对手的产品比较，也设计产品的成本，从而使成本达到最低，其本质是一种对企业未来的利润进行战略性管理的情报研究过程。

（二）国内成本管理研究

与国外对战略成本管理的研究相比，国内的研究相对比较滞后，才刚刚处于起步阶段，这主要是因为我国企业战略管理的实践兴起较晚，没有为战略成本管理的研究提供现实的环境和平台。迄今为止，为数不多的机构和学者对战略成本管理进行了探索性地研究。

改革开放以后，我们努力学习和借鉴西方发达国家管理会计中的先进思想和方法，1980 年 9 月，我国成立了“中国成本研讨会”，专业学术团体，先后 10 余次组织全国性的理论和实践研讨会，并多次出版《成本管理文集》，通过开展学术交流活动，密切合我国实际对成本管理理论及其发展方向、成本管理方法等方面进行了广泛深入的档次成本法。档次成本法是我国 20 世纪 80 年代末企业为了降低本、提高经济效益在实践中创造的一种成本控制方法。

通过指定出各种档次下的材料消耗用支出定额，并以各责任成本中心责权范围为依据核定责任中心的考核标准，进行考核，以达到成本最低，经济效益最佳的目的。

效益成本法：效益成本法产生于 20 世纪 90 年代初期，最初由中国矿业大学财务教研组提出。它是从经济效益的角度出发来确定成本是否发生、发生范围、额度及其分配去向的一种新的成本计算和控制方法。这种方法的倡导者认为此方法的提出基于以下三个理由：

（1）李嘉图在《价值和财富，它们的特性》中指出："真正的财富在于用尽量少价值创造出尽量多的使用价值，换句话说，就是在尽量少的劳动时间里创造出尽量多物质财富。"

（2）从西方会计对成本的描述中受到的启发，美国会计学会在《成本概念与标员会报告》中给成本所下的定义为："成本是为达到特定目的而发生的或应发生的牺牲，它可以用货币单位加以衡量。"

（3）从我国企业中成本和效益反差过大的现实中受到的震惊而提出的。现代酒店管理在今天的中国也不过 20 余年，在这样短的时间里，学术界做了大量的工作，将国外现代酒店管理，尤其是世界著名酒店集团管理的经验引进、到中国，对促进中国酒店业的建设起到了巨大的作用。

但是，也应该看到，在学术引进的经验多，潜心研究这些经验如何与中国国情相结合的理论少；在业界，主流以个别案例作模式，表现为用明显的经验主义来管理。因此有人讥讽酒店管理没理，酒店是一种比较特殊的企业，它也要遵从企业运营的一般规律，把企业发展、运营中的一般规律，结合酒店的特殊性，就是酒店管理的理论。

三、成本管理的地位

当今，世界经济格局正在发生根本性的变化。在市场经济条件下，企业将始终面对的是全方位的竞争，全世界的竞争。它涉及企业方方面面的因素，如价格、产品、服务、技术、质量、品牌、网络等。随着我国结构的调整和经营环境的变化，企业成本控制的不利因素在不断增加，特别是近期，随着农产品价格的迅猛上涨，各种生产资料价格，尤其是钢材、煤炭、石油等产品的价格也创出了近年来的新高，企业成本控制遇到了前所未有的压力。因此，企业要想在日益激烈的市场竞争中谋求经济利益，以取得持续性的竞争优势，那么就是要努力提升自己的竞争优势，必须精打细算，加强成本控制，努力寻求各种降低成本的有效途径和方法。

(一) 微观成本管理模式的主要表现

微观成本管理模式主要表现在以下五个方面：

(1) 成本管理思想革新化。

传统的算账报账成本管理模式：只计算财务成本，不计算管理成本；只重视事后算账，不重视事前预测和决策；只采用手工操作，不考虑先进的管理手段；只依靠企业财务部门，不注意发挥广大员工的积极性，因而难以适应社会主义市场经济发展的要求。这就需要在成本管理观念上革新，要树立竞争观念、效益观念、经营观念、法制观念和开拓观念等新的观念。

(2) 成本管理组织合理化。

这是管理现代化的保证，没有组织上的保证，企业就很难把现有的人力、物力和财力组织好，就不可能发挥最大的总体效益。成本管理组织化就是要求实行统一领导、分级管理的原则，要建立成本管理责任制度，保证目标成本的顺利实现。

(3) 成本管理方法科学化。

要总结我国成本管理好的经验，引进国外现代化成本管理方法，相互融合，发展提高。主要有目标成本管理、责任成本管理、厂内经济核算、本量利分析、价值工程、成本—效益分析、成本预测、成本决策、成本控制、班组成本管理、作业成本管理等多种方法。

(4) 成本管理手段电子化。

在成本管理中，应用电子计算机，不但可替代一些繁重的事务性劳动，而且可以加速信息处理，便于建立成本管理信息系统，使管理人员及时作出正确决策。

(5) 成本管理人才专业化。

要培养出一支能够适应成本管理现代化需要的专业干部队伍。只有这样，才能推动成本管理工作不断前进，保证成本现代化早日实现。

总而言之，管理思想是灵魂，管理人才是关键，管理组织是保证，管理方法和管理手段是条件。这五个方面的内容应该配套，并同步进行，才能共同推动成本管理向着现代化方向迈进。

（二）宏观成本管理模式的主要表现

宏观成本管理模式。成本宏观管理即成本的国民经济管理。在社会主义市场经济体制上，对于成本管理仍然需要从宏观上加强调控。

1. 要建立成本法规体系，促进成本管理工作规范化

为了适应社会主义市场经济的发展，1992年，财政部发布了《企业财务通则》《企业会计准则》和行业财务制度与会计制度，对原来的成本核算和管理方法进行了部分改革。近年来，又颁布了一些具体会计准则，其中不少涉及成本管理的内容。现在应该尽快把成本法规体系建立和完善起来，使今后成本管理有法可依，力求做到制度化和规范化。

2. 要通过社会审计，纠正成本计算不实和弄虚作假的行为

当前成本管理上存在不少问题，成本计算不实，财经法纪松弛，乱摊乱挤成本现象普遍存在，有的甚至弄虚作假，偷税漏税，这就给成本管理增加了很多障碍。为了解决这个问题，国家要逐步建立财税监督、国家审计监督和社会审计监督三者并立的经济监督体系。注册会计师审计要重点对成本法规制度的执行情况进行检查，纠正企业中成本计算不实和乱摊、乱挤成本等违法乱纪的现象。

3. 要有合理的经济布局，促使资源配置更加有效

我国各地自然资源条件不同，经济发展又不平衡，这就要求生产要合理布局，充分地利用自然资源和劳动力资源，减少不合理的运输费用，努力节约社会劳动成本。同时，还要考虑各地区工业生产专业化和各产业综合发展的正确结合。

4. 要调整产业结构，促使生产专业化和协作化

我国产业结构尚不够合理，主要是农业基础比较薄弱，基础工业和基础设施发展滞后，加工工业规模偏大，技术水平和专业化程度低，一般加工工业生产能力过剩。有些行业盲目发展，产大于需；有些行业产量低，不能发挥规模效益。这就要求宏观上加速产业结构调整，要以市场为导向，使社会生产适应国内外市场需求的变化。要重视生产专业化和协作化，以促使生产力的迅速发展和降低产品成本。

第二节　成本管理的发展趋势

成本管理的基本功能就是为管理者提供成本信息，并帮助管理者利用成本信息进行各种各样的决策。现代企业生产经营是以提高经济效益为目标的。要提高经济效益，必须要加强企业的成本管理。因此，笔者认为在建设现代企业制度中强调成本管理十分重要。长期以来，在高度集中的计划经济体制下，国家通过指令性计划直接对企业进行调控。所以，企业的成本管理观念比较淡薄，即使是讲成本管理，也主要是从降低消耗、节约费用考虑，侧重于对产品成本的核算，不注意所耗成本能得到的市场价值，不在提高产品或服务的质量和功能上作文章。在社会主义市场经济体制下，企业所面临的外部和内部环境都发生了根本的变化，传统的成本管理越来越不能适应新形势的需要或者说传统成本管理的缺陷明显显现。企业为了能在激烈的市场中站稳脚跟，必须进行成本管理的变更，变传统的被动式成本核算为主动的战略式成本管理，把成本管理贯穿生产经营的整个过程。与传统的成本管理相比，战略成本管理具有明显的优越性。

一、成本管理的主体发展趋势

成本管理在主体上的发展趋势是由专职人员转向全员管理发展。在我国企业中，对于成本管理设置了专门的机构，有专门的成本管理人员履行管理活动。问题是，成本管理不仅仅只需要专门管理人员的控制。实际上，科学的成本管理应该包括企业内部各部门、各环节，是对各种要素、各项活动的共同作用，而不仅仅在企业设立一个成本管理部分独立于所有其他部分之外。企业的成本管理还与很多其他方面的因素相关，如在企业中掌握决策权的管理人员；企业的成本管理的基础条件也是受到决策层的影响和制约的。可以说，企业的成本与企业各个阶层、各个部门甚至每一名在职员工的活动都有着必然的联系。全体员工(包括决策层、部门负责人、技术人员等)在企业进行成本管理时，都应该参与其中，并且加强培养成本控制意识和效益意识，使其成为企业文化不可分割的重要组成部分。积极调动每位成员的主观能动性，来降低企业生产成本，提高经济效益。

二、由传统成本管理向战略成本管理发展

传统的成本管理有许多弊段。例如：传统的成本管理过度地将目光放在

“降低成本”上，往往容易盲目，导致不良后果。虽然降低生产成本对企业而言是十分重要的，但是在竞争日趋激烈的情况下，有时候为了培养产品的差异化，适当的提高生产成本是合理并且是可行的。掌握特殊分析管理方法的管理人员提供分析资料给自己的公司和竞争公司，公司根据这些资料数据等来评估企业的发展状况，并且以此来拟订适合今后快速健康发展的战略计划，这样可以做到知己知彼，才能在市场竞争中取得胜利。这就是战略成本管理。目前，战略成本管理已经成为不可逆转的科学成本管理发展趋势，其发展趋势势不可挡。提高对战略发展空间、公司发展过程以及企业每季度业绩的关注是战略成本管理的首要任务。“降低成本”和“成本优势”显然是两个不同的概念，从字面上可以体现出传统的成本管理和战略成本管理在内涵上是有很大差别的。战略成本管理在与传统成本管理的比较下显得更能经历时间的考验、更全面、更具有包容性和对抗性。战略成本管理对于更新我国成本管理观念，提高企业环境适应力等方面均起着有利的作用。

论现代企业成本管理的发展趋势，成本管理的基本功能就是为管理者提供成本信息，并帮助管理者利用成本信息进行各种各样的决策。现代企业生产经营是以提高经济效益为目标的。要提高经济效益，必须加强企业的成本管理。因此，作者认为在建设现代企业制度中强调成本管理十分重要。长期以来，在高度集中的计划经济体制下，国家通过指令性计划直接对企业进行调控。所以，企业的成本管理观念比较淡薄，即使是讲成本管理，也主要是从降低消耗、节约费用等方面考虑，侧重于对产品成本的核算，不注意所耗成本能得到的市场价值，不在提高产品或服务的质量和功能上下功夫。在社会主义市场经济体制下，企业所面临的外部和内部环境都发生了根本的变化，传统的成本管理越来越不能适应新形势的需要或者说传统成本管理的缺陷明显显现。企业为了能在激烈的市场中站稳脚跟，必须进行成本管理的变更，变传统的被动式成本核算为主动的战略成本管理，把成本管理贯穿生产经营的整个过程。与传统的成本管理相比，战略成本管理具有明显的优越性。

（一）成本管理的重点从孤立的成本转向成本管理战略，有助于提高企业的竞争力

（1）传统成本管理关注的是企业内部生产经营活动的价值耗费，而对企

业外部环境的分析则很少考虑，在传统的计划经济制度下，产品实行统购统销，企业的产出等于企业的收入。因此，时时、处处、事事都考虑成本费用，机械地降低成本核算费用，一些企业成本管理的指导思想就是最大限度地减少支出，并以成本核算的升降作为考评业绩的重要依据。降低产品成本就意味着增加企业的收益，这一管理思想在企业成本管理中发挥了一定的积极作用。企业将成本管理的重点放在降低产品成本上，而陷入单纯的为降低成本而管理成本的滞后状态，不能为决策提供所需要的正确信息。从而表现出与战略管理的极不适应性。

(2) 随着市场经济的发展，卖方市场逐渐向买方市场转变，企业不能再将成本管理简单地等同于降低成本。因为，企业不仅要关注产品的生产成本，而且要关注其产品能在市场上实现的效益。适应瞬息万变的环境，以求持续性的竞争优势，是现代企业必须考虑的首要问题。确实，在相关指标不变的情况下，降低成本支出的绝对额，会相应地增加企业的收益。然而，在各项经济指标发生变化的情况下，有时增加成本支出的绝对额，反而会相应地增加企业的收益。因此，现代企业成本管理不仅仅是孤立地降低成本，其目的更是从成本与效益的对比中寻找成本最小化、利润的最大化。所以，在现代企业管理工作中，企业必须把成本管理的重点放到战略上来，尽管降低成本对企业来说在任何时候都是不可忽视的，但如果从战略管理的角度来看，企业依靠新产品的开发与完善的售后服务，能够取得竞争优势，即使成本有所提高，这种战略仍然是可以接受的。传统成本管理把目光过多的集中于降低成本上，没有很好地将成本管理与竞争优势联系起来，就可能使企业丧失良好的发展战略，影响企业竞争力的形成。

(二) 成本核算动因不断扩展有助于正确地计算产品成本，达到控制成本的目的

1、成本动因是指导致成本发生的根本原因，成本核算动因分为以下两个层次:

(1) 微观层次上与企业的具体生产作业相关的成本动因。如物耗、作业量等。

(2) 战略层次上的成本动因，如规范、技术多样性、质量管理等。

相对于作业成本动因而言，战略成本动因对成本的影响更大。企业只

有真正了解成本发生的前因后果，才能真正控制成本。传统的成本计算对象是企业所生产的各种产品，而且一般为最终产品。因而，人们往往把成本动因归结为生产的数量。在生产单一产品的企业里，生产数量可通过产品的单位数量来计算；而在生产多种产品的企业中，直接人工小时数或直接人工工资通常被作为生产数量的替代品。因为生产过程中所涉及到的主要成本是直接材料和直接人工，两者的耗费都直接与产品的生产数量相关；而制造费用又大部分是与生产时间有关的间接费用（主要包括机器设备的折旧费、动力费和其他同机器设备相关的费用），按直接人工工时或直接人工工资分配也较合理。至于期间费用常常被认为只与发生期间相关，不分配计入产品成本，只是直接冲减当期利润。

（2）在高度自动化的现代制造过程中，直接人工成本比重日益降低，仅占生产成本的5%～10%，而与自动化紧密相关的机器折旧费、动力费等需要分配计入不同产品的间接费用又大幅度增加。在这种情况下，如仍以日益减少的直接人工工时或直接人工工资的比例来分配这些比例不断增大的间接费用，会使产品成本严重失真。因而，在以计算机技术为代表的高科技迅猛发展的今天，有必要按战略成本管理观点将传统的单一的数量动因扩展为一系列的成本动因，通过对各种成本动因和相关成本之间的比重进行分配，将单一标准的分配改为按成本的多标准分配，从而正确地分配各项间接费用，正确地计算产品成本。这样才能清晰地揭示哪些产品具有有效的盈利能力。特别是在传统成本管理下未予以考虑的一些无形的成本动因，如企业的规模、产品开发、市场开拓、企业内部结构调整，甚至厂房的布局规则等，都会对产品成本产生很大的影响，更应从战略上予以考虑。因此，战略成本管理将会使期间费用不分配计入产品成本的传统方法成为历史。

（三）成本核算管理范围的日益扩大，更有助于企业战略目标的实现

随着社会经济环境的发展、变化以及高新技术和管理科学的不断创新，成本管理的范围日益扩大。传统的成本管理范围主要是企业内部的生产经营过程，而对企业的供应与销售环节则考虑不多，对于企业外部的价值链更是视而不见，使企业未能获得全面的竞争发展战略。然而，对于处于开放型、竞争性市场环境中的企业来说，成本管理更有必要注意企业外部环境的影响。所以，应该把企业成本管理问题放在整个市场环境中予以全面考虑。因为企业的生产经营过程是为满足顾客需要而设计的一系列作业的集合体，它表现为一个由内及外的“价值链”，企业通过自身价值链分析、行业价值链分析和竞争对手价值链分析来进行成本管理，确定企业的不同战略，生产出比竞争对手功能更强、质量更优、服务更好的产品。将产品生命周期按阶段展开，把“上游”与“下游”连贯起来，从而争取成本核算优势，更有助于企业战略目标的实现。因此，现代企业成本管理的范围不仅包括生产领域成本的控制，而且包括流通领域成本的控制，还要对研究、开发和设计成本进行控制；不仅要通过管理工作控制成本，而且要通过技术工作管理成本。同时现代科学的飞速发展又使成本核算管理的范围向着与多学科相互结合、相互交叉渗透的方向发展，如在计算机集成制造系统的大背景下，适时生产控制、全面质量管理。相关科学的引入，使成本与技术密切结合，不但扩大了成本管理的范围，也开辟了降低成本的新途径。

(1) 战略成本管理是指管理会计人员提供企业本身及竞争对手的分析材料，帮助管理者形成和评价企业战略，从而创造竞争优势，以达到企业有效地适应外部持续变化的环境的目的。战略成本管理关注成本管理的战略环境，强调的是知己知彼，也就是说要在开放型、竞争性的市场环境中既要关注自己，又要去了解别人。既要知道上游供应商的情况，又要清楚下游客户与经销商的情况，并协调好他们的关系，同时更要对竞争对手的基本情况进行分析与研究。首先，战略成本管理是对传统成本管理的发展，而不是否定，是从价值链的角度出发，分析供应商、本企业和购买商之间的战略合作关系，寻求降低成本的新途径。当企业管理伴随竞争环境的变化进入新阶段，传统成本管理也应该向战略成本管理转变。其次，战略成本管理的提出是基于战略管理在新的发展时期管理的需要。最后，战略成本管理就是要将成本信息的分析与利用贯穿于整个企业的生产、销售、管理全过程；以有利于企业竞争优势的形成和核心竞争力的创造。从战略的高度对企业及其关联企业的成本行为和成本结构进行分析，来为战略管理服务。

(2) 战略成本管理的目标

战略成本管理目标应服从于战略管理目标。战略管理目标是企业通过战略管理活动所要实现的结果。从战略管理活动本身去考察，我们不难发现，战略管理的整体目标就是要形成企业的竞争优势。战略成本管理作为战略管理的一个决策支持系统，其各项活动的开展应该有助于战略管理目标的实现。因此，从这个角度来讲，战略成本管理的目标就是要借助成本管理的基本功能去赢得并保持企业的竞争优势。

① 战略成本管理目标要符合成本管理系统自身的功能性特征。成本管理系统自身的基本功能就是产生和利用成本信息，以满足决策者的管理需求。

② 战略成本管理的终极目标还应该落实在企业成本的持续降低上来。尽管企业在不同的时期，由于要实现和维持竞争优势，所采取的成本管理目标、方法和手段是不同的，但从企业的整个生命周期来看，战略成本管理目标的定位主要还是追求成本的持续降低。这也正是战略成本管理与传统成本管理具有耦合性的一面，只不过战略成本管理更强调在企业内部营造一种有利于成本持续降低的环境。并且战略成本管理的目标就是借助成本管理的基本功能赢得并保持企业的竞争优势。

综上所述，战略成本管理将成为现代企业管理的一个重点。战略成本管理是成本管理与战略管理有机结合的产物，是传统成本管理对竞争环境变化所做出的一种适应性变革，是当代成本管理发展的必然趋势。它无疑会使企业的成本管理变得更复杂。但是，随着电子计算机的广泛应用和多媒体信息的共享，战略成本管理将在实践中得到广泛的应用，这无疑会给现代企业注入新的活力。

第三节 成本管理控制目标

在企业发展战略中，成本控制处于极其重要的地位。如果同类产品的性能、质量相差无几，决定产品在市场竞争中的主要因素则是价格，而决定产品价格高低的主要因素则是成本，因为只有降低了成本，才有可能降低产品的价格。

一、成本管理控制目标

成本管理控制目标必须是全过程的控制，不应仅是控制产品的生产成本，而应控制的是产品寿命周期成本的全部内容，实践证明，只有当产品的寿命周期成本得到有效控制，成本才会显著降低；而从全社会角度来看，只有如此才能真正达到节约社会资源的目的。此外，企业在进行成本控制的同时还必须要兼顾产品的不断创新，特别是要保证和提高产品的质量，绝不能片面地为了降低成本而忽视产品的品种和质量，更不能为了片面追求眼前利益，通过偷工减料、冒牌顶替或粗制滥造等歪门邪道来降低成本。否则，其结果不但坑害了消费者，最终也会使企业丧失信誉，甚至破产倒闭。

如有甲、乙两个服装公司生产同一规格的裙装，所用面料、人工都一样。甲公司生产100件成本总额为2 000元，单位成本为20元，乙公司生产100件成本总额为3 000元，比较而言，甲公司生产成本低于乙公司，但乙公司多花费的成本是因为请服装师设计了一种流行款式，并改进包装。结果，甲公司产品售价每件30元，而乙公司生产产品售价为每件50元，由此我们看出甲、乙公司成本支出带来的收益不同，乙公司明显高于甲公司，这种差异就是成本效能差异。

产品单位成本越低越好，要不断扩大产量，通过单位产品固定成本的降低来降低产品单位成本。成本效能理论认为成本效能习性也是成本的一种状态，它通过对企业的成本剖析，将成本划分为基础成本和效能成本。基础成本是企业为生产一种产品或提供某种服务通常的、原有的情况下耗费的成本，如上例中甲公司的单位成本20元即为基础成本；效能成本指企业在原来的基础上为改进产品质量，增加或调整产品功能、改进产品设计、提高服务质量、增加服务功能、扩大产品知名度所花费的成本，如上例中乙公司改进款式、包装所花费的成本。效能成本虽然使单位产品成本在基础成本的基础上有所增加，但它却能通过增加少量成本支出形成更大的价值，如乙公司单位产品仅比甲公司多支出10元效能成本，但却可以形成20元的增值价值，从而使乙公司单位产品盈利达到20元、而甲公司仅为10元。

(一) 应不只限于产品数量

要对成本进行控制，就必须先了解成本为何发生，它与哪些因素有关，有何关系对于直接成本（直接材料和直接人工），其成本动因是产品的产量，按产量进行这部分的分配是毫无疑问的。但是对制造费用就不一样了。传统成本管理对制造费用是先归集，再按一定标准（通常是生产工时），将之分配到各种产品中。这里面就隐含着一个假设：即制造费用的发生也是与产品的产量（工时）直接相关的，并且是呈正比例。

这种观念是适用于大工业时期的生产特点的。在这个时期，产品品种单一，产品的生产成本主要是花费在产品的制造上面，而更为集中地体现为产品的直接成本即原材料成本和人工成本上。制造成本尤其是直接制造成本占产品总成本的比重很大，而这一部分成本的发生与产品的产量是密不可分的，因此当然选择产品数量作为成本动因，但当经济形势发生了变化的时候，这个缺陷就变得突出了。很明显，诸如生产准备、材料搬运等费用的发生与投产次数非产品的产量（工时）直接相关，因而虽然小批量生产、工艺复杂的产品单位直接材料成本和单位直接机器工时相差无几，而前者的单位制造费用则比后者大得多。

很明显，现代企业产品中的科技含量的增加，使产品的制造成本并非与产品生产数量直接相关，或者说至少不是只与产品数量直接相关。如果还按照传统方法计算产品成本，会高估科技含量产品成本，而低估高科技含量产品成本。成本计算的错误导致企业生产决策的错误，这对于企业来说，是足以致命的。那么，要准确控制产品的成本，就应该从成本的多重动因入手。产品成本的发生，有些与产品数量（生产工时）相关，有些与非产品数量相关。那么，我们就必须按与成本发生相关的其他因素去追溯计算成本。既然产品数量不是成本动因，那什么是成本动因呢？如果说是产品，那么为什么同样的产品在不同时间、不同企业，其成本会不一样呢？事实上，产品的价值是由生产它的社会必要劳动时间所决定的，劳动本身创造了价值，相应的，是企业的各项劳动，而不是产品本身导致消耗成本的发生。如何有效地控制成本，使企业的资源利用达到最大的效益，就应该从作业入手，力图增加有效作业，提高有效作业的效率，同时尽量减少以至于消除无效作业，这是现代成本控制各方法的基础理念，其他各种概念都是围绕其开展的，因而也是本书的立足点。

（二）成本的含义变得更为宽泛

传统的产品成本的含义一般只是指产品的制造成本，即包括产品的直接材料成本、直接人工成本和应该分摊的制造费用，而将其他的费用归入管理费用和销售费用中，一律作为期间费用，视为与产品生产完全无关的费用。在其他费用占企业总成本比重较小时，这种做法是相差无几。然而，现在的企业面临着前所未有的竞争压力，只考查产品的制造成本会造成企业投资、生产决策的严重失误。从成本动因的角度去考虑，企业的任何一种产品从引进到获利，其成本绝不能仅理解为制造成本，而是贯穿产品生命周期的全部成本发生。一般的理解产品的生命周期是从第一件产品投产到最终停产(停止销售)的过程，这只是一种表层的认识。严格意义上的产品生命周期是企业引入该产品概念开始，到企业放弃与该产品相关的一切业务活动为止的全过程。这个过程，既包括进行产品生产的过程，还包括产品的开发设计过程；另外，顾客使用该产品的整个消费过程也应包括在内，因为消费过程的各种情况也是产品竞争力的部分。因此，广义的成本概念，不仅包括产品的制造成本(中游)，还包括产品的开发设计成本(上游)，同时也包括使用成本、维护保养成本和废弃成本(下游)的一系列与产品有关的所有企业资源的耗费。相应地，对于成本控制，就要控制这三个环节所发生的所有成本。

(三)成本节省到成本避免

传统的成本降低基本是通过成本的节省来实现的，即力求在工作现场不浪费资源和改进工作方式以节约成本将减少发生的成本支出，主要方法有节约能耗、防止事故、以招标方式采购原材料或设备，是企业的一种战术的改进，属于降低成本的一种初级形态。但是，这种的成本降低是治标不治本的，只是成本管理的一种改良形式。现代企业需要寻求新的降低成本的方法，力图从根本上避免成本的发生。以“零缺陷”的形式避免了几乎所有的维修成本和因产品不合格带来的其他成本。成本避免的思想根本在于从管理的角度去探索成本降低的潜力，认为事前预防重于事后调整，避免不必要的成本发生。这种高级形态的成本降低需要企业在产品的开发、设计阶段，通过重组生产流程，来减少不必要的生产环节，达到成本控制的目的，是一种高级的战略上的变革。

(四)时间作为一个重要的竞争因素

在价值链的各个阶段中，时间都是一个非常重要的因素。很多行业的各项技术的发展变革速度已经加快，产品的生命周期变得很短。在竞争激烈的市场上，要获得更多的市场份额，确立在行业中的地位，就要尽快地抢占市场。跟在别人后面永远只能捡别人的剩饭，企业管理人员必须能够对市场的变化做出快速反应。投入更多的成本用于缩短设计、开发的生产时间以缩短产品上市的时间，是必要的。

另外，时间的竞争力还表现在顾客产品服务的满意程度上。顾客购买商品，其所得到的价值不仅限于产品本身的质量和性能，还表现在产品所附带的服务上。今天的顾客认为：没有相应售前售后的服务，就代表企业不打算做这笔交易。企业能将产品及时地送到顾客手中是第一步，更重要的是对顾客的意见及时采取的措施，使顾客价值最大化。这样既可以获得市场，又可以随时掌握市场的动态。

(五) 成本控制的范围扩展到整个企业

说起成本，似乎这只是会计部门和生产部门的事情。这种认识极为不利。从以上的分析可以看出，现代的成本动因的理解是企业战略高度上的，它不仅包括生产过程中的各种有形的物料及人力的消耗，更应包括企业的规模、市场开拓、企业内部结构调整等无形的成本动因。要对成本进行有效的控制，要求企业各个部门的协调和共同的努力。在市场经济的今天，经济环境发生了剧变，信息技术的发展，一方面给企业提供了更好的成本控制的手段，另一方面，使全球经济一体化的同时，市场需求瞬息万变，竞争变得异常激烈，成本优势的取得对于一个企业的生存是至关重要的。而成本优势的取得绝对不限于成本本身，应从管理的高度去挖掘成本降低和获取效益的潜力。在我国，对成本控制的研究和应用更是迫在眉睫的任务，企业管理者要及时转变传统狭隘的成本观念，结合企业的实际情况，充分运用现代的先进成本控制方法以加强企业的竞争力，迎接入世的挑战。

(六) 成本管理思想的创新

成本管理的思想要创新，以尽可能少的成本支出来获得更大的产品价值。传统管理会计的思想是增加产量降低单位产品固定成本以使产品单位成本下降。这是一种单纯地降低成本思路、是成本管理的初级形态。随着买方市场的形成、消费者对产品的关心已从数量上转向更加关注质量、外观、花色、功能、品牌、售后服务等方面，相应地企业的生产也要从数量增加向产品功能、花色、外观、质量等方面转变，小批量、多品种、多功能是买方市场大多数产品生产的特点，单纯地依靠产销量的增加降低成本越来越困难。成本效能理论给人们一种创新思路：从单纯地降低成本向以尽可能少的成本支出来获得更大的产品价值转变、以成本支出的使用效果来指导决策、这是成本管理的高级形态。

(七) 成本管理的导向要创新，将成本管理的重点放在市场的设计和售后服务阶段

传统管理会计关注成本总额与产品数量关系，成本管理的重点是根据以经验为基础的成本计划，建立责任会计，进行生产过程控制，应该说这是很有必要的，但随着买方市场的形成，仅对过程控制还远远不够，企业要在市场竞争中获胜，必须坚持以市场为导向，将成本管理的重点放在面向市场的设计阶段和售后服务阶段。成本效能理论要求企业在市场调查的基础上，针对市场需求和本企业的资源状况，对产品和服务的质量、功能、品种及新产品、新项目开发等提出要求，并对销量、价格、收入等进行预测，对成本进行估算，研究成本增减与收益增减的关系，确定有利于提高成本效果的最佳方案。

(八) 做好企业财务管理工作

做好企业财务管理工作，发挥财务管理核心作用，为使财务管理成为企业管理的核心，使之真正发挥核心作用，就必须做好企业财务管理工作。因此，要着重抓好以下几项工作：

(1) 自觉运用市场机制和价值规律，使企业资源得到最佳的配置，实现国有资产的保值与增值。

(2) 应当建立会计信息系统，充分开发利用信息资源，为企业决算服务，指导企业生产经营活动，做好信息反馈工作，保证企业经营目标的实现。

(3) 以会计核算为基础，开展全面的经济核算。

(4) 以资本的保值增值为宗旨，建立资本金制度，防止企业行为短期化，维护所有者的合法权益。

(5) 以强化成本核算为手段，促进企业管理基础工作的完善和提高，充分发挥成本管理的职能作用，建立以财务为中心的成本考核体系，努力降低耗费，促进效益提高。

(6) 以资金运营为“主动脉”，讲求生财、聚财、用财之道，合理筹集资金，优化资金结构，合理分配资金，加速资金周转，做到投入小、产出大，提高资金的使用效益。

在企业发展战略中，成本控制处于极其重要的地位。如果同类产品的性能、质量相差无几，决定产品在市场竞争的主要因素则是价格，而决定产

品价格高低的主要因素则是成本，因为只有降低了成本，才有可能降低产品的价格。

二、成本管理控制目标全过程的控制

在市场竞争日趋激烈的环境下，企业为了提高自身竞争力，采取多种措施、多方面降低成本。然而效果甚微，甚至效益变得越来越低。究其原因，大多数企业在成本管理中只注重降低成本，控制支出，并没有将成本控制同企业发展战略联系起来。因此，企业必须根据自身特点及外部环境，制定长期的战略规划，把成本管理上升到战略地位，以取得持续的竞争优势。

(一) 将企业的成本管理与该企业的战略相结合

传统的产品成本的含义一般只是指产品的制造成本，即包括产品的直接材料成本、直接人工成本和应该分摊的制造费用，而将其他的费用归入管理费用和销售费用中，一律作为期间费用，视为与产品生产完全无关的费用。然而现在的企业面临着前所未有的竞争压力，只考虑产品的制造成本会造成企业投资、生产决策的严重失误。

因此，必须从战略的高度对企业的各项成本行为，成本结构实施全面了解、分析、控制，从而为企业战略管理提供决策信息，提高企业竞争优势。时刻注重成本内容不断拓展，成本范围不断延伸，从企业内部价值链延伸到企业外部价值链；成本管理手段不断丰富，要超越传统的格式化的成本报告、成本分析模式，注重定性因素对企业的影响，并利用财务的和非财务的各种成本信息服务于企业管理，促使企业战略目标的实现，促进企业的发展。

(二) 对影响企业成本的因素分析的全面性和管理的整体性

传统的成本控制基本是通过成本的节省来实现的，即力求在工作现场不浪费资源和改进工作方式以节约成本，减少将发生的成本支出，主要方法有节约能耗、防止事故、以招标方式采购原材料或设备，是企业的一种战术的改进，属于降低成本的一种初级形态。但是，这种的成本降低只是成本管理的一种改良形式。现代企业需要寻求新的降低成本的方法，需要从影响企业成本的全面因素分析，力图从根本上避免成本的发生。以“零缺陷”的形式避免了几乎所有的维修成本和因产品不合格带来的其他成本。成本避免的思想根本在于从管理的角度去探索成本降低的潜力，认为事前预防重于事后调整，避免不必要的成本发生。这种高级形态的成本降低需要从整体性的管理中去分析，去控制。包括企业在产品的开发、设计阶段，通过重组生产流程，来避免不必要的生产环节，达到成本控制的目的。

将管理置于影响企业成本的企业内部与外部环境之中，全面分析影响企业成本的企业内部与外部环境因素。外部环境因素包括凡是对企业成本有影响的企业外部因素，这些因素有政治法律、经济、社会文化、技术和自然环境因素等；企业内部基本环境因素有经营者与所有者的利益、生产经营活动、企业管理、企业资源、企业文化等。对企业内部与外部环境因素分析，就是要全面分析影响企业成本的内部与外部有利和不利的因素，企业外部环境的有利和不利因素是机会和威胁因素，企业内部环境的有利和不利因素是优势和劣势因素。对影响企业成本的环境因素的全面分析，不仅要在空间范围上进行内容和层次因素的分析，而且还要在时间上进行前、后，将来与现在的联系性环境因素的分析。只有从空间和时间范围上全面分析影响企业成本的因素，才能有效地从战略高度进行企业成本管理。

(三) 成本管理目标确定的长期性与短期性的结合

成本管理的目标，应该是企业考虑其内部与外部环境的有利和不利因素，为实现企业使命所确定的在较长期限内要求达到的成本管理结果。成本管理目标包括了长期目标与短期目标两类。长期目标对短期目标进行控制，短期目标从属于长期目标，是长期目标的执行目标。成本管理的短期目标通常为1年，长期目标通常为3~5年或者更长的时间。在长期目标中有若干个短期目标。成本管理的长期目标的确定，是从企业长远的利益和发展的潜力上考虑的，忽视长期目标，只注意短期利益，就有可能使企业丧失获得长远的、更多的利益和长期发展潜力的机会。但是，如果只考虑长期目标，不设计分期实现长期目标的短期目标，则长期目标也很难实现。企业的长期目标的实现必须有短期目标的执行来保证。

(四) 成本决策

企业作出的成本决策，对企业长久生存和发展目标的实现有深远性和根本性的影响。成本决策决定企业未来的成本发展方向、竞争优势、协同效应和经济效益等方面。从总体上来看，成本决策的项目一般数额较大、影响面较宽、一个项目的成本全部得到补偿的时间较长。正确的成本决策，会给企业带来长久的经济利益；反之，错误的成本决策，会给企业造成重大的经济损失，甚至使企业破产倒闭。因此，企业成本决策应建立在对与企业内外部环境有联系的重大问题的深入了解、透彻分析和充分论证的基础之上，不应草率做出成本决策。

三、成本管理的基本目标在不同层面分为总体目标和具体目标两个方面

在企业发展战略中，成本控制处于极其重要的地位。如果同类产品的性能、质量相差无几，决定产品在市场竞争的主要因素则是价格，而决定产品价格高低的主要因素则是成本，因为只有降低了成本，才有可能降低产品的价格。成本管理控制目标必须是全过程的控制，不应仅是控制产品的生产成本，而应控制的是产品寿命周期成本的全部内容，实践证明，只有当产品的寿命周期成本得到有效控制，成本才会显著降低，而从全社会角度来看，只有如此才能真正达到节约社会资源的目的。此外，企业在进行成本控制的同时还必须要兼顾产品的不断创新，特别是要保证和提高产品的质量，绝不能片面地为了降低成本而忽视产品的品种和质量，更不能为了追求眼前利益，采取偷工减料、冒牌顶替或粗制滥造等歪门邪道来降低成本；否则，其结果不但坑害了消费者，最终也会使企业丧失信誉，甚至破产倒闭。

(一) 成本管理的总体目标

成本管理的总体目标是为企业的整体经营目标服务，具体来说包括为企业内外部的相关利益者提供其所需的各种成本信息以供决策和通过各种经济、技术和组织手段实现控制成本水平。在不同的经济环境中，企业成本管理系统总体目标的表现形式也不同，而在竞争性经济环境中，成本管理系统的总体目标主要依竞争战略而定。在成本领先战略指导下成本管理系统的总体目标是追求成本水平的绝对降低，而在差异化战略指导下成本管理系统的总体目标则是在保证实现产品、服务等方面差异化的前提下，对产品全生命周期成本进行管理，实现成本的持续性降低。

(二) 成本管理的具体目标

成本管理的具体目标可分为：成本计算的目标和成本控制的目标。成

本计算的目标是为所有信息使用者提供成本信息，包括为外部和内部使用者提供成本信息。外部信息使用者需要的信息主要是关于资产价值和盈亏情况的，因此成本计算的目标是确定盈亏及存货价值，即按照成本会计制度的规定，计算财务成本，满足编制资产负债表的需要。而内部信息使用者利用成本信息除了了解资产及盈亏情况之外，主要是用于经营管理，因此成本计算的目标即通过向管理人员提供成本信息，借以提高人们的成本意识，通过成本差异分析，评价管理人员的业绩，促进管理人员采取改善措施；通过盈亏平衡分析等方法，提供管理成本信息，有效地满足现代经营决策对成本信息的需求。

成本控制的目标是降低成本水平。在历史的发展过程中，成本控制目标经历了通过提高工作效率和减少浪费来降低成本，通过提高成本效益比来降低成本和通过保持竞争优势来降低成本等几个阶段。到现在竞争性经济环境中，成本目标因竞争战略而不同。成本领先战略企业成本控制的目标是在保证一定产品质量和服务的前提下，最大程度地降低了企业内部成本，表现在对生产成本和经营费用的控制。而差异化战略企业的成本控制目标则是在保证企业实现差异化战略的前提下，降低产品全生命周期成本，实现持续性的成本节省，表现为对产品所处生命周期不同阶段发生成本的控制，如对研发成本、供应商部分成本和消费成本的重视和控制。

第九章　企业成本管理相关理论的概述

企业在竞争激烈的市场经济条件下，要想生存或谋求发展壮大，除了技术领先、资本雄厚之外，管理在其中也起到越来越重要的作用。而成本控制是企业管理活动中永恒的主题，成本控制的直接结果是降低成本，增加利润，从而提升企业管理水平，增强企业核心竞争力。

随着全球经济危机，中国的经济增长已出现减缓迹象。目前，全国规模以上工业增加值增长速度已由去年同期的18.5%降至今年的15.2%，同比回落3.3个百分点。尤其进入三季度以来，工业减速幅度呈明显扩大趋势。全国31个省区市有25个出现不同程度的减速，减速幅度在5个百分点以上的省份大到了1/3。企业能否在这次危机中平稳度过，迎来严冬后的春天，成本控制在其中起至关重要的作用。

作业成本作为制造阶段成本控制目标。作业成本法是一种真正具有创新意义的成本计算方法，是以生产的自动化、电脑化为基础，同适时制与全面质量管理紧密配合而形成的一种成本计算方法。面向对象的编程思想作业成本法是适应当代高新科学技术的制造环境和灵活多变的顾客化生产的需要而形成和发展起来的。它以顾客链为导向，以价值链为中心，对企业的“作业流程”进行根本、彻底的改造，强调协调企业内外部顾客的关系，从企业整体出发，协调各部门、各环节的关系，要求企业物资供应、生产和销售等环节的各项作业形成连续、同步的“作业流程”，消除一切不能增加价值的作业，使企业处于持续改善状态，促进企业整体的优化，确立企业竞争优势。它改革了制造费用的分配方法，并使产品成本和期间成本趋于一致，大大提高了成本信息的真实性。作业成本计算法更加符合现实，其结果以更加精确的成本分解替代了成本分配。作业成本法对成本的看法是“不同目的下有不同成本”。企业管理者可以利用作业成本法提供的信息来更好地对他们的产品、服务进行定价，以便使他们收到的收入与所付出的成本能够配比；企业管理者也可以利用作业成本计算法所提供的信息更好地选择产品组合。因此，以作业为基础的新的成本控制理论与方法是成本管理在成本控制方面的重要应用，也是成本控制系统随历史发展的必然趋势。

第一节　成本管理的概述

从成本管理的一些理论开始，并对长期以来我国经济的高速发展一直是以经济资源的大量消耗为代价，在财务上表现为成本高、盈利少，制约我国企业实现可持续发展战略的原因进行了归纳，主要有：成本管理观念落后、成本管理方法陈旧、价值管理与使用价值管理的结合较差、不良利益动机驱动、分工过细导致分工成本过高、人力资源浪费严重等。

一、成本管理的概述

成本管理是指企业生产经营过程中各项成本核算、成本分析、成本决策和成本控制等一系列科学管理行为的总称。成本管理一般包括成本预测、成本决策、成本计划、成本核算、成本控制、成本分析和成本考核等职能。

二、成本管理的目的

充分动员和组织企业全体人员，在保证产品质量的前提下，对企业生产经营过程的各个环节进行科学合理的管理，力求以最少生产耗费取得最大的生产成果。

三、成本管理的作用

成本管理是企业管理的一个重要组成部分，它要求系统全面、科学和合理，它对于促进增产节支、加强经济核算，改进企业管理，提高企业整体成本管理水平具有重大意义。

四、成本管理的过程

要搞好成本管理和提高成本管理水平，首先要认真开展成本预测工作，规划一定时期的成本水平和成本目标，对比分析实现成本目标的各项方案，进行最有效的成本决策。然后根据成本决策的具体内容，编制成本计划，并以此作为成本控制的依据，加强日常的成本审核监督，随时发现并解决生产过程中的损失浪费情况，在平时要认真组织成本核算工作，建立健全成本核算制度和各项基本工作，严格执行成本开支范围，采用适当的成本核算方法，正确计算产品成本。同时安排好成本的考核和分析工作，正确评价各部门的成本管理业绩，促进企业不断改善成本管理措施，提高企业的成本管理水平。要定期积极地开展成本分析，找出成本升降变动的原因，挖掘降低生产耗费和节约成本开支的潜力。

进行成本管理应该实行指标分解，将各项成本指标层层落实，分口分段地进行管理和考核，使成本降低的任务能从组织上得以保证，并与企业和部门的经济责任制结合起来。

成本是体现企业生产经营管理水平高低的一个综合指标。

因此，成本管理不能仅局限于生产耗费活动，还应扩展到产品设计、工艺安排、设备利用、原材料采购、人力分配等产品生产、技术、销售、储备和经营等各个领域。参与成本管理的人员也不能仅仅是专职成本管理人员，更应该包括各部门的生产和经营管理人员，并要发动广大职工群众，调整全体员工的积极性，实行全面成本管理。只有这样，才能最大限度地挖掘企业降低成本的潜力，提高企业整体成本管理水平。

第二节 成本管理的含义

成本管理是指企业生产经营过程中各项成本核算、成本分析、成本决策和成本控制等一系列科学管理行为的总称。在企业运营中，充分动员和组织全体人员，在保证质量的前提下，对企业生产运营过程中的各个环节进行科学合理的管理，力求以最少生产耗费取得最大的生产成果。

一、成本管理的意义

成本管理在建筑经济中是非常重要且起着决定性作用的因素。随着国内外经济科技的发展，建筑企业也发生了明显的变化。其整体素质提高了，经营模式和管理方式也更加的追求效益。

① 降低成本，为企业扩大再生产创造条件。

② 增加企业利润，提高企业的经济效益。

③ 帮助企业取得竞争优势，增强企业的竞争能力和抗压能力。

二、目标成本的含义及作用

目标成本是指产品开发生产过程中为了实现目标利润而必须达到的成本目标值。目标成本的制定从企业的总目标开始，逐级分解成基层的具体目标，强调执行人参与，专业人员协助，以发挥各级管理人员和全体员工的积极性和创造性。

(一) 特色

目标成本法具有以下几个特色：

① 以顾客为导向求得竞争优势。

② 以市场价格为上限，谋求降低成本。

③ 在产品设计与开发阶段就注重成本的降低。

④ 采用超部门团队方式在未开始生产产品前就衡量产品的功能、消费者的需求、产品的成本和利润。

⑤采用价值工程等方法维持产品功能，并降低产品成本。

(二) 优点

这样进行目标成本管理的好处是：

① 明确的目标可以起到激励的作用。

② 迫使主管人员更好地计划自己的工作，选择更有效的实现目标的方法，更合理地组织人力和物力资源。

③ 迫使主管人员弄清楚组织的结构、任务和权责关系。

④ 有助于有效地开展控制工作。

第三节　成本管理的作用

成本管理是企业管理的一个重要组成部分，它对于促进增产节支、加强经济核算，改进企业管理，提高企业整体管理水平具有重大的意义，成本管理是为企业经营提供重要的基础，降低成本水平，为企业的整体经营目标服务。

当今，世界经济格局正在发生根本性的变化。在市场经济条件下，企业将始终面对的是全方位的竞争、全世界的竞争。它涉及企业方方面面的因素，如价格、产品、服务、技术、质量、品牌、网络等。随着我国结构的调整和经营环境的变化，企业成本控制的不利因素在不断增加。特别是近期，随着农产品价格的迅猛上涨，各种生产资料价格，尤其是钢材、煤炭、石油等产品的价格也创出了近年来的新高，企业成本控制遇到了前所未有的压力。因此，企业要想在日益激烈的市场竞争中谋求经济利益，以取得持续性的竞争优势，那么就是要努力提升自己的竞争优势，必须精打细算，加强成本控制，努力寻求各种降低成本的有效途径和方法。

企业要发展，离不开销售。按理说，销售越好，营业额越高，企业的发展就越大。事实上，销售好，营业额高，还需要重视一个重要的因素——成本的控制。没有重视到成本，赚再多的钱也是白搭。试想，一个企业一个月营业额是100万，而它的实际成本是100%(或更高)，那么它有利润吗？没有！在一般情况下，成本降低的幅度，要比利润增加的幅度要大，即成本降低10%，利润可能增加20%甚至更多。所以说，控制成本是势在必行的关键工作。它影响着产品的设计成本、采购成本、质量成本、销售成本、工作流程、资金占用、减少库存各个阶段。良好的成本控制管理可以降低产品成本，提高企业生产能力和资源利用率，提高市场竞争力，促进企业改善经营管理，有利于企业的持续发展和改进，最终提高企业盈利能力。

一、企业成本控制的重要性

在企业的发展战略中，成本控制处于极其重要的地位。如果同类产品的性能、质量相差无几，决定产品价格高低的主要因素就是成本。因为只有降低了成本，才有可能降低产品的价格，使企业在市场竞争中处于领先地位。

(一)成本控制能改善企业的经营管理工作

成本控制是通过制定标准、发现差异并改进来实现的。在实际工作中，形成的成本以标准为中心，尽量达到或低于标准，这就促使各个成本控制的责任中心加强管理，厉行节约，从而改善整个企业的经营管理。

(二)成本控制能增强企业成本资料的准确性

成本控制贯穿成本形成的全过程，主要任务在于监督成本计划的执行情况，纠正不利差异。这些工作是以真实、准确的实际资料为依据的，所以要求相应的成本资料必须符合实际，原始记录工作必须健全。

（三）成本控制的直接结果是降低成本

当其他因素不变时，降低成本就意味着利润的相对增加。降低成本，增强了企业抗御经营风险的能力，增强了企业的竞争力。成本控制的好坏直接关系到企业的经济利益，关系到企业的生存与发展。

（四）成本控制能促使企业经济责任制进一步改善和巩固

成本控制的目标是企业的总目标，必须分解落实到企业内部的各个责任单位，使每一个责任单位的活动，在耗费或支出上都有定额或标准，按定额或标准进行控制。成本控制是加强成本管理的重要手段，成本管理的目的是为了规范成本行为，降低成本水平，保证成本管理目标的实现。

二、企业成本控制面临的挑战

近年来，随着我国企业改革的不断深化，经济结构的调整和企业经营环境的变化，影响成本控制的不利因素在增多，控制成本遇到的压力在增大。我国企业的成本管理相对滞后，成本管理的问题也逐渐显现出来。

（一）人力资源的成本在飞快地增长

最近几年，随着社会的发展我国的劳动力成本已经有了大幅度的增加，现在已成为企业成本控制必须应对的挑战。

1. 人力成本过快的增长来源于人力资源的激烈竞争

众所周知，市场竞争实质上是人力资源的竞争，人力资源竞争的程度越激烈，人力成本上涨的速度也就越快，而且趋势是不可逆转的。

2. 工资的比较差异和劳动力价值的自我认识

2008年，新的出台的《劳动合同法》对于劳动者来说，给劳动者的合法权益得以法律的保证，雇佣双方的权利与义务更加透明化。工资的比较差异和劳动力价值的自我认识所诱发的人们对高工资、高报酬追求的迫切性，促使企业在短时间内增加使用人力的成本。

（二）能源等材料价格不断攀升

企业的水电、房租、原材料、运输等经营成本都在持续上涨，而产品的销售价格几乎没有什么提高，利润空间越来越小，国内企业原材料价格的普遍上涨，特别是能源（主要是石油）。在产品成本中，石油消费在各种能源消费结构中所占比例较大，而且石油价格随国际油价多种因素影响而波动不定，这会直接影响其他能源的供应价格，从而使企业控制成本面临着极大的挑战。

（三）环保压力与日俱增

环境是人类的生存之本。但我国企业在环保方面存在的问题依然很多，已经成为制约国民经济持续发展和人民生活水平进一步提高的消极因素。国家提出环保的迫切性，倡导保护环境，这就使企业必须在环保方面进行投资，而如何消化和控制投资带来的成本负担，是企业应认真考虑的问题之一。

三、企业成本控制存在的问题

企业面临的市场压力日趋增大，产品品种要求多样化、产品复杂性日趋增强、产品生命周期日益缩短，企业面临着前所未有的竞争压力，一个企业的竞争优势是一个企业综合实力的体现，但这种综合实力最终还是体现在成本上。

（一）成本控制过程的简单化

企业单纯地追求削减成本为求达成利润的最大化，他们通常会从这几方面来实行削减：

(1) 降低原材料的购进价格或档次。

(2) 减少某一产品项目的物料投入。

(3) 考虑降低工艺过程的工价等。

这些做法都没有将成本控制切实贯穿从产品设计到产品产出的全过程。产品质量往往不能得到市场的认可。

（二）过分依靠财务部门控制成本

大多数企业对成本控制的职能部门定位不准确，往往将成本管理全部职责划归财务部门，从而忽视了各个部门、全体员工的协同作用。成本具有普遍性，因此成本控制需要全员共同努力：采购过程中发生的成本是由采购人员控制的，生产过程中发生的成本是由生产人员控制的，而这些过程是财务人员无法控制的，财务核算数据往往与采购过程、生产过程脱节。单纯地依靠财务部门控制成本是有局限性的。

（三）盲目追求低成本

一些大型的生产企业，工人劳动强度非常大。为了节省成本，他们宁愿让工人在没有空调的车间里工作或将工位减少。这样做是十分危险的，可能导致产品质量的下降、企业劳力资源的流失、甚至失去已经拥有的市场。实施成本控制，不能贪便宜买劣等原料，也不能以节省人工费用来降低成本。

（四）企业成本管理制度不完善，实施力度不够

1. 成本管理观念落后

传统成本管理主要通过规模效益，增强与供应商及分销商的谈判能力，以达到转移成本的目的。在市场竞争变得异常激烈的情况下，对于一个企业的生存至关重要的成本优势，这些落后的观念已经不适应竞争日益激烈的经济环境。如在今天日趋公开的市场环境下，过分的成本转移将使企业失去好的合作伙伴。

2. 成本管理基础薄弱

(1) 各项定额管理、原始记录还不健全。

(2) 计量基础工作不到位，水、电、汽等“跑、冒、滴、漏”的现象还很严重。

(3) 生产用料大手大脚。

(4) 在原材料、物资采购等方面存在一定的质量及浪费问题。

(5) 只重视生产过程的成本管理，忽视供应、销售过程的成本管理。如物资采购中“暗箱”操作现象严重，采购成本居高不下。

公司大多有几十个产品，主推效益好的产品，有的产品效益低或没有效益会侵蚀高收益的产品的利润。存在赤字产品，影响企业的产品政策，使得公司利润减少，生产成本增加，同时存在呆滞库存品，还有不合格产品。

3. 分工过细，员工成本意识淡薄

员工感受不到市场压力，导致企业管理的协调成本过高，不利于企业管理效率的提高，从而为企业带来一定的低效率成本，并造成直接经济损失或人力资源的严重浪费，在一定程度上导致信息的损耗和失真。同时许多公司都不同的存在潜在的人员过剩，从而造成生产成本增加，经济效益相对下降。

4. 资金运作水平低

资金管理中存在资金入不敷出，资金缺口严重，资金被挪用、被占用，应收账款居高不下，坏账损失严重等问题，造成资金成本上升。

四、企业降低成本的途径和方法

在现代企业制度下，提高经济效益是企业生产经营的出发点和落脚点。面对各种不利因素给企业成本控制所带来的诸多挑战，要提高企业经济效益，关键在于加强企业成本控制管理，不断降低产品成本，这已成为人们的共同目标。降低产品成本，企业应从以下几个方面着手进行。

(一) 财务领域控制

1. 提高资金运作水平

要提高资金运作水平，首先，要开源节流，增收节支；其次，要对资金实施跟踪管理，加强资金的调度与使用，做到专款专用，防止资金被挪用；最后，要加大应收账款的催收力度，降低应付款比例，加速货款回笼，降低存货比例，加强存货管理。通过以上措施能够减少资金占用，优化资金结构，合理分配资金，加速资金周转，降低筹资成本。

2. 财务人员要抓好成本事前、事中、事后的工作

工作事前要抓好成本预测、决策和成本计划工作。事中要抓好成本控制和核算工作。事后要抓好成本的考核和分析工作。应从管理的高度去挖掘成本降低和获取效益的潜力。

3. 严格控制、节约费用开支

可以控制的费用应尽量减少开支，节约开支，如材料费、差旅费等。企业应遵守财务管理制度，坚持勤俭办厂，反对铺张浪费，尽量降低制造费用，节约生产费用，严格控制期间费用，压缩非生产费用。

(二) 策略管理领域控制

1. 技术创新，寻求新出路

每一家企业都会采用各种方法来控制成本，企业成本控制，除保持成本不上升之外，可能更大的是希望成本每年都有一定幅度的降低，但成本降低总有一个限度，到了某一个限度后，如果不是创新技术、工艺、增加或改进设备等，成本很难再降低，管理上稍稍松懈还有可能反弹。成本降低到一定阶段后，企业只有从创新着手来降低成本，从技术创新上来降低原料用量

或寻找新的、价格便宜的材料替代原有老的、价格较高的材料，从工艺创新上来提高材料利用率、降低材料的损耗量、提高商品率或一级品率，从工作流程和管理方式创新上来提高劳动生产率、设备利用率来降低单位产品的人工成本与固定成本含量，从营销方式创新上来增加销量、降低单位产品营销成本，企业只有通过不断地创新，用有效的激励方式来激励创新，从创新方面着手，才是企业不断降低成本的根本出路。

2. 以销定产

坚持以销定产，避免盲目生产不适销的产品而造成积压。一个企业的决策者应该要进行比较准确的销售预测，确定企业所生产的产品究竟有多少是在近期内能够销售出去的。错误的销售预测是多数生产经营管理中的一个共同弱点。这是一种代价很高的浪费，如某企业属于季节性的生产企业，企业的决策者在一个销售旺季结束时，因本企业很多产品销售业绩不错，就认为到下一个旺季同类产品仍会畅销，所以决定在销售淡季时充分利用产能，安排多个品种的大量生产。到了下一个旺季，由于换代产品的推广，该企业在销售淡季所生产的大批产品成了过时的落后产品，虽然降价但也很难销售出去，出现了严重的积压，给企业造成了很大的损失。

（三）采购领域控制

因为现在市场竞争非常激烈，原材料以次充好的现象很多，劣质材料充斥市场以及材料采购人员不得力，致使原材料价格偏高或材料运杂费增加等，都使原材料的价格不稳定。

（1）利用科学的决策分析方法，合理决定经济订货量或经济批量、决定采购项目、选择供应单位、决定采购时间。

（2）进一步推进集中采购制，建立原材料、辅料、低值易耗品、办公用品、对外服务的统一采购平台，实现价格、供应商等资源共享。

（3）推进直供制，逐步取消中间供应商。

（4）建立采购责任制，强化采购人员、审价人员的责任意识。

（5）整顿辅料、零星物资采购价格，采购价格要在前一次采购销售价格的基础上逐步下降。

（6）探索建立采购奖罚制度，奖罚要与领导、个人挂钩。

（7）加强技术攻关力量，降低采购成本。

一般来说，采购部门要根据企业生产计划来编制，而企业生产计划是根据销售计划来制定的，这样环环相扣，只要销售计划不出大的偏差，采购计划就大体上是合理的。

（四）生产领域控制

1. 提高设备的利用效率

企业的设备在进行综合利用下，要充分发挥设备的效能，不断提高利用效率。合理组织安排生产，避免设备忙闲不均；加强设备的维修保养，提高设备的完好率。合理安排班次，增加设备实际工作时间，实行专业化协作等，这样可以减少单位产品的固定资产折旧费用。

2. 优化工作流程

从原材料采购开始，到最终产品或服务为止，每一个流程中增值后再送到下一个流程，合理制定原材料、燃料、辅助材料等物资费用的定额；严格健全计量、检验和物资收发制度；健全产品、产量、品种、质量、原材料消耗、工时考勤和设备使用等原始记录；才能为财务统计部门提供有效、系统、准确的信息。

3. 减少库存

库存不会产生任何附加价值，它不仅占用空间、占用资金，而且产生搬运和储存需求，吞食了财务资产。而且，随着时间的推移，一方面，库存的腐蚀、变质，会产生浪费；另一方面，技术进步，竞争对手产品的改进，产品将产生一夜之间变成废品的可能性。降低库存需要从降低库存数量、单位价格方面着手。因此，应加大对库存的管理力度，缩短生产线、减少在线产品，科学预算销售数量，决定库存数量和结构，正确计算取得成本、储存成本、缺货成本，把存货量和库存金额控制在最佳的范围之内。

4. 控制人员成本

控制劳动力的投入、精减人员、合理定岗、定编是加强用人管理的基础，也是节约劳动、降低人工成本的基础工作。若企业冗员太多，必然造成人工成本投入不合理和人工成本的无效益增长，职工收入水平反而难以提高。

5. 充分调动员工的积极性，确保成本控制有效地进行

全面提高企业素质，要使成本控制真正发挥作用，就要明确各项成本

的经济责任，将责任落实到部门或个人，完善收入分配制度，加强组织激励，加强个人激励，实行奖惩兑现，调动全体员工对工作的积极性。

6. 控制质量成本

质量是成本的基础。要打破提高质量增加成本，降低成本损害质量的旧观念。改进质量，事实上会带动成本的降低。改进质量成本，要加强工作过程中的质量，才能减少废品损失、减少工作、减少返工时间、减少资源耗用，因而才能降低运营总成本。

（五）销售领域控制

1. 控制销售成本

销售部门在扩大销售成果、提高市场占有率的同时，要强化销售费用的使用效率，相对降低成本。首先，销售部门要研究、推进销售、服务的营销体系，以规模经营降低成本；其次，销售部门要认真研究国家、各地方的税收政策，合理进行分公司的税收策划；再次，销售部门要利用经济决策方法，降低运输成本；最后，销售部门要利用成本最优决策，提高广告费的使用效率。

2. 降低物流成本

通过效率化的配送来降低物流成本。企业实现效率化的配送，减少运输次数，提高装载率及合理安排配车计划，选择最佳的运送手段，从而降低配送成本。企业通过降低成本来提高利润，关键是要将成本控制落到实处，成本控制与企业的基础管理工作紧紧相连。企业只有提高管理水平，开源节流，降低成本，提高市场占有率才成为可能。

五、企业应对金融海啸的成本战略

在中国，已经沉寂多年的证券市场开始了非理性繁荣，上证指数从998点飙升到6 214点的巅峰。许多人的财富因此增长了五六倍甚至十倍。人们欢呼，中国股市终于可以雄起了。

然而，正当人们都梦想成为巴菲特式传奇人物的时候，一场全球性的金融海啸席卷了全球。而它的导火索则是美国的次贷危机。这次美国的金融危机对全世界的经济产生了巨大的影响。这个影响也是超出大部分人早先的预料的，现在中国经济对外的关联度、依存度非常高，所以海外经济的波动对我国企业也会产生很大的影响。

企业减少成本、提高效率是一个永恒的话题。在这一轮危机的影响下，可能会连带对整个全球经济结构产生深远的影响。企业在这一轮经济调整中如何取得未来的发展机会，这是一个很大的挑战。我相信对大部分企业来讲，首先是要解决生存的问题。在这种快速变化中你如何适应这种变化，能够让自己的业务健康地持续下来，能够生存下来，这是很多企业面临的一个很直接的问题。但是同时，你也要寻找一个新的机会。这种新的机会是和企业的创新直接相关的。包括产品的创新、技术的创新，业务模式的创新。这样才有可能在这一轮经济调整和未来的经济成长中更好地把握机会。

在目前的情况下，从我国的产业来说，应从两个大的方面来着手。一方面，要在基础管理的效率、能力方面进一步提高。我们讲得最多的是供应链的管理、资金流的管理，流动资产周转的速度更快，库存要尽量地少，生产的周期要尽量地短，产品的开发要尽量贴近市场的需求。另一方面，企业可能要考虑面对整个经济的发展市场和消费者需求的变化，无论是在产品技术创新、发展方面，还是商业模式方面都要有所突破。

全球性的金融风暴使获得技术、品牌和资源的机会成本下降，中国应该趁这一机会，获取技术、品牌和资源。再有，人民币对美元汇率的持续升值使企业能以更少的人民币购买海外资产，降低了企业的收购成本。况且，欧美发达国家随着次贷危机影响的加深，资本市场动荡加剧，许多企业包括金融企业资本大大缩水，价格已低于成本。这个时候应是难得一遇的走出去的最好时机。与此同时，此时走出去还可以起到雪中送炭的功效，会受到国际广泛的欢迎，也使中国从亚洲金融危机中负责任的亚洲大国形象提升为全球金融危机中负责任的世界大国的新形象。

在现代经济社会中，成本控制需要将成本和与成本相关的变量因素联系起来加以考察，在本书中对成本控制的原则、方法和影响成本控制的因素作了分析，以及在企业生产销售的各个环节需要如何控制成本作了详细说明，使企业各环节的成本都降到最低水平，这也正是企业经营管理的目标所在，成本最低，也就实现了利润最大的经营目标。

第四节　成本管理的方法及程序

为了加强成本信息的归集与管理，降低成本耗费，提高经济效益，贯彻实施“分层管理、有效控制”的管理原则，进一步细化、理顺两个业务板块的成本核算工作，有效地控制成本开支，准确核算各产品成本，落实管理责任，更好地指导生产经营，并根据公司有关的定额成本管理规定，制定成本管理方法。

一、成本管理方法

成本管理的方法多种多样，主要有两种：目标成本法、作业成本法。

(一) 目标成本法

目标成本法是一种以市场导向，对有独立的制造过程的产品进行利润计划和成本管理的方法，是一种全过程、全方位、全人员的成本管理方法。该方法有三个阶段：首先，在设计阶段，以市场为导向设定目标成本；其次，在设计阶段实现目标成本之后，计算成本差异；最后，在生产阶段运用持续改善成本法以达到设定的目标成本。该方法不是试图在制造过程中降低成本。

(二) 作业成本法

作业成本法把直接成本和间接成本作为产品消耗作业的成本同等地对待，拓宽了成本的计算范围，使计算出来的产品成本更准确更真实。作业是成本计算的核心和基本对象，产品成本或服务成本是全部作业的成本总和，是实际耗用企业资源成本的终结。作业成本法在精确成本信息、改善经营过程、为资源决策、产品定价及组合决策提供完善的信息等方面都受到了广泛的赞誉，世界上许多先进的公司已经实施作业成本法来改善原有的会计系统，增强企业的竞争力。

二、成本管理程序

首先，要认真开展成本预测工作，规划一定时期的成本水平和成本目标，对比分析实现成本目标的各项方案，进行有效的成本决策。

其次，应根据成本决策的具体内容编制成本计划，并以此作为成本控制的依据，加强日常的成本审核监督，随时发现并克服生产过程中的损失浪费情况。在平时要认真组织成本核算工作，建立健全成本核算制度和各项基本工作，严格执行成本开支范围，采用合适的成本核算方法，正确计算产品成本。同时安排好成本的考核和分析工作，正确评价各部门的成本管理业绩，促进企业不断改善成本管理措施，提高企业的成本管理水平。

案例：以物流成本管理为例

一、物流成本的分类

物流成本有以下几种分类：

(1) 一般分类：直接成本、运营成本、间接成本。

(2) 按物流功能范围分类：运输成本、流通加工成本、配送成本、包装成本、装卸与搬运成本、仓储成本。

(3) 按物流活动范围分类：供应物流费、企业内物流费、销售物流费、回收物流费、废弃物物流费。

所谓物流成本管理，就是通过成本去管理物流，即管理的对象是物流而不是成本，物流成本管理可以说是以成本为手段的物流管理方法。物流成本管理的意义在于，通过对物流成本的有效把握，利用物流要素之间的效益背反关系，科学、合理地组织物流活动，加强对物流活动过程中费用支出的有效控制，降低物流活动中的物化劳动和活劳动的消耗，从而达到降低物流总成本，提高企业和社会经济效益的目的。

二、物流成本管理的目的

企业在进行物流成本管理时，要明确管理目的，有的放矢。在一般情况下，企业物流成本管理的出发点是：通过掌握物流成本现状，发现企业物流中存在的主要问题；对各个物流相关部门进行比较和评价；依据物流成本计算结果，制定物流规划、确立物流管理战略；通过物流成本管理，发现降低物流成本的环节，强化总体物流管理。

三、物流成本管理的方法

准确地进行物流成本管理，必须掌握好物流成本管理方法，一般有以下几种。

(一) 比较分析

(1) 横向比较。把企业的供应物流、生产物流、销售物流、退货物流和废弃物物流（有时包括流通加工和配送）等各部分物流费，分别计算出来，然后进行横向比较，看哪部分发生的物流费用最多。如果是供应物流费用最多或者异常多，则再详细查明原因，堵住漏洞，改进管理方法，以便降低物流成本。

(2) 纵向比较。把企业历年的各项物流费用与当年的物流费用加以比较，如果增加了，再分析一下为什么增加，在哪个地方增加了，增加的原因是什么？假若增加的是无效物流费，则应立即改正。

(3) 计划与实际比较。把企业当年实际开支的物流费与原来编制的物流预算进行比较，如果超支了，分析一下超支的原因，在什么地方超支？这样便能掌握企业物流管理中的问题和薄弱环节。

(二) 综合评价

如采用集装箱运输，第一可以简化包装，节约包装费；第二可以防雨、防晒，保证运输途中物品质量；第三可以起仓库作用，防盗、防火。但是，如果包装由于简化而降低了包装强度，货物在仓库保管时则不能往高堆码，浪费库房空间，降低仓库保管能力。由于简化包装，可能还影响货物的装卸搬运效率等。那么，利用集装箱运输是好还是坏呢？就要用物流成本计算这一统一的尺度来综合评价。分别算出上述各环节物流活动的费用，经过全面分析后得出结论，这就是物流成本管理。即通过物流成本的综合效益研究分析，发现问题，解决问题，从而加强物流管理。

(三) 排除法

在物流成本管理中有一种方法叫活动标准管理 (Activiey Based Management, ABM)。其中一种做法就是把物流相关的活动划分为两类，一类是有附加价值的活动，如出入库、包装、装卸等与货主直接相关的活动；另一类是非附加价值的活动，如开会、改变工序、维修机械设备等与货主没有直接关系的活动。其实，在商品流通过程中，如果能采用直达送货的话，则不必设立仓库或配送中心，实现零库存，等于避免了物流中的非附加价值活动。如果将上述非附加价值的活动加以排除或尽量减少，就能节约物流费用，达到物流管理的目的。

(四) 责任划分

在生产企业里，物流的责任究竟在哪个部门？是物流部门还是销售部门？客观地讲，物流本身的责任在物流部门，但责任的源头却是销售部门或生产部门。以销售物流为例，在一般情况下，由销售部门制定销售物流计划，包括订货后几天之内送货，接受订货的最小批量是多少等均由企业的销售部门提出方案，定出原则。假如该企业过于强调销售的重要性，则可能决定当天订货，次日送达。这样的话订货批量大时，物流部门的送货成本少，订货批量小时，送货成本就增大，甚至过分频繁、过少数量送货造成的物流费用增加，大大超过了扩大销售产生的价值，这种浪费和损失，应由销售部门负责。

四、影响企业物流成本的因素

(1) 产品因素：产品价值、产品密度、易损性、特殊搬运。

(2) 竞争性因素：订货周期、库存水平、运输。

(3) 空间因素：指企业制造中心或仓库相对于目标市场或供货点的位置。

五、物流成本的几种相关理论

(一)"黑大陆"学说

著名的管理学权威彼得·德鲁克 1962 年在《财富》杂志中发表了《经济的黑色大陆》一文，强调"流通是一块灰色区域，乃至黑色区域，是一块未被开垦的处女地，是经济领域里的黑暗大陆。"这里彼得·德鲁克虽然泛指的是流通，但是由于流通领域中物流活动的模糊性特别突出，是流通领域中人们认识不清的领域，所以"黑大陆"学说主要是针对物流而言的。

(二) 物流"冰山"说

日本早稻田大学西泽修教授在研究物流成本时发现，现行的财务会计制度和会计核算方法都不能掌握物流费用的实际情况，人们对物流费用的了解是一片空白，甚至有很大的虚伪性，他把这种情况比作"物流冰山"，我们只看到水面上的一小部分，而沉在水面之下的黑色区域却未引起人们的开发和重视。

(三)"第三利润源"

西泽修教授于 1970 年所写的《流通费用》一书中继续指出"物流是第三利润源"，这是指通过物流合理化，降低物流成本，使物流成为继节约物质资源和降低劳动消耗之后企业获取利润的第三种途径。

六、物流成本管理存在的问题

(一) 物流成本计算方法存在的问题

(1) 没有切实掌握物流成本，尤其是没有切实掌握公司内部的物流费用。

(2) 在企业内部对于物流成本不甚了解，对于物流成本是什么也十分模糊。弄不清物流成本与制造成本、物流成本与促销费用的关系。

(3) 企业内部计算物流成本的标准时常改变，每一年度都变动的企业较多。

(4) 物流成本中，混有物流部门根本无法控制的成本。

(5) 企业不同，物流成本的计算标准也不同。

(二) 计算物流成本的目的也存在以下问题

(1) 计算物流成本的目的不明确。

(2) 计算物流成本的目的，只是单纯地想了解物流费用，还没有达到利用物流成本的阶段。因此，物流成本对于企业没有什么用处。

(3) 物流负责部门花费很大精力计算物流成本，但也只是计算一下物流成本的多少而已。

(4) 物流成本管理，还没有超出财务会计的范围。

(三) 降低物流成本方面存在的问题

(1) 计算物流成本的目的，只是为降低成本。因此，高层领导的注意力也必然在这一方面。

(2) 物流部门向高层管理人员报告的物流成本，只不过是“冰山一角”。而没有向他们或生产、销售部门提供有关物流成本的确切的、有价值的资料。

(3) 各个企业计算物流成本的范围本不相同，可是有的企业却偏偏要作对比，并因此而时喜时忧。

(4) 把降低物流成本的工作完全委托给他人 (物流专业人员或销售、生产部门)。

(5) 降低物流成本的问题只是靠物流部门去解决，而没有与生产和销售部门共同研究解决。

(6) 没有注意到机构之间的壁垒，如支店之间的壁垒已成为降低成本的阻碍，有的即使注意到了，也没有认真解决。

（7）没有建立起多批次、小批量物流系统，只是企图在过去物流系统的基础上，降低物流成本。

（8）还没有正规的负责物流会计的专门人员和机构。

第十章　成本管理与企业经济效益

随着社会主义市场经济和现代企业制度的逐步建立和完善，成本管理成为现代企业非常关注的问题。研究现代成本管理，是一个具有意义的问题。

第一节　成本效益理论

传统的成本管理是以企业是否节约成本为依据，片面地从降低成本乃至力求避免某些费用的发生入手。强调节约和节省。传统成本管理的目的可简单地归纳为减少支出、降低成本。这就是成本的狭隘观念。在传统的计划经济下，产品实行统购统销，企业的产出等于企业的收入。因此，降低产品成本就意味着增加企业的收益，企业必然将成本管理的重点放在降低产品成本上，而陷入单纯的为降低成本而管理成本的滞后状态，不能为决策提供所需要的正确信息。

随着市场经济的发展，卖方市场逐渐向买方市场转变，企业不能再将成本管理简单地等同于降低成本。因为，企业不仅要关注产品的生产成本，而且要关注其产品能在市场上实现的效益。在市场经济的环境下，适应瞬息万变的环境、获得经济效益、取得持续性的竞争优势始终是现代企业管理必须考虑的首要问题。企业成本管理工作中也应该树立成本效益观念，实现由传统的“节约、节省”观念向现代效益观念转变。特别是在我国市场经济体制逐步完善的今天，企业管理应以市场需求为导向，通过向市场提供质量尽可能高、功能尽可能完善的产品和服务，力求使企业获取尽可能多的利润。与企业管理的这一基本要求相适应，企业成本管理也就应与企业的整体经济效益直接联系起来，以一种新的认识观——成本效益观念，看待成本及其控制问题。

企业的一切成本管理活动应以成本效益观念作为支配思想，从“投入”与“产出”的对比分析来看待“投入”(成本)的必要性、合理性，即努力以尽可能少的成本付出，创造尽可能多的使用价值，为企业获取更多的经济效益。这里，值得注意的是:“尽可能少的成本付出”与“减少支出，降低成本”的概念是有区别的。“尽可能少的成本付出”不单是节省或减少成本支出，它是运用成本效益观念来指导新产品的设计及老产品的改进工作。如在对市场需求进行调查分析的基础上，认识到如果在产品的原有功能基础上新增某一功能，会使产品的市场占有率大幅度提高。那么，尽管为实现产品的新增功能会相应地增加一部分成本，只要这部分成本的增加能提高企业产品在市场的竞争力，最终为企业带来更大的经济效益，这种成本增加就是符合成本效益观念的。又比如，企业推广合理化建议，虽然要增加一定的费用开支，但能使企业获取更好的收益，引进新设备要增加开支，但因此可节省设备维修费用和提高设备效率，从而提高企业的综合效益；为减少废次品数量而开发的检验费及改进产品质量等有关费用，虽然会使企业的近期成本有所增加，但企业的市场竞争能力和生产效益会因此而逐步提高；为充分论证决策备选方案的可行性及先进合理性而产生的费用开支，可保证决策的正确性，使企业获取最大的效益或避免可能发生的损失。这些支出都是不能不花的，这种成本观念就是体现了“花钱是为了省钱”的思想，即为了长期的大量的减支(相当于现时的机会收入或未来的真实收入)应该支出某些看来似乎高昂的费用，这都是成本效益观念的体现。

总而言之，在现代市场经济环境下的企业日常成本管理中，应对比“产出”看“投入”。研究成本增减与收益增减的关系，以确定最有利于提高效益的成本预测和决策方案。

一、成本效益分析

成本效益分析（Cost-Benefitan Alysis）是通过比较项目的全部成本和效益来评估项目价值的一种方法。成本效益分析作为一种经济决策方法，将成本费用分析法运用于政府部门的计划决策之中，以寻求在投资决策上如何以最小的成本获得最大的收益。

成本效益分析法的基本原理是：针对某项支出目标，提出若干实现该目标的方案；运用一定的技术方法，计算出每种方案的成本和收益；通过比较方法，并依据一定的原则，选择出最优的决策方案。

常用于评估需要量化社会效益的公共事业项目的价值，非公共行业的管理者也可采用这种方法对某一大型项目的无形收益（SoftBenefits）进行分析。在该方法中，某一项目或决策的所有成本和收益都将被一一列出，并进行量化。

成本—效益分析方法的概念首次出现在19世纪法国经济学家朱乐斯·帕帕特的著作中，被定义为“社会的改良”。其后，这一概念被意大利经济学家帕累托重新界定。到1940年，美国经济学家尼古拉斯·卡尔德和约翰·希克斯对前人的理论加以提炼，形成了“成本—效益”分析的理论基础即卡尔德——希克斯准则也就是在这一时期，“成本—效益”分析开始渗透到政府活动中，如1939年，美国的洪水控制法案和田纳西州泰里克大坝的预算。60多年来，随着经济的发展，政府投资项目的增多，使得人们日益重视投资，重视项目支出的经济和社会效益。这就需要找到一种能够比较成本与效益关系的分析方法。以此为契机，成本—效益在实践方面都得到了迅速发展，被世界各国广泛采用。

在开始成本效益分析前了解成本现状十分重要。需要权衡每一项投资的利弊。如果可能的话，再权衡一下不投资会有什么影响。不要以为如果不投资成本就会变高。在许多情况下，虽然新投资可获得巨额利润，但是不投资的成本相对更小。

二、成本效益分析的步骤

对一项投资进行成本效益分析的步骤：①确定购买新产品或一个商业机会中的成本；②确定额外收入的效益；③确定可节省的费用；④制定预期成本和预期收入的时间表；⑤评估难以量化的效益和成本。

前三个步骤十分简单明了。首先确定与商业风险相关的一切成本——本年度主要的成本以及下一年度的预计成本。额外收入也许是由于顾客数量的增加或现有顾客购买量的扩大。为了解这些收入的效益，一定要将与收入相关的新成本考虑在内，最后就可以考虑利润了。可节省费用显得简单一些，至少在某种意义上反映了利润的增加，可直接计入利润。然而，有时可节约费用也有微妙之处，难以确认。可节约费用可以来自各种渠道，以下列举的一些渠道比较便于量化。

(1) 更有效的加工：这意味着减少加工过程中需要的人数，或者说简化加工步骤，甚至于缩短每一个步骤所用的时间。

(2) 更精确的加工：要求减少修正错误的时间和尽量避免客户的流失。

(一) 效益

你希望发生该成本？成本的增量是多少？你期望何时获得效益（额外收入或可节约费用）？效益增值是多少？

1. 水煤浆效益分析

1.8～2.2 吨水煤浆代替 1 吨重油，1 吨水煤浆到厂价 750～850 元，而 1 吨重油价 3 000 元以上，使用 2 吨水煤浆其价格相当于 1 吨重油的 50%，直接济效益十分可观。

2. 节能效益

水煤浆燃烧效率高（95%～98% 以上），另外水煤浆燃烧系统（密闭储存、运输）损耗低，燃烧控制方便，负荷调节范围大，节能效果显著，燃用水煤浆具有与燃油基本相同而优于燃煤的低负荷稳燃性能和调节能力，可节约 20% 左右。

3. 环境效益

水煤浆为洗选后的精煤制成，灰、硫等有害物质远低于常规动力煤和其他工业用煤。水煤浆燃烧温度比燃油和燃煤粉低的 100～200℃，可大大减少 SO_2 的析出和 NO_X 的生成，减少污染物的排放。

4. 安全效益

水煤浆运输，储存和泵送的过程基本是在常温下全密封状态下进行，燃烧前的所有过程均因其含有 30% 左右水分为非易燃烧体，相对于燃油和煤粉的易燃、易爆性来说，其使用过程中的安全性得到了很大的提高。

5. 效率效益

相对于燃煤锅炉，由于不设置储煤、上煤系统，可使企业在设备运行，检修管理方面节省很大的工作量，减少人力和资金的投入。同燃油相比，水煤浆在御储、供方便简单、安全、可靠、便于管理。因此，可节省很多人力物力，提高生产效率。

6. 场地效益

工业锅炉燃用的煤共灰分大约 28%～30% 左右，需占用较大的灰场，占用大量土地。并且灰场二次扬尘对大气造成污染。而燃用水煤浆一般灰分7%以下，灰场占地小，相当容量灰场仅为燃煤灰场的25%。成本效益分析的基本原理是：针对某项支出目标，提出若干实现该目标的方案，运用一定的技术方法，计算出每种方案的成本和收益，通过比较方法，并依据一定的原则，选择出最优的决策方案。

(二) 背景

在工作中，您是否遇到过以下情形：

老板经营思路与时俱进，对成本控制提出更高的要求，感觉压力很大，但又不知从哪入手。每个月结账加班加点做出来一沓子成本分析报告，可是好像别的部门也不当回事，做成本分析的价值在哪里？说起降低成本，别的部门都觉得是财务的事情，怎样让他们能重视呢？业务部门做事情的时候没有考虑对成本的影响，成本超支了，才来咨询财务的意见，能不能把这个控制工作做在前面，把造成的损失降低些呢？间接成本越来越多，怎么合理分摊好像都不合适啊？

(三) 收益

构建全面的企业成本管理思维，寻求改善企业成本的有效方法；跳出传统的成本控制框架，从公司整体经营的视角，更宏观地分析并控制成本；掌握成本核算的主要方法及各自的优缺点，根据情况的变化改良现有的核算体系；掌握成本分析的主要方法，为决策者提供关键、有效的成本数字支持。

(四) 对象

会计经理、成本会计、财务分析人员、成本分析人员。

(五) 比率分析法

1. 相关指标分析法

产值成本率 = 成本 / 产值 ×100%；

销售收入成本率 = 成本 / 销售收入 ×100%；

成本利润率 = 利润 / 成本 ×100%。

2. 构成比率分析法

直接材料费用比率 = 直接材料成本 / 产品成本 ×100%

直接人工费用比率 = 直接人工费用 / 产品成本 ×100%

制造费用比率 = 制造费用 / 产品成本 ×100%

案例：以成本收益理论视角看读研

一、研究生教育的成本

（一）教育的个人成本

研究生个人进行教育投资的决策，在很大程度上受到教育投资费用水平的影响。对研究生教育个人投资者来说，投资的成本包括直接成本和间接成本两个部分。直接成本指的是研究生在接受教育期间，直接付出的投资成本，如学费、食宿费、杂费等，它在总投资中仍占有相当比例。研究生教育的机会成本是指一个人因读研而放弃的劳动收入。机会成本的存在对教育投资量的大小有着直接的影响，是减少学校入学人数的主要因素。

（二）教育的社会成本

教育的社会成本是指由社会支付的直接成本和间接成本。社会直接成本主要是用于教育的公共支出。社会间接成本包括社会所放弃的收入、免税成本、潜在的租金和折旧费。

二、研究生教育的收益

（一）教育的个人直接收益

一般来说，研究生教育投资的收益，是受教育的劳动者将得到较高的劳动力市场收入。包括财务收益、机会选择权收益、财务选择权收益、套头交易。财务收益是指因教育增加带来的终生（税后）收入总额；机会选择权收益是因教育对劳动者工作机会的影响而带来的收益；财务选择权收益，即因接受一定程度的教育而取得的进一步深造机会的价值；套头交易收益，即劳动者因接受教育、提高适应环境的能力和减少因技术变迁带来的职业风险的价值。

（二）驾驭的个人间接收益

教育的间接个人收益主要表现在以下四个方面。

（1）较大的职业适应性和更多的就业机会。受过较多教育的人与受过较少教育的人相比，具有较大的职业适应性和更多的就业机会，这是教育给个人带来的另一种收益。由于这种收益并不是直接表现为货币收入，所以它是教育的一种间接收益。

(2) 由于较强的能力而实现的消费支出的节省。与受教育程度较低的劳动者相比，受教育程度较高的劳动者由于掌握了更多的市场知识和商品知识，因而就有可能在商品选购方面实现支出的节省，或者在支出相等的情况下得到更大的满足。

(3) 较健康的身体。受教育程度和人的身体健康状况之间也存在着正相关。未受教育或受教育较少的人，由于缺乏保健知识，预防传染病的知识和安全知识，相对来说，患病、受伤或致残的可能性就更大一些。此外，对于受教育程度较高的人，学校的体育课教给了他们体育锻炼的方法，养成了他们进行体育锻炼的良好习惯，从而使他们的体魄更加健壮。这样，受教育程度较高的人就有可能节省医疗保健费用的支出。

(4) 世代影响。所谓世代影响，是指一代人以后才能感觉到的潜在的教育收益，即由父母的受教育增量所引起的他们的了女的受教育增量。许多调查研究表明，父母的受教育程度越高，其子女完成较高教育水平的可能性就越大。这是因为，父母受教育程度高，对教育的重要性的认识更加明确，也能够掌握正确的教育方法，进而教育自己的子女学习。另外，由于他们有较高的文化科学知识水平，可以对子女的文化学习给予具体的指导和帮助。

(三) 教育的社会收益

教育的社会收益也可以分为直接收益和间接收益两种。在归因于教育的国民收入增量中，扣除受教育者个人因较高的教育水平而多得的个人收入，教育的直接社会收益教育的直接社会收益集中体现在教育是提高劳动生产率的重要因素。而教育在提高劳动生产率方面的作用则具体地表现在以下四个方面：

(1) 教育可以提高劳动者的平均熟练程度。

(2) 教育可以促进科学技术的发展和应用。

(3) 教育可以加强生产过程的社会结合。

(4) 教育可以促进生产资料规模的扩大和效能的提高。同时，也能够加强对自然资源的开发和自然力的应用。

教育的间接社会收益，主要表现为政治上和道德上的收益。政治上的收益是指国民教育水平的提高，可以增加全体国民的社会责任感和政治参与能力，更为自觉地去运用社会政治民主所赋予的每个人的权利。道德上的收益，是指使受教育者具有较高的道德风范，即通过教育可以提高人们的道德认识，激发人们的道德情感，树立人们的道德信念，坚定人们的道德意志，并不断校正人们的道德行为，养成良好的道德习惯。

三、研究生教育的成本收益曲线

研究生教育的成本和收益轨迹曲线由 C 表示，研究生教育前进入劳动力市场的收益曲线由 H 表示。区域 1 表示因接受研究生教育而发生的直接成本，如上学所需用的食宿费、学习费用等；区域 2 表示因将时间精力投入学习而损失的可能的劳动力市场收益 (等于教育的平均收入)，即不读研究生而进行其他劳动而获得的收入；区域 3 是未来因接受研究生教育而获得的高于研究生前教育所得收入的部分，是教育的直接收益。个人作出教育投资的决策，必然要经历一个对研究生教育的成本与未来收益的比较权衡过程，这一权衡过程就隐含着上述的成本收益分析的基本思想。如果区域 3 大于区域 1 和区域 2 的和，则要进行教育；如果区域 3 小于区域 1 和区域 2 的和，则不需要进行教育。

虽然硕士研究生教育投资可以给个人带来收益，但并不是所有人投资于硕士研究生教育都能使收益大于成本，在具体的条件下，教育投资并不绝对优于其他投资。因此在具体的年龄、利息率、成本、就业等因素的制约下，要具体问题具体分析，结合个人的实际情况，理性地选择教育投资行为。尽管个人投资硕士研究生教育是一项高回报的投资，但是综合考虑影响个人作出教育投资决策的一些因素，个人投资于硕士研究生教育仍然存在一定的风险。

总而言之，准备投资于硕士研究生教育的大学生必须意识到：读研绝非是缓解就业压力的唯一方法，掌握真才实学，直面就业竞争才是取得成功的决定因素。因此在对自己进行教育投资时，要“衡外情，量己力”，分析个人的兴趣、爱好与特长，个人的性格与价值观，个人所选定的目标与需求，个人的工作经验，个人的优缺点，个人的学历与能力等优点和劣势，结合眼前机遇和制约因素，为自己确立职业方向，确定教育计划、发展计划，为实现职业生涯目标而确定行动时间和行动方案。掌握所学专业的基础知识，对所学专业从入门到感觉有继续研究下去的必要，期待在学术上有所建树，这是硕士研究生本来的含义。如果没有研究的基本能力或研究的欲望，仅仅为了逃避就业、为了好就业，这无疑是对人力、物力、则力的浪费。选择工作或选择考研都是自己的选择，但是在选择之前，给自己制订一个好的职业生涯规划，这个职业生涯规划能够充分发挥自己的优势，在日后众多的竞争对手中脱颖而出，而不是什么“热”就盲目跟从，考研与否要有理性的规划。

第二节 战略成本的观念

随着社会经济环境的发展、变化以及高新技术和管理科学的不断创新，现代成本管理的范围日益扩大。传统的成本管理范围主要是企业内部的生产经营过程，而对企业的供应与销售环节则考虑不多，对于企业外部价值链更是视而不见，使企业未能获得全面的发展竞争战略。然而，对于处于现代市场经济环境中的我国企业来说，成本管理更要注意企业外部环境的影响，应该把企业成本管理问题放在整个市场中予以全面考虑，树立战略成本的理念。

战略成本管理的形成和发展是现代市场经济和竞争的必然结果。近 20 年来，企业环境发生了急剧的变化，全球性竞争日益激烈，为了适应这种竞争的需要，战略成本应运而生。不言而喻，成本是决定企业产品或劳务在竞争中能否取得份额以及占有多少份额的关键因素，而影响竞争成本的核心是企业的战略成本，而非传统的经营成本。

实施战略成本管理有利于更新成本管理的观念。在传统成本管理中，成本管理的目的被归结为降低成本，节约成了降低成本的基本手段。不可否认，在成本管理中，节约作为一种手段是不容置疑的，但它不是唯一的手段，现代成本管理的目的应该是以尽可能少的成本支出，获得尽可能多的使用价值，从而为赚取利润提供尽可能好的基础，提高成本效益。从战略成本管理的视角出发来分析成本管理这一目标，不难发现，成本降低是有条件和限度的，在某些情况下控制成本费用，可能会导致产品质量和企业效益下降。如果企业以较低的成本升幅，而取得更高的使用价值，从而大大提高企业的经济效益，企业何乐而不为？企业在市场上取得竞争优势取决于以同样的成本为顾客提供更优的使用价值或以较低的成本提供相同的使用价值。企业采用何种成本战略，取决于企业整个的经营战略和竞争战略，成本管理必须为企业整个经营管理服务。

战略成本管理的研究与实施，有利于改善和加强企业经营管理。在现代企业管理实践中，许多大公司设立了诸如“研究开发部”“战略研究部”等企业战略研究机构，而在实际运用中更多地着眼于战略经营、战略管理方面，较少涉及战略成本管理。企业管理作为一个完善的系统，战略成本管理是不可缺少的部分，如何正确引进和运用战略成本管理是我国会计管理值得深思的问题。

在现代成本管理中，战略成本管理占有十分重要的地位，它突破了传统成本管理把成本局限在微观层面上的研究领域，把重心转向企业整体战略这一更为广阔的研究领域，如生产关联、采购关联、技术关联、竞争对手关联中的成本分析等，有利于企业正确进行成本预测、决策，从而正确选择企业的经营战略，正确处理企业发展与加强成本管理的关系，提高企业整体经济效益。现代企业正面临国内和国际两个市场的竞争挑战，尤其是在信息时代和管理现代化的今天，企业管理者的行为时时刻刻都要涉及战略问题。战略成本管理是企业管理者确定战略成本的目标，在综合考虑企业内外部环境相关因素的基础上，制定并实施到达目标的战略和一系列行动计划的过程。在市场经济条件下，我国在实施现代企业制度和经济可持续发展的过程中，应充分运用战略成本管理的思想。

正如前面所述，金融危机还在全球肆虐，淡季却已不请自来，又到了一年萧条时，只是今年更甚昔。提高效率，降低成本，已经成了不少企业的终极武器之一。于是，从欧洲到美洲，从全球到国内，响起裁员声一片，引起了不少的震动。各个企业开始捂紧自己的钱袋，控制开支，降低标准等，无不涉及降低成本这一话题。

在坊间曾流传着一句戏言：“让 CFO 做成本控制的企业早关门，由 CEO 控制成本的企业方有戏。”戏言归戏言，仔细推敲其中不无道理。很多企业的财务管理人员并不一定清楚其削减的某项开支对企业业务及核心竞争力的重要程度，经常是表面降低了成本，却引起乱象一片，对业务造成了巨大的伤害。而企业的高层管理者如 CEO 对这个问题掌握要好得多，所以不会出现削减了成本却同时损害了企业的状况。而淡季的成本削减愈显必要，那么，如何聪明的砍掉成本？确保降低了成本，同时企业稳定性不受影响呢？

其实，企业在削减成本时，不应该对各种开支不加辨别，“不分青红皂白一刀切”。如果企业管理者把每一项看似多余的开支都削减掉，则很可能由此削弱企业的竞争力进而影响到业务，结果得不偿失。所以，管理者应从企业战略的角度出发来控制成本，避免损害那些决定企业核心价值的要素。于是，成本加战略，就引出了战略成本管理的话题。

那么，什么是战略成本管理？战略可以定义为确立企业的根本长期目标并为实现目标而采取必需的行动规划和资源配置，是指导全局的计划和策略。所谓战略成本管理即从战略角度来研究成本的形成与控制。在既定的企业战略方针下，在成本管理方面进行的战略性选择与设计，它将导致企业最终交付的产品和服务成本降低，而不是在每一个环节上都追求成本最低。主要包括两个层面的内容：一是从成本角度分析、选择和优化企业战略；二是对成本实施控制的战略。战略成本管理思想是关于战略成本管理理论构架的概括与总结，它决定着战略成本管理理论和方法体系展开的基本思路。

而在危机大背景下的成本削减，更需要遵循战略成本管理的思想，有选择的进行削减，不重要的环节，大可以大刀阔斧地进行削减；而对于关乎企业核心竞争力的关键要素，反而不排除扩大投入的可能，如此有的放矢，有紧有松，聪明的削减成本，既能降低成本，又能不损害企业健康，是增强核心竞争力的理想选择。

一、战略成本管理的基本工具

战略成本管理有三大要素，即价值链分析、战略定位分析和成本动因分析。它们同时也是在战略管理的分析框架中与成本因素紧密相关的三个基本分析工具。

(一) 价值链分析法

每一种最终产品从其最初的原材料投入直至到达最终消费者手中，中间要经过无数个相互联系的作业环节，这些作业环节既是一种产品的生产过程，同时又是一种价值形成和增值的过程，从而形成价值链 (Value chain)。价值链分析具体又可分为行业价值链分析、企业价值链分析和竞争对手价值链分析。通过对行业价值链的分析，我们了解企业在行业中的位置和行业的现状与前景；通过对自身价值链的分析，消除不增值因素，我们可以在不影响竞争力的前提下降低成本；通过对竞争对手价值链的分析，则可以知己知彼，洞察全局，并由此形成企业成本管理的各种战略。

(二) 战略定位分析法

战略定位就是指企业如何选择竞争手段，并与对手抗衡。首先，企业要对自己所处的内外部环境进行详细的调查分析；其次，确定企业所应进入的行业，所适合立足的市场以及所需开发的产品；最后，确定以何种战略来保证企业在所选择的行业、市场和产品中站稳脚跟，击败对手，获取行业平均水平以上的利润。举例来说明，比如成本领先战略，这是诸多战略中最为明确的一种。在这种战略指导下，企业的目标是要成为其产业中的低成本生产(服务)厂商，也就是在提供的产品(或服务)的功能、质量差别不大的条件下，努力降低成本来取得竞争优势。如果企业能够创造和维持全面的成本领先地位。那它只要将价格控制在产业平均或接近平均的水平，就能获取优于平均水平的经营业绩。

在与对手相当或相对较低的价位上，成本领先者的低成本优势将转化为高收益。而差异领先战略要求企业就客户广泛重视的一些方面在产业内独树一帜，或在成本差距难以进一步扩大的情况下，生产比竞争对手功能更强、质量更优、服务更好的产品以显示经营差异。当然，这种差异应是买方所希望的或乐意接受的。如果能获得差异领先的地位，就可以得到价格溢价的报酬，或在一定的价格下出售更多的产品，或在周期性、季节性市场萎缩期间获得诸如买方忠诚等相应的利益。差异领先战略的逻辑要求企业选择那些有利于竞争的并能使自己的经营独具特色的性质，重在创新。除了这些之外，其他常见的战略定位有目标集聚战略、生命周期战略和整合战略等。

(三) 成本动因分析法

成本动因是指引起产品成本发生的推动力和原因。战略成本动因主要是站在战略成本管理的角度来研究对企业的成本结构和成本行为产生长期影响的成本驱动因素。开创了企业竞争战略理论的管理学家迈克尔·波特将这些因素归纳为十个方面，即规模经济、学习曲线、生产能力、利用形式、联系、相互关系、联合、选择时机、自主政策、地理位置和政体因素。有学者进一步将战略成本动因划分为结构性成本动因和执行性成本动因两类。结构性成本控制的案例如美国西南航空公司为了应对激烈的竞争，将其服务定位在特定航线而非全面航线的短途飞行，避免从事大型机场业务，采取取消用餐、定座等特殊服务，以及设立自动售票系统等措施来降低成本。结果其每日发出的众多航班与低廉的价格吸引了众多的短程旅行者，最终成本领先优势得以建立。

二、战略成本管理离我们并不远

战略成本管理听起来似乎是一个很新鲜的名称，似乎很高深。其实，在我们的身边，它早已无处不在。作为手机行业的世界翘楚，同样也是制造业的先进代表企业，Nokia 最近几年在战略成本管理方面的成就，均是这方面的典型案例，下面略举一二。

如前面所述，对应于战略成本管理的两个层面，降低成本相应的也有两种途径，一个是通过提高运作效率和控制成本的技术与技巧；另一个是在成本的角度优化企业战略。第一个途径是成本管理和成本控制层面的目标和职责，体现在具体执行环节；第二个途径是成本战略的优化，是公司整体战略要考虑的。在下面的案例中这两种途径都有所体现。

(一) 价值链战略整合降低成本

Nokia 在北京的生产基地星网工业园（诺基亚工业园区）有 150 万平方米，而这 150 万平方米中诺基亚公司占地只有 10 万平方米，其他的面积，全部分给了诺基亚的上游供应商。

过去，诺基亚安排生产工厂进货间隔是 6 个小时，但是经常出现断货的情况。比如：从机场运货到公司的汽车半路抛锚，或者飞机晚点没有即时清关出港等不可抗因素导致的问题。为了减少断货的情况发生，诺基亚专门在工厂内部开辟出 3000 平方米的临时周转库，导致成本的上升。工业园建成后，送货时间缩短为每两小时一次，而极少出现断货的情况。所有主要物料基本上都在工业园内用电平车运送，临时周转库也立刻失去了作用，成本极大的节省。工业园内设置了统一的第三方物流中心，所有供应商使用统一的计划协调信息平台，并且与海关联网监管，效率之高，成本之低是前所未有的。

通过上述 Nokia 产业链的战略调整，我们在本已压得很低的物流成本中重新发现了成本空间。战略与成本相互配合，也印证了未来的竞争不是企业之间的竞争而是产业链竞争的观点，通过价值链的战略调整，不仅降低了运营成本，同时也提高了对消费者的响应速度以及规模经济，这些都为提升企业竞争力带来了巨大空间。

(二)战略资源控制降低成本

手机行业属于电子消费行业，当有消费热点出现时容易产生相应的热销，如当年的摄像头手机、MP3手机等潮流的出现都带来的相应元器件的短缺，同时价格飞涨，很多手机生产企业甚至因此而停产或者减少计划，很多国产手机就是受害者之一。而诺基亚公司在这些短缺事件中没有受到任何影响，它对供应商的价格控制能力究竟来自哪里呢？

起决定性作用的还是采购量的大小，诺基亚公司2005年给其供应商下的订单是2亿部手机的零部件。国内的手机产量总和翻几番恐怕也难以匹敌，并为后来进入的竞争者设置了不小的壁垒。采购价格是成本中最重要的部分，与供应商的讨价还价能力使不同的企业取得了与竞争对手不同的成本，而诺基亚公司通过战略配合所达到的影响和控制供应商的能力足以将成本控制到竞争对手无法想象的程度。

巨大的采购除了来自Nokia巨大的产量基数之外，也来源于Nokia从战略的角度对采购的控制，如产品中有很多通用的，标准化的设计和部件，同一零部件定点多家采购，将战略与采购和成本管理结合，自然形成了手机行业的资源大鳄。

(三)标准化带来的低成本

诺基亚的任何一款手机的充电线头、耳机、插孔、电池、软件等全都是通用的。因为其通用，让卖场进货的风险非常小，所以都可以在商店里面很容易买到。不仅在商店里可以买到的配件，还包括手机内部看不见的零件，诺基亚都是标准化的。这种标准化和高度集成化，使一部手机里面使用的原材料个数限制在300个以内，所有型号的手机的原材料个数也超不过800个。

而大部分国产手机的零部件个数要超过800个，各种型号的手机的零件总数量要超过2000种。每增加一个零部件就意味着增加一个供应商管理，增加一个物料编码，数据库中增加了巨大的存储量，增加财务处理的复杂程度，还增加了仓储的难度，导致了盘点的工作量大为增加等一系列成本的上升，最主要的是增加了手机的不可靠性，正应了ABC成本法的理论：“成本的上升不是来源于产出量，而是来源于复杂度。”

那么，Nokia如何达到如此高品质的标准化结果呢？诺基亚每年在研发方面的投入占了销售额的10%。研发方面的巨额投入不仅加强了其产品竞争能力、创新能力，还同时改善了零部件集成度、材料成本和整个产品成本结构。研发环节需要做大量的工作来标准化元器件、配件、性能指标等，这些都给后续的工艺可靠、质量稳定和效率提高打下了基础。

“标准化”带来的成本节省是无法估量的，而实际上决定实施标准化之路的策略只能在战略层面上制定，并且一定要“执着”地执行。

三、战略成本管理与传统成本管理的异同

从以上我们可以得知，战略成本管理是全方位、多角度、突破企业边界的成本管理。传统成本管理重在成本节省 (Cost Reduction)，它表现为“成本维持”和“成本改善”两种执行形式。而战略成本管理重在成本避免 (Cost Avoidance)，立足于预防。从源头上控制成本的发生。另外，在产品的设计与开发阶段，为避免成本的发生，尽力设计满足目标成本要求且具有竞争力的产品。

所以，战略成本管理的核心思想，并非仅仅降低成本，更多是要追求高利润，乃至建立和保持企业的长期竞争优势。

四、战略成本管理如何实施

当我们迈出了万里长征的第一步，有了战略成本管理的意识和需求后，具体的实施便成了当务之急。

战略成本管理的实施是一项长期的工作，我们推荐战略成本管理实施有以下四个步骤。

① 企业应进行成本诊断，找出实施重点，这里面包括广泛收集有关成本的事实数据，并以此为基础对后续阶段评估的重点进行假设。以及深入了解各个重点部分中的“成本驱动——价值创造”关系。通过这些工作了解是哪些因素在驱动成本变化，同时它们又创造了什么价值。

② 进行深入地分析，鉴别可以降低成本的机会。我们可以选取一些指标进行比较研究，进而找出成本差距和改进的措施。

③ 找出解决方案。此时我们已经发现了在许多环节上成本都可以削减。在这一阶段应开始考虑如何削减这些环节中的成本。对于每个可削减成本的环节，还应当明确如何进行削减。而且还需要具体说明如何在业务上进行改变，这样才能确保成本控制的过程不会损害客户和股东的利益。

④ 优选最佳方案。在最后一个阶段中，应当将这些方案按重要性进行优选。可以对方案进行综合排序。某些方案收效显著而且见效很快，这类方案自然应该立即得到实施。这样能为其他方案提供动力和资金支持。通过这四个步骤的实施，战略成本管理的效果也随之显现。当然，战略成本管理是一项长期工程而非阶段性工作，同时需要我们谨慎操作，在成本得到削减的同时还不会妨害企业的核心竞争力。

在如今的逆境之中，我们的企业将面临三种选择：糟糕的公司在抱怨中消亡；普通的公司在逆境中辛苦的经营；而优秀的公司则因此在变革中成长和壮大。如果能遵循战略成本管理的思维，借逆境之机进行整合变革，那他一定就会成为优秀的企业！

案例："医药企业成本管理探析"精策划之二——制药企业的战略成本管理

目前，制药企业成本管理上存在的问题主要是对成本管理内涵理解不到位，甚至错位，这就导致了企业在管理过程中只关注显性成本，不关注隐性成本；只关注效率，不关注效能。如重视药品生产环节的单纯制造成本的节约，甚至不惜放弃企业道德与责任，但却不重视战略与定位错误带来的成本，不重视研发过程立项错误和研发过程带来的成本，不重视管理过程的无效环节与返工退货及销毁带来的成本等。面对此状，制药企业应该树立大成本概念，建立战略成本管理体系，从战略角度来研究成本的形成与控制。

一、树立战略成本管理意识

战略成本管理是全方位、多角度、突破企业边界的成本管理，而传统的成本管理重在成本节省，所以战略成本管理的核心思想，并非仅仅降低成本，更多的是要追求更高利润，乃至建立和保持企业的长期竞争优势。所谓战略成本管理体系，即在既定的企业战略方针下，在成本管理方面进行的战略性选择与设计，它将导致企业最终交付的产品和服务成本降低，而不是在每一个环节上都追求成本最低。战略成本管理主要包括两个层面的内容：一是从成本角度分析、选择和优化企业的战略；二是对成本实施控制的战略。战略成本管理思想是关于战略成本管理理论构架的概括与总结，它决定着战略成本管理理论和方法体系展开的基本思路。

战略成本管理有三大要素与分析工具：价值链分析、战略定位分析和成本动因分析。在这里，我们将价值链分析作为讨论的重点，主要是因为价值链分析是决定顾客价值能否提升或成本能否降低的核心，是从战略性相关角度对企业成本空间的合理分摊与有机连接。

一般而言，价值链分析分为外部价值链分析及内部价值链分析。其中外部价值链分析是一种产业分析，即将企业的上游企业、下游企业等列出，并对主要供应商及主要顾客做出成本与利润分析，最后决定良好的并购、外包与供应商及顾客联盟合作等策略；内部价值链分析则强调通过对企业的生产经营活动、基本职能活动、人力资源管理活动的组织，完成成本最低、差异最佳，从而实现价值增值最大的目标。

(一) 外部价值链成本管理

1. 原材料供应商

一个企业需要供应商为它提供原材料、半成品、服务等各种投入，这是整个价值链的开端。优秀的供应商不仅能提高产品质量，还能降低产品成本。药品生产过程复杂，即便最普通的常见药也需要经过多重提炼与加工。特别对于以中药为原料药的药品，其药效更会因原料产地和采摘时节不同而不同。

为保证药效，企业可以采取以下措施：

(1) 减少供应商数量。

(2) 降低采购费用。

(3) 提高采购质量。

(4) 同供应商建立诚信的合作伙伴关系。

同时，鉴于目前各种原材料价格都在不断攀升，企业应该不断突破原先原材料的采购方式，以全新的理念来进行原材料采购，建立严谨、科学、规范化的采购管理制度。该制度应包含对采购计划的制定及审批、相关部门的责任、采购方式、供应商准入等内容。而对于新入围的供应商的选择，应该在其质量、价格优于原供应商的基础上，再结合其综合能力横向比较选优。

需要指出的是，对于中药企业而言，还需要运用科学的原材料采购方法，通过对信息的利用掌握库存状况和产品的标准化程度等，把握价格变动的时机，依据季节、市场供求状况的变动，注重价格变动的规律，掌握采购时机和采购数量。当然，有实力的中药企业也可以直接建立中药材种植基地，从源头上便开始降低成本。

2. 研发机构

我国化学制药行业中，重原料药、轻制剂药的思想根深蒂固，从而导致医药企业创新能力普遍较低，许多企业根本没有能力进行研发。当市场上需要新药时，这些企业自然就会失去大好的市场契机。面对这一局势，许多专业研发机构相继产生，特别是大专院校中的研究机构，更是深受企业信赖。一般对于生产能力较强、产量较大的企业来说，采取与研发机构合作会给企业带来很大的收益；而对于小企业，适宜地选择与大专院校的科研机构合作，不仅可以在技术、质量上得以保证，而且较低的收费标准更是降低了企业的整体成本。

当然，还有一部分企业有自己的研发队伍，研发能力比较突出。但考虑到一般药品从研发到正式生产会经历一段很长的时期，所以仅仅依靠企业内部研发药品是绝对不够的。因此，这些企业应在建立好内部研发队伍的过程中，不断加强与专业研发机构的合作，比如与研发商或大专院校研发机构达成协议，双方各出部分研发人员合作研发，产品生产权归企业；或者采用最接近于消费者的方式，与医疗机构合作研发，这样一来研发出来的药品更容易得到消费者的认可，其结果是不仅降低了成本，还能增强企业产品的占有率。

3. 终端市场

在医药企业的下游价值链活动过程中，由于大多数企业直接向医院、地级批发商销售产品，使整个行业用于这一环节的成本大幅度提高。要改变这一现状，企业一方面可以舍弃无收益的销售渠道，另一方面与下游经销商建立长期合作关系。

而在终端环节，面对医疗单位及乡村药品市场药价居高难下，一部分药品零售企业和基层医疗网点的药品质量令人担忧的情况，建议企业可以自建销售网点。同样的，企业在城市若有自己的销售网点，可以进行内部直接供应药品，不但能使销售价格大幅度降低，更会增加销量，间接实现低成本。同时，为建立一个从产品研发到最终消费者使用的更加完整的价值链体系，企业还应利用自己的优势建立下属医疗网点，除了达到降低售价扩大销售目标之外，还能更好地为群众服务，建立竞争优势。

(二) 内部价值链成本管理

1. 成本内控

对于制药企业而言，成本内控主要体现在生产环节，具体应包括三个相对独立的控制层次：第一个层次是在生产部及成本预算编制人员全过程中融入相互牵制、相互制约的制度，建立以防为主的监控防线；第二个层次是在有关生产人员在从事生产时，必须明确处理权限和应承担的责任；第三个层次是以现有的成本、审计为基础，成立一个由公司直接领导并独立考核成本项目的内部审计小组。以上三个层次构筑的成本控制体系对成本发生的经济业务进行防、堵、查、递进式的监督控制，对于及时发现问题、防范和化解内部的经营风险和会计风险，具有重要的作用。

2. 工艺改造

从短期来看，生产工艺及技术的改造将给企业带来一定的成本压力。但从长远来看，这不仅能控制和减少原材料的消耗，还能通过产品质量的提高、劳动生产率的提高、职工劳动强度的降低，最终形成低成本、高质量和按时完成生产的控制模式。例如，一些中成药的丸剂拘泥于传统的手工制作，而中药企业如果能探索实现全面机械化制丸工艺，从设备的改进和制造工作入手，着手解决干燥过程中的“裂丸”“颜色差异”等问题，并在制丸机上增加辅助设备，或许就可以在制造中成药的丸剂上形成制丸、整型、筛选、微波干燥等一条龙的机制法生产，进而降低生产成本。

同时，对于生产过程中的动力运行车间，为了降低动力成本，一方面，企业可以进行合理的技术改造，并注意在改造方案制定时，做好可行性研究和效益评价等基础性工作，避免在机组投产后有缺陷仍进行技术改造；另一方面，加强生产过程的系统控制。实行费用承包制，同时配备有效的管理办法。加强设备管理，控制设备维护检修费。在设备管理过程中，可实行状态检修制度，注意设备的日常维修和保养。

3. 销售成本

在政策不断收紧的背景下，制药企业在营销操作上难度越来越大。除了上述在终端市场自建销售网点等措施之外，企业还需要加强管理和营销费用的日常控制。有定额的按定额控制，没有定额的按各项费用预算进行控制。同时，费用预算必须面向市场，即把费用预算与开拓市场、提高市场竞争力紧密联系起来，科学评估其可行性，并对费用实行动态预算控制。

另外，企业可以建立与有效考核奖惩制度相配合的费用预算责任考评体系。在此体系的设计方面，应在考虑销售额的同时，考虑销售区域难易（市场成熟）程度、费用、投入产出比（可控销售费用与销售额比）、市场竞争程度、新产品销售占总销售的百分比、新客户销售占总销售额的百分比等因素。

二、进一步控制成本的措施

随着我国社会主义市场经济体制的逐步建立，企业越来越意识到，在生存与发展的竞争中，成本管理的作用举足轻重。进一步控制成本的措施也至关重要。

（一）减少目标不明确的项目和任务

在企业目标清晰的情况下，每个项目及任务都是为实现目标服务的。项目立项分析后，可以把目标不明确的项目与任务削减掉。

（二）明确各部门的成本任务

实行"全员成本管理"的方法。具体做法是先测算出各项费用的最高限额。然后横向分解落实到各部门，纵向分解落实到小组与个人，并与奖惩挂钩，使责、权、利统一，最终在整个企业内形成纵横交错的目标成本管理体系。

（三）成本核算，精细化管理

伴随着成本控制计划出台的是一份数字清单，包括可控费用（人事、水电、包装、耗材等）和不可控费用（固定资产折旧、原料采购、利息、销售费用等）。每月、每季度都由财务汇总后发到管理者的手中，超支和异常的数据就用红色特别标识。在月底的总结会议中，相关部门需要对超支的部分作出解释。为了让员工养成成本意识，最好建立《流程与成本控制SOP手册》。手册从原材料、电、水、印刷用品、劳保用品、电话、办公用品、设备和其他易耗品方面，提出控制成本的方法。

（四）成本管理的"提前"和"延伸"

"提前"就是加大技术投资，控制采购成本；"延伸"就是将上下游整合起来。当今的市场竞争是实力的竞争，人才的竞争，产品和服务质量的竞争，也是成本的竞争。从某种意义上来讲，成本决定了一个企业的竞争力。在确保产品质量的前提下，降低成本是企业逐步扩大市场份额的重要途径，是提高企业经济效益的基础。企业管理者要转变传统狭隘的成本观念，结合企业的实际情况，充分运用现代的先进成本控制方法来加强企业的竞争力。

三、以外包服务实现效能最大化

随着国际及我国对新产品报批的监管进一步加强，使研发成本急剧增高，研发风险不断扩大。尽管金融危机接近尾声，世界各国的经济开始缓慢复苏，但是政府当局对控制医疗成本不会放松而会进一步加强。环保的监管,《劳动法》的深入实施使原材料和劳动力的成本持续升高。我国法制社会的逐渐形成，消费者的自我保护意识进一步加强，国家监管力度的持续收紧提升使企业的危机处理成本逐年上升。

同时可以说，“繁乱”的中国医药商业渠道使配送成本高，销售环节多、销售手段单一导致销售成本居高不下。制药企业被多面夹击，致使表面上价格极高，实际上制药企业保本就不错了的情况屡见不鲜。因此，成本的管理对于企业而言是一个永恒的话题，无论企业是拥有专利独家的高附加值新特药还是拥有以规模取胜的普药，如果不重视成本管理，就会被淘汰。

当然，目前我国医药产业的竞争还没有真正达到产业链的全面竞争层面，多数企业确实在通过各种方式寻求全价值链的整合以提高竞争能力，但是通过对欧美国家医药企业的发展现状来看，巨型企业正在面临巨大的挑战。作者认为，全产业链不见得是药企的明智选择，随着竞争的加剧，利润空间等多方面积压，实施全产业链战略的企业将会被拖垮而不是发展。因此，医药企业应该专注于自己核心能力的发展，将不是高附加值的部分外包出去，这一点在汽车产业非常常见，如汽车设计、配件生产、销售4S店都独立分化出去，而汽车厂家仅做组装和品牌运作，制药企业也将会沿着这条道路发展。

第三节　成本计算

成本计算既是成本会计的中心也是成本管理的基础，其重要地位毋庸置疑。传统的成本计算包括以汇总、分配、再汇总的形式计算制造产品成本，也包括以标准成本为核心手段进行成本预算。然而，在现代成本管理中，从形式到内容都有了飞速的发展。西方发达国家经过多年的研究和实践，提出了一些新的成本计算方法，其中作业成本法（Activity-Based Costing, ABC）在欧美已经得到了较为普遍的应用，ABC 在提供更为精密、真实的成本信息方面功不可没。

作业成本法（ABC）是指以作业为核算对象，通过成本动因来确认和计量作业量，进而以作业量为基础分配间接费用的成本计算方法。作业成本核算是基于传统成本核算制度下间接费用或间接成本分配不真实而提出来的。在传统成本核算制度下，间接费用或间接成本的分配标准一般采用直接人工小时或机器台时，这种分配方式在以前起过积极作用，即在产品品种少或间接费用数额不大的情况下比较适用，一般不会对产品成本水平产生较大的冲击力。在现代企业制度下，由于企业生产产品种类较多，工时或机器台时在各产品间很难精确界定，又由于间接费用或间接成本较高，分配也难以做到合理。在作业成本制度下，成本归属从因果关系出发，间接费用或间接成本不在各产品间直接分配，而在各作业项间进行分配，这样就体现了费用分配的因果性，从而使作业成本乃至产品成本的计算较为准确。

在 ABC 下，作业成本可分为四个层次：首先是产品单位成本。即与生产单位产品有关的直接耗费，包括原材料、直接人工等。该层次的作业成本与产量成正比例关系；其次是生产批次成本。即与生产批次和包装批次有关的资源耗费，包括生产某批次所需要的生产准备成本、清洁成本、质量成本等。该层次的作业成本取决于生产批次的多少；再次是产品维持成本。即与产品种类有关的资源耗费，包括获得某种产品的生产许可、包装设计等方面的成本。该层次的作业成本取决于产品的范围及复杂程度；最后是工厂级成本。即与维持作业生产能力有关的资源耗费，包括折旧、安全检查成本、保险等。该层次的作业成本取决于组织规模和结构。

作业成本概念的提出深化了人们对成本的认识。传统成本理论认为：成本是对象化的费用，是生产经营过程中所耗费的资金总和。传统成本理论的成本概念揭示了成本的经济实质（价值耗费）和经济形式（货币资金），但没有反映出成本形成的动态过程。ABC 法有效地弥补了这一不足。它把企业生产经营过程描述为一个为满足顾客需要而设计的一系列作业的集合。其中，作业推移的过程也是价值在企业内部逐步积累、转移，直到最后形成转移给顾客的总价值(即最终产品成本)的过程。ABC 法通过作业这一中介，将费用发生与产品成本形成联系起来，形象地揭示了成本形成的动态过程，使成本的概念更加完整、具体。

与传统成本制度相比，作业成本计算采用的是比较合理的方法分配间接费用。该方法首先汇集各作业中心消耗的各种资源，再将各作业中心的成本按各自的作业动因分配到各产品。归根到底，它是采用多种标准分配间接费用，是对不同的作业中心采用不同的作业动因来分配间接费用。而传统的成本计算只采用单一的标准进行制造费用的分配，无法正确反映不同产品在生产中不同技术因素对费用发生的不同影响。ABC 法将直接费用和间接费用都视为产品消耗作业所付出的代价同等对待。对直接费用的确认和分配，与传统成本计算方法并无差别；对间接费用的分配则依据作业成本动因，采用多样化的分配标准，从而使成本的可归属性大大提高。因此，从制造费用的分配准确性来说，作业成本法计算的成本信息比较客观、真实、准确。

从成本管理的角度来讲，作业成本管理把着眼点放在成本发生的前因后果上，通过对所有作业活动进行跟踪动态反映，可以更好地发挥决策、计划和控制作用，以促进现代成本管理的不断提高。另外，“目标成本计算”已经崛起为成本计算的生力军，正在发挥着日益重要的作用。所谓“目标成本计算”，并不仅仅局限于产品设定成本目标，从其利用目的来看，它在开发准备、确定设计制造方针、投产准备、物流和定价各个领域均可实施；其计算对象已从产品或部件这类实物对象扩展到了抽象的功能对象；其计算基础则从财务会计基础转向管理会计基础，其计算内容也并非都是全部成本或平均成本，而可采用部分成本或增量成本；在计算方式上既可以采用各成本要素逐项加计形式，也可以将成本要素加以划分后，逐个以物理特性为基础进行理论的或统计学的分析计算，同时根据需要既可以概算也可以估算。这类成本计算方法贯穿了从开发源流到销售服务的各个阶段，是现代成本管理不可或缺的要素。

总而言之，要适应市场经济的大环境，企业必须改进成本计算方法，提供更准确的成本信息，使企业获得更多的效益，提高企业的市场竞争力。

第四节 成本动因观念

一般而言，成本动因是指导致成本发生的因素，企业只有真正了解成本发生的前因后果，才能真正控制成本。传统成本管理只重视了有形成本动因，而忽视了无形成本动因。在传统成本管理观念中，像原材料、人工、制造费用等项目才是构成成本的主要因素，而产品的研究开发、市场开拓、企业内部结构的调整等都与成本管理无多少关联。但事实上，一些有形的成本项目往往并不是影响成本的最主要因素，而一些传统成本管理未能考虑的因素，如企业规模、地理位置、产品的复杂性，甚至像厂房的规划布局、存货的内部传递及企业的管理制度等因素，都会对产品成本产生很大的影响。这些动因需要长期的积累才能形成，且一经形成就难以改变，因此更要强调从战略予以综合考虑。根据国外的研究表明，企业在生产开始之前，已有85%的产品成本成为约束成本，即一些结构性成本动因和执行性成本动因，实际上是影响企业成本的关键因素，而传统成本管理能产生影响的部分，只占总成本的15%。

传统的成本计算对象是企业所生产的各种产品，而且一般为最终产品。因而，人们往往把成本动因归结为生产数量。在生产单一产品的企业里，生产数量可通过产品的单位数来计量；而在生产多种产品的企业中，直接人工小时数或直接人工工资通常被用作生产数量的替代品。固然，在高度人工密集型的生产过程中，对成本动因作这种假定不会严重歪曲产品的成本。因为生产过程中所涉及的主要成本是直接材料和直接人工两者的耗费都直接与产品数量有关。而制造费用大部分是与生产时间有关的间接费用（主要包括机器设备的折旧费、动力费和其他机器设备相关的费用），按直接人工工时或直接人工工资分配也较合理。至于期间费用常常被认为只有发生期间相关，不分配计入产品成本，只是直接冲减当期利润。

但在高度自动化的现代制造过程中，直接人工成本比重日益降低，仅占生产成本的5%～10%，而与自动化紧密相关的机器折旧费、动力费等需要分配计入不同产品的间接费用又大幅度增加。在这种情况下，如果仍以日益减少的直接人工工时或直接人工工资的比例来分配这些比例不断增大的间接费用，会使产品成本严重失真。很明显，现代企业产品中的科技含量的增加，使产品的制造成本并没有与产品生产数量直接相关，或者说至少不是只与产品数量直接相关。如果还按照传统方法来计算产品成本，会高估低科技含量产品成本，而低估高科技含量产品成本。成本计算的错误导致企业生产决策的错误，这对企业来说，是足以致命的。

因此，在以计算机技术为代表的高科技迅猛发展的今天，有必要按战略成本管理观点将传统的单一的数量动因扩展为一系列的成本动因，通过对各种成本动因和相关成本之间进行分析，将单一标准的分配改为按成本动因的多标准分配，从而正确地分配各项间接费用，正确地计算产品成本。这样才能清晰地揭示哪些产品具有有效的盈利能力。特别是在传统成本管理下未予考虑的一些无形的成本动因，如企业的规模、产品开发、市场开拓、企业内部结构调整，甚至厂房的布局规则等，都会对产品成本产生很大的影响，更应从战略上予以考虑。

另外，通过进一步分析可以发现，除驱动成本的客观因素之外，企业成本也会受到人为的主观因素的驱动，即成本函数可表示为：成本＝f（客观动因，主观动因）。正因为人具有最大的能动性，人为的主观动因也应是驱动企业成本的一个重要因素。

比如，职工的成本管理意识、综合素质、集体意识、企业主人翁地位意识、工作态度和责任感、工人之间以及工人与领导之间的人际关系等，都是影响企业成本高低的主观因素，因而也可将其视为成本的驱动因素。从成本控制角度来看，人为的主观动因具有巨大的潜力。实践表明，责任会计中对成本中心、可控成本、责任成本的研究分析，对于改善企业成本管理工作具有积极的现实意义。

通过对成本主观动因的研究分析，可进一步启发我们在现代企业成本管理中的一些新思路、新观念。比如，一是将成本控制意识作为企业文化的一部分。消除认为成本无法再降低的错误思想，对企业全体员工进行培训教育，要求企业各级管理人员及全体员工充分认识到企业成本降低的潜力是无穷无尽的，人人应对成本管理和控制有足够的重视。

总而言之，在现代企业成本管理的工作中，应树立基于多动因理论的成本管理观念。不仅要重视有形动因，还应该重视无形动因。不仅要注重驱动成本的客观因素，而且要注重驱动成本的主观因素。这种建立在成本动因分析基础上的成本管理观念，往往可诱发产生出企业成本管理的崭新思路和有效举措。

一、成本的系统管理观念

受长期计划经济观念的影响，企业在成本管理中往往只注重生产成本的管理，忽视其他方面的成本分析与研究，这种成本管理观念远远不能适应市场经济环境的要求。在市场经济环境下，企业应树立成本的系统管理观念，将企业的成本管理工作视为一项系统工程，强调整体与全局，对企业成本管理的对象、内容、方法进行全方位的分析研究。

(1) 为使企业产品在市场上具有强大竞争力，成本管理就不能再局限于产品的生产（制造）过程，而是应该将视野向前延伸到产品的市场需求分析、相关技术的发展态势分析，以及产品的设计；向后延伸到顾客的使用、维修及处置。按照成本全程管理的要求，就会涉及产品的信息来源成本、技术成本、后勤成本、生产成本、库存成本、销售成本以及对顾客的维修成本、处置成本等成本范畴。对所有这些成本内容都应以严格、细致的科学手段进行管理，以增强产品在市场中的竞争力，使企业在激烈的市场竞争中立于不败之地。如在产品设计阶段推行价值分析，就是一种技术与经济相结合的成本管理手段。

(2) 随着市场经济的发展，非物质产品日趋商品化。与此相适应，成本管理的内涵也应由物质产品成本扩展到非物质产品成本，如人力资源成本、资本成本、服务成本、产权成本、环境成本等。

(3) 在市场经济条件下，企业管理的重心由企业内部转向外部，由重生产管理转向重经营决策管理，研究分析各种决策成本也就成为企业成本管理的一项至关重要的内容，如相关成本、差量成本、机会成本、边际成本、付现成本、重置成本、可避免成本、可递延成本、未来成本等。在现代企业成本管理中，重视和加强对这些管理决策成本范畴的研究分析，可以避免决策失误给企业带来的巨大损失，为保证企业作出最优决策、获取最佳经济效益提供基础。

二、无形成本动因与企业竞争优势

20世纪80年代末，兴起于西方国家的战略成本管理正日益受到国际理论界和实务界的广泛重视，其最值得借鉴的是成本动因理论，成本动因是战略成本管理的重要理论基础。

(一)成本动因是导致成本发生的各种因素，即成本驱动因素

传统成本管理中所确认的成本动因大多是有形的、可量化的。如生产数量、生产准备次数和生产小时数等。其实，在企业生产开始之前就已有约束产品成本的、大多是无形的非量化的成本动因，如企业的规模、整合程度、地理位置、厂房的布局规划、企业管理制度等。据国外的研究表明，前者对产品成本的影响仅占15%，后者却占85%。

在传统的计划经济体制下，产品实行统购统销，企业的产出等于企业的收入，降低产品成本就意味着增加企业的收益。因而，企业把降低产品生产成本作为决定其生存和发展的重要因素，把重点放在对生产过程的个别环节、个别方面，即注重微观层次的成本控制。所以，在传统成本管理的观念中，往往将生产数量和生产中的物耗作为主要成本动因。

然而，在市场经济体制下，竞争越来越激烈，企业为了争夺市场和生存发展的空间，必须对环境进行深入地分析，采用新的管理方式，将管理活动提高到战略层次，成本管理也将导入企业战略，并与之融合，形成了战略成本管理。战略成本管理的核心是寻求企业持之以恒的竞争优势。企业为了保持其竞争优势，必须以全局为对象，把企业内部结构和外部环境综合起来，通过辨别每项活动的成本动因，特别是无形的成本动因，有的放矢地进行有效的成本控制。

库珀和卡普兰教授曾于1987年提出了“成本驱动因素”，即成本动因理论，为战略成本管理的实施奠定了十分有力的理论基础。他们认为战略成本管理是要把间接成本与隐藏其后的“推动力”联系起来。这种隐藏在间接成本之后的推动力，就是他们所称的“成本动因”。尽管目前对成本动因的一般定义已达成共识，但在传统成本管理中，有形的成本动因往往被认为是主要的成本动因。事实上，如果我们以更宽广的视野来看待影响成本的因素就会发现，一些有形的成本动因并不是影响企业成本的最主要的因素，而无形的成本动因却对企业成本影响很大，因而更需要从战略上予以综合考虑。

(二)根据成本动因的基本含义，成本动因可分为微观层次和战略层次

(1)微观层次是与企业具体生产作业相关的成本动因，如作业量、物耗等生产经营性成本动因。

(2)战略(宏观)层次上的成本动因，如规模、技术多样性、质量管理等

经营战略性成本动因，这类成本动因大多是无形的。

无形的成本动因主要是从企业整体战略这一宏观角度出发来考虑的，也就是战略成本动因。在战略成本管理方式下，成本动因的分析超出了传统成本分析的狭隘范围（企业内部、责任中心）和少量因素（产量、物耗），而代之以更宽广的。与战略相结合的方式来分析成本动因。战略成本管理所注重的无形的成本动因，恰恰是传统成本管理所忽视的。

（三）无形的成本动因具有以下特点：

（1）与企业的战略密切相关。

（2）形成需要较长的时间，且一经形成很难改变。

（3）对产品成本的影响更长期、更持久、更深远。

（4）对成本的影响比重比较大，可塑性也大。

可见，无形成本动因是影响企业成本的关键因素。以无形成本动因作为突破口进行战略成本管理，不仅可以控制住企业日常经营中的大量潜在的成本问题，而且有利于企业取得持久的竞争优势。

（四）美国学者瑞利（Riley）将无形的战略成本动因分为结构性成本动因与执行性成本动因

（1）结构性成本动因。结构性成本动因是指决定企业基础经济结构的成本动因。它往往发生在生产开始之前，不仅决定了企业的产品成本，而且也会对企业的产品质量、人力资源、财务、生产经营等方面产生极其重要的影响。结构性成本动因通常包括以下几点：

① 规模经济。一般来说，在价值链活动规模较大时，活动的效率可以提高，成本动因分摊于较大规模的业务量而使单位成本降低。即增加使用企业共享资源的规模和频率，可以降低产品成本。

② 整合程度。整合是指企业为了让自己的业务领域更广泛、更直接，将企业的业务流向向两端延伸。如生产商直接销售、零部件内制和与原材料供应商联营等。加强整合能够带来竞争优势。

③ 学习与溢出。企业价值链活动可以经过学习提高作业效率从而使成本下降。学习的效应在企业刚建立时表现突出，在企业发展非常成熟阶段可能不太明显。学习还存在一个溢出的问题，即学习的成果可以通过咨询顾问、新闻媒体、供应商等渠道从一个企业流到另一个企业。注意学习的溢出

对保持成本优势至关重要。

④ 地理位置。由于地理位置几乎对所有价值活动的成本均有影响，所以要求企业在进行厂址的选择、工业布局活动中慎重行事。

⑤ 技术。任何企业都涉及大量的技术，优势的技术能为企业带来持久的成本优势。

对结构性成本动因而言，并不是程度越高越好，而是存在一个适度问题。单纯扩大规模、范围或采用高新技术、追求产品的多样化，对一个企业而言，在一定环境下，并非都是好事。例如，整合并非总是带来成本的降低，也可能会造成企业组织弹性的降低，丧失灵活性。

又如，技术变革并非总能降低成本。在技术更新迅速、产品日新月异的行业，技术的先行采用者可能因过早行动而面临所引用技术迅速被淘汰，又无力更新技术的窘境。由此可见，结构性成本动因分析就是分析以上各项成本驱动因素对价值链活动成本的直接影响以及它们之间的相互作用对价值链活动成本的影响。最终可归结为一个“选择”问题：企业应采用何等规模和范围、如何设定目标和总结学习经验、如何选择地理位置和技术等。这种选择能够决定企业的“成本地位”、无疑是企业在经济结构层面的战略选择。

(2) 执行性成本动因。执行性成本动因是指与企业执行作业程序相关的成本驱动因素，它是在结构性成本动因决定以后才成立的。执行性成本动因反映出一个企业的业务和管理决策如何运用资源去有效地达到企业的战略目标。执行性成本动因通常包括：

① 生产能力运用模式。生产能力运用模式是指在既定工厂建设规模的前提下，提高生产效率采取的措施，如进行技术改造以及采用先进的生产管理方法等。它主要通过固定成本影响企业的成本水平，当企业的生产能力利用率提高，产量上升时，单位产品的固定成本相对较少，从而引起单位成本的降低。对于固定成本所占比重较大的企业而言，生产能力运用模式将对其产生重大影响。

② 联系。联系是指各项价值链活动之间的相互关联。这种关联可分为企业内部联系和垂直联系两类。企业内部各种价值活动之间的联系遍布存在于整个价值链。垂直联系反映的是企业与供应商和销售渠道之间的相互依存关系。

③ 全面质量管理。全面质量管理要求从企业内部价值链形成的全过程

包括原材料采购、加工工序。产品设计开发乃至产品售后服务等方面进行质量管理，其宗旨是以最少的质量成本获得最优的产品质量。全面质量管理是一个重要的成本动因，它能给企业带来降低成本的重大机会。

④ 员工对企业的向心力。企业的行动是众多具体个人行动的总和。因而，企业各部门的每一名员工都与成本直接相关。战略成本管理要求重视人的因素，强调以人为本，以人治物，充分组织、动员员工的积极性和创造力，提高员工对企业的向心力，从而达到充分降低成本、取得竞争优势的目的。

对执行性成本动因而言，一般认为程度越高越好，因为加强全员参与、进行全面质量管理和全面成本管理都对持续降低成本有利；提高生产能力利用效率、协调整个价值链等都会增加产出、提高效率。这些成本动因若能执行成功，成本就可以降低。

从以上分析还可以看出，执行性成本动因与结构性成本动因有着不同的性质：结构性成本动因分析主要是解决决策层问题，因而，其所要求的战略性选择是怎样才是“最优”的问题；而执行性成本动因分析是在企业基础经济结构既定的情况下，提高各种生产执行性因素的能动性及优化它们之间的组合，从而降低价值链总成本。因而，其所要求的战略性强化是“最佳”的效果目标。前者解决资源优化的问题，是前提；后者解决绩效提高的问题，是其持续。

(3) 如果说，在传统成本管理方式下，分析有形成本动因的目的在于正确计算产品成本，那么在战略成本管理方式下，分析无形成本动因的目的在于创造竞争优势。

从无形成本动因着手来加强成本管理，创造企业竞争优势正是战略成本管理的精髓所在。

在国外，无形成本动因已引起广泛的重视，以无形成本动因为突破口，创造企业竞争优势的例子举不胜举。例如，克莱斯勒（Chrysler）汽车公司在20世纪80年代中期以员工对企业的向心力这一无形成本动因为突破口，采用成本领先战略，要求员工降薪以达到降低成本，取得竞争优势的目的。

又如，奔驰（Mercedes Benz）汽车公司以全面质量管理这一无形成本动因为突破口，采用差异领先战略，从而以提供高品质的汽车在激烈的市场竞争中取胜。

在国内，选择于已有利的无形成本动因作为企业取得竞争优势的一项策略也日益受到人们的重视。四川峨铁从规模经济和整合等无形成本动因着手，通过与嘉阳电厂和嘉阳煤矿等几家企业重组，从而发挥出整体效应。重组后的峨铁，占生产成本60%的电价将大幅度降低；单位固定成本也大为降低，同时铁合金产量可以显著增长。四川峨铁重组价值链给企业带来的竞争优势在我国资产量组中具有典型的意义。

综上所述，无形的成本动因不仅是战略成本管理的重要理论基础，而且对企业经营管理具有非常重要的现实意义。在战略成本管理方兴未艾的今天，确认和分析无形成本动因是务实和明智的。

第十一章　我国企业成本管理的问题及改进

随着市场经济的进一步完善，企业面临的竞争越来越激烈，而成本是决定企业命运的关键因素之一。改革开放以来，由于我国不断深化企业内部改革，强化各项费用的核算和管理，有效地实现了对企业成本的控制。但仍然存在着未能科学地确定成本控制标准、成本的形成过程缺乏有效的监督等问题。由于企业经营者在成本控制过程中往往缺乏科学的态度和方法，不能使成本得到高效的控制。近年来，能源以及原材料的价格上涨使企业的成本控制越来越重要，最大程度上降低成本已经成为每个企业不得不面临的重要问题。如果企业不能很好地控制成本，企业的生存和发展将会受到严重的影响。

企业成本控制的效率关系着企业的兴衰，要想提高企业的经济效益，企业必须建立有效的成本管理和控制制度，把企业的成本控制在比较低的水平上。企业具备了成本优势，才能在激烈的竞争中居于优势地位，才能在相同的价格水平和行业环境中获得更高的盈利。成本控制是企业增加盈利的根本途径，在收入不变的情况下，降低成本可以增加利润，收入增加时降低成本则更加扩大了经营成果，收入下降的情况下降低成本则可抑制利润的下降。企业降低成本还可以提高价格上的竞争能力，使企业在面临如今的经济危机时仍然能够生存下去。而且把成本控制在同行业的先进水平上，可以降低售价抢占市场份额，从而有更多的力量提高产品质量、创新设计、提高员工待遇及分配股东股利，以寻求更大的发展。因此，对企业成本控制的研究对提高企业的经营管理水平和经济效益以及我国经济体制改革、金融财政安全和国民经济持续稳定的发展具有重要的现实意义。

第一节 我国企业成本管理的问题

国际金融危机的发生，给企业生产经营带来困难，使生产成本增加、效益下降。成本管理是企业管理的最基本环节之一，好的管理能给企业带来很大的经济利益。在市场竞争激烈的环境下，企业成本管理的好坏与否，直接关系到企业的发展。本文在分析企业成本管理工作存在问题的基础上，有针对性地提出了加强企业成本管理工作的对策，以降低金融危机对企业造成的不利影响。

一、传统的成本管理

传统工业企业，特别是中小型工业企业，成本的控制、如何达到成本更低往往成为中小型传统工业企业是否能够成功的关键，甚至企业的生死存亡。做好企业成本的管理和控制，提高中小型传统工业企业生存概率，然后再做强、做大。

(一) 成本管理的理论研究滞后

我国成本管理的理论研究与改革前相比有了长足的进步，但在成本管理研究方面的系统性差。传统成本管理方法的研究都是针对单个成本管理的方法，缺乏对方法之间联系的研究，不能形成系统的成本管理方法体系。在实践中，成本管理方法的应用缺乏联系，引进新的成本管理方法常常会导致对原有的方法很大程度的放弃，从而使成本管理缺乏连贯性，并加大了管理成本。传统成本研究局限于企业内部，缺乏战略管理的思维。只注意生产过程的成本管理，忽视供应过程的成本管理。只注意投产后的成本管理，忽视投产前产品设计以及生产要素合理组织的成本管理。只注意产品成本本身水平的高低，忽视成本效益水平的高低。只注意企业成本管理，忽视宏观成本管理。

(二) 成本管理观念落后

我国企业普遍存在成本管理观念落后的现象，表现在成本管理的范围、目的及手段等方面的认识存在偏差。很多企业仍将成本管理的范围局限于企业内部甚至只包括生产过程，而忽略了对其他相关企业及相关领域成本行为的管理。成本管理的目的局限于降低成本，较少从效益角度看成本的效用，降低成本的手段也主要依靠节约方式，不能应用成本效益原则，通过降低成本来实现更大的收益。这些落后的观念已经不能适应竞争日益激烈的经济环境。传统企业管理主要是通过两条途径来降低产品成本，一是规模效益；二是增强与供应商及分销商的谈判能力，以达到转移成本的目的。但规模的大小受需求大小的制约，更何况现在的消费者的消费需求差异正在加大，同类产品的生产规模有缩小的趋势。企业成本简单地从核心企业转移到供应商或分销商，不能降低产品最终销售价格，甚至会造成成本的增加，减少从原材料到最终消费品的增值。尤其是在今天日趋公开的市场环境下，过分的成本转移将使企业失去好的合作伙伴。

(三) 成本管理方法陈旧

虽然我国一些企业进行了先进成本管理方法的试点，并取得了不错的成绩，但整体上讲，成本管理方法还是很陈旧，已不能适应经济环境的要求。据调查，57.1% 的企业使用品种法，41.5% 的企业使用分步法，其中使用平行结转法的有 22.9%，使用逐步结转法的有 16.8%。当前世界生产发展的趋势是小批量多品种的生产方式，因为购买者的偏好并非完全相同，随着生产的发展，购买者完全可以根据自己的需要要求厂方设计并生产自己最满意的商品，厂方也可以高效益保证购买者在短时间内取得理想的商品。在这种情况下，一条生产线上可能只有几台相同甚至是没有两台完全一样的产品。这样的生产方式将适用于分批法计算成本。我国现在只有 5.7% 的企业采用分批法计算成本，表明我国的生产组织还比较粗放，对消费个性的重视度不够，相应带来成本核算方法选择上的简单化。标准成本、计划成本和目标成本是目前成本与成本管理中较为流行的现代成本管理方法。从被调查企业的情况来看，51.4% 的企业采用了目标成本法，38.9% 的企业采用了计划成本法，18.1% 的企业采用了标准成本法。但是，先进的作业成本法、成本企划法在企业中未得到推广。

二、企业成本管理的失误

企业成本管理至关重要，往往管理过程当中会出现很多失误。

(一) 企业内部成本管理主体的确立失误

长期以来，人们存在一种偏差：把成本管理作为财务人员、少数管理人员的专利，认为成本、效益都应由企业领导和财务部门负责，而把各车间、部门、班组的职工只看作生产者，导致懂财务的不懂技术、懂技术的不懂财务，广大职工对于哪些成本应该控制，怎样控制等问题无意也无力过问，成本意识淡薄。职工认为干好、干坏一个样，感受不到市场的压力，控制成本的积极性无法被调动起来，浪费现象严重，企业的成本管理失去偌大的管理群体，当然难以真正取得成效。

（二）成本信息核算失真

成本核算不实：一方面是核算人员思想上不重视；另一方面为达到某一目的进行人为调节成本数字，潜亏严重，企业虚盈实亏。

（三）不良利益动机驱动导致成本信息失真

在我国，有相当多的企业管理者因偷逃税款、粉饰业绩、谋取私利或小团体利益等不良利益动机的驱动，任意调整、编造成本资料，从而使成本信息失真的现象日益严重，并造成以成本为基础的各种管理活动的效能降低甚至给企业造成损失。当然，成本信息失真也可能由于成本信息与成本管理的相关性较差而引起，这也是成本管理系统所需要重视和解决的重要问题之一。

三、分工过细

企业内部的分工越来越精细，导致人力资源浪费严重，这就要求企业进行高度的协作管理，由此导致企业管理的协调成本过高；另外，由于过细的分工导致企业管理复杂化，不利于企业管理效率的提高，从而为企业带来一定的低效率成本，并造成直接经济损失变成人力资源的严重浪费，这也是企业管理费用增加的一个原因。由于分工层次及协作环节的增加，信息在企业中传递时间延长，不必要的停留环节增多，在一定程度上导致信息的损耗和失真，同时造成信息反馈难度的增加。这就可能使企业决策失误的可能性增加，导致企业管理的失误成本增加。综上所述，我国企业现有的成本管理已不能满足企业市场竞争的需要，这就必须改革、完善现有的成本管理系统。

四、其他问题

(一)企业价值补偿不足

生产资料价格不断上涨，使企业资产价值流失严重，价值补偿不足，而且企业一般物流管理失控，能源的浪费比较严重。

(二)产品损失成本增加

企业的生产设备、工艺技术陈旧落后，原材料质量不好，运输管理不善，以及生产过程中产生大量的次品，废品造成的质量损失严重。

(三)成本管理短期行为严重

由于近年来，承包经营责任制不够完善，企业只包利润，不包成本，短期行为泛滥，以包代管，管理不力，监管不严。

(四)成本管理意识薄弱

没有充分认识提高企业经济效益无须加强成本管理的重要性，没有充分认识到在社会主义市场经济条件下，企业之间的竞争，实际上就是企业成本的较量。

(五)企业成本管理缺乏市场理念

成本是一个企业生产经营效率的综合体现，是企业内部投入和产出的对比关系，低成本意味着以较少的资源投入提供更多的产品和服务，而意味着高效率，但未必就是高效益。许多企业按照成本习性划分和核算产品成本，通过提高产量可以降低单位产品分担的固定成本，产量越高，单位产品成本越低。在销售量不变的情况下，企业的利润也就越高，这种做法导致企业不管市场对产品的需求如何，片面地通过提高产量来降低产品成本。将生产过程发生的成本转移、隐藏与存货，提高短期利润。造成这种现象的原因就在于企业成本管理缺乏市场理念，导致成本信息在管理决策上出现误区，似乎产量越大，成本越低，利润越高。

第二节　企业有效成本管理的改进措施

一、企业成本管理的改进措施

任何一种有效的成本管理模式都不是一成不变的，它会随着社会的发展，环境的变化而不断变化，我们绝不能静态地去看它，而要动态地去研究成本管理模式，不断创新成本管理模式，以适应形势发展的需要。企业成本管理有以下改进措施。

（一）树立企业成本管理的系统观念

在市场经济环境下，企业应树立成本的系统管理观念，将企业的成本管理工作视为一项系统工程，强调整体与全局，对企业成本管理的对象、内容、方法进行全方位的分析研究。通过研究每种成本管理方法的本质及其适应的经济环境的特色，构建出系统的成本管理方法体系。一方面，为使企业产品在市场上具有强大的竞争力，成本管理就不能再局限于产品的生产过程，而是应该将视野向前延伸到产品的市场需求分析、相关技术的发展态势分析，以及产品的设计；向后延伸到顾客的使用、维修及处置。按照成本全程管理的要求，就会涉及产品的信息来源成本、技术成本、后勤成本、生产成本、库存成本、销售成本，以及对顾客的维修成本、处置成本等成本范畴。对所有这些成本内容都应以严格、细致的科学手段进行管理，以增强产品在市场中的竞争力，使企业在激烈的市场竞争中立于不败之地。如在产品设计阶段推行价值分析。另一方面，随着市场经济的发展，非物质产品日趋商品化。与此相适应，成本管理的内涵也应由物质产品成本扩展到非物质产品成本，如人力资源成本、资本成本、服务成本、产权成本、环境成本等。

（二）在成本管理中引入战略成本管理思想

在现代，企业所处的经济环境发生了很大的变化：产品的大量生产使需求达到饱和时，也出现了多样化的趋势，顾客对产品的消费在质量、时间、服务等方面提出了新的要求；现代高科技被广泛应用于生产领域，如生产自动化设备、机器人、电脑辅助生产等，企业制造环境也从过去的劳动密集型向技术密集型转化；竞争日益激烈，面对激烈的行业竞争，企业开始重视制定竞争战略，并随时根据顾客需求与竞争者情况的变动，作出相应调整。这样就进入了战略成本管理阶段。战略成本管理以企业的全局为对象，根据企业总体发展战略而制定的。战略成本管理的首要任务是关注成本战略空间、过程、业绩，可表述为“不同战略选择下如何组织成本管理”。即将成本信息贯穿战略管理整个循环过程之中，通过对公司成本结构、成本行为的全面了解、控制与改善，寻求长久的竞争优势。它把企业内部结构和外部环境综合起来，企业的价值链贯穿企业内部自身价值创造作业和企业外部价值转移作业的二维空间，价值链不同于价值增值，它是更广阔的外在于企业的价值系统链，企业不过是整个价值创造作业全部链节中的一部分、一个链节。因此，战略成本管理从企业所处的竞争环境出发，其成本管理不仅包括企业内部的价值链分析，而且包括竞争对手价值链分析和企业所处行业的价值链分析，从而达到知己知彼，洞察全局的目的，并由此形成价值链的各种战略。例如，邯钢的战略成本管理经验。邯钢从实际出发，制定了低成本发展战略。并充分利用战略管理会计的外向性、整体性等特性进行战略规划，通过密切关注整个市场和竞争对手的动向来发现问题，适当调整和改变自己的战略、战术。实施有效的价值链分析法，实行“模拟市场核算”从产品在市场上被承认的价格开始，一个工序地剖析使企业成本管理深入到各基本作业层，挖掘各作业层的增值能力，对不必要的和完成质量不佳的作业进行改进或否决。重视成本动因的控制，采用“总成本领先”战略，推行“成本否决”突出实效、落实责任。邯钢在激烈的市场竞争中运用战略管理成本的基本思想，制定了正确的竞争战略，获得并保持了竞争优势，创造了我国冶金行业的一流佳绩。

(三) 引入先进的成本管理方法和手段

在现代制造业中，间接费用的比重极大地增加了，间接费用的结构和可归属性也彻底发生了改变，许多费用甚至完全发生在制造过程以外，如设计生产程序费用、组织协调生产过程费用、组织订单费用等。加上现代制造业自动化程度日益提高，直接人工成本极大地减少。这就直接引发了作业成本法的产生。作业成本法是一种真正具有创新意义的成本计算方法，是适应当代高新科学技术的制造环境和灵活多变的顾客化生产的需要而形成和发展起来的。它以顾客链为导向，以价值链为中心，对企业的“作业流程”进行根本、彻底的改造，强调协调企业内外部顾客的关系，从企业整体出发，协调各部门、各环节的关系，要求企业物资供应、生产和销售等环节的各项作业形成连续、同步的“作业流程”，消除一切不能增加价值的作业，使企业处于持续改善状态，促进企业整体的优化，确立企业的竞争优势。它改革了制造费用的分配方法，并使产品成本和期间成本趋于一致，大大提高了成本信息的真实性。作业成本计算法更加符合现实，其结果以更加精确的成本分解替代了成本分配。作业成本法对成本的看法是“不同目的下有不同成本”。企业管理者可以利用作业成本法提供的信息来更好地对他们的产品、服务进行定价，以便使他们收到的收入与所付出的成本能够配比；企业管理者也可以利用作业成本计算法所提供的信息更好地选择产品组合。

(四) 企业根据自身特点选择适当的成本控制方法

由于成本控制方法是多种多样的，既有传统的通过差异分析进行的价值控制方法，也有利用技术革新、组织结构的协作制约功能的非价值控制方法。根据成本管理战略选择成本控制方法没有固定的范式，完全要依据企业的现实基础，考虑组织结构、企业文化、生产方式等而定。当然，根据成本控制方法实施的需要，企业也可以对现实基础进行改革，如转换组织结构，建设新的企业文化等。同时，还应意识到传统的责任成本法、标准成本法、预算控制等成本控制方法与现代的作业成本管理法、成本企划法等方法并不是必然相互排斥的。相反，在一定条件下常常是可以融合在一起的。例如，索恩照明公司就将标准成本法与成本企划法很好地结合起来。索恩公司将成本控制分为对现有产品的成本控制和对新产品的成本控制。现有产品成本控制的目标是维持现有水平的成本和成本水平的绝对降低，而新产品成本控制的目标则是符合市场需要的成本节省。

(五) 增强成本观念，实行全员成本管理

由于目前有不少的企业领导和工程技术人员不懂成本，因而对他们进行的设计、拟订的工艺、制定的计划、采取的措施将对产品成本起什么作用、有多大的影响、一般心中无数。因此，加强成本管理，首要的工作在于提高广大职工对成本管理的认识，增强成本观念，贯彻技术与经济结合、生产与管理并重的原则，向全体职工进行成本意识的宣传教育，培养全员成本意识，变少数人的成本管理为全员的参与管理。企业应该高度关切成本专业人才的培养和使用，采取措施，积极举办各种类型的成本培训班，借以提高成本方面的专业知识，从技术经济领域开辟降低成本的广阔途径。在企业内部形成职工的民主和自主管理意识。在日常成本管理中，积极运用心理学、社会学、社会心理学、组织行为学的研究成果，努力在职工行为规范中引入一种内在约束与激励机制。按照西方心理学家马斯洛（A.Maslow）提出的人类基本需求层次理论，人类的需要由低级到高级可分为五个层次：生理需要、安全需要、社交需要、尊重需要、自我实现需要。引入内在约束与激励机制就是要注重人的最高层次需求，即自我发展、自我实现的需求。这种机制强调的是人性的自我激励，不需要任何外在因素的约束。改变企业常用的靠惩罚、奖励实施外在约束与激励的机制，实现自主管理，既是一种代价最低的成本管理方式，也是降低成本最有效的管理方式。

（六）充分发挥计算机技术在企业成本管理中的作用

现代科学技术的发展，为企业成本管理信息的处理提供了现代化的工具。电子计算机技术、现代通信技术和数据处理技术的进一步发展，又推动着计算机信息处理系统的发展。将计算机技术应用于企业成本管理，可大大提高企业现代化管理的进程。LOTUS、EXCEL 等电子表格软件有强大的表格处理、数据库管理与统计图表处理功能，是办公自动化的常用软件。它们不用编程、灵活方便、使用成本低、效率高，利用这些软件可以方便快捷地辅助管理人员对成本进行预测、决策，并可对控制过程实施监控分析，收到良好的效果。

（七）采取措施保证成本信息有效

政府部门首先要特别强调把好成本开支范围这个关，实行经济立法，对于不按成本开支范围和标准，任意调整、编造成本资料的，轻者批评教育，重者和屡教不改的，要给予纪律处分或民事责任。其次要改革财会人员管理体制。发生编造成本资料的问题，除极少部分是因财会人员不坚持原则外，绝大多数是企业的负责人或管理者指令的，财会人员只能照办。此类问题不解决；政府部门再怎么强调，问题仍然难以解决。因此，必须改革财务总监的管理体制，成立会计局，财会总监实行双层领导，即人事调动、任免、调级等由会计局统一管理，其他方面由企业代管。实质上就是执行会计独立的体制。再次，加强执法力度。制度的制定仅为其实施提供了依据，关键在于实施，只有做到有法必依、执法必严、违法必究，才能弘扬正气、打击邪气、扭转社会不良风气。企业应该建立健全的内部控制制度，以保证企业财产的安全完整，检查会计资料的准确性和可靠性，提高企业的经营效率以及促进企业贯彻既定的经营方针。现代企业制度下的内部控制已不是传统的查弊和纠错，其内容涉及企业治理机构的各个方面和各个层次。而保证会计信息的真实性贯穿内部控制发展的主线。提高企业管理者和会计人员的职业道德素养。作为企业管理者以及为管理者提供信息服务、参与经营决策的会计人员，要在实现愿望的同时尽到自己的责任，一方面是增强法制意识，另一方面是增强道德自律意识，增强道德责任心和责任感，保持职业良知，实现企业经济目标和人的道德水准的双重提升。

（八）建立成本管理保障措施

成本管理保障措施是为了保证成本管理方法措施的有效性和保证成本管理方法措施的顺利实施而建立的各种规范。建立成本管理保障措施主要通过建立起一系列的业务处理与报告应该遵循的程序和规范，以及通过对组织结构的设定、职能的划分与分工等，来保证组织内的各项活动按照有利于降低成本、有利于进行成本管理的方式进行。这些措施的功能不直接作用于成本发生过程本身，而是对处理业务的行为按照成本管理的需要加以倡导或约束，其作用是基础性的和防范性的。另外，在激烈的竞争环境中，为了及时了解环境、内部条件和竞争对手的变化可能带来的机会与威胁，还应该建立成本预警分析系统，对外部环境、竞争对手及企业自身条件的变化进行长期地观察，对可能出现的重大变化、对可能面临的机会和威胁做出及时的预报，使企业能够有充裕的时间做出反应。

（九）进行工作流程的整合，减少不必要的分工

我国原有的工作流程中既有适应现代企业发展的部分，也有不适应的部分，企业必须对此进行认真地研究，并加以改进。在此基础上企业在分析自身的竞争优势，确定企业的核心任务，撤销与此不相关的环节，减少不必要的层级。另外，企业以此为基础可以科学地设计和建设企业的信息渠道，使其在到达必要的环节的同时减少不必要的停滞，保证信息技术的通畅和有效。

（十）加强市场调查和信息反馈在成本管理中的应用

信息作为企业经营活动的一个重要因素，也是企业成本管理的有机组

成部分。随着经济的发展，成本管理越来越复杂，尤其是在现代成本管理又与科技进步紧密相连，企业成本管理水平能否随形势的发展而提高，经营能否顺利进行，很大程度上又取决于对成本的信息反馈水平。因此，企业成本管理也必须适应这一客观要求，不断提高信息管理水平。尽可能地吸收和借鉴中外成本管理的成功经验，抓住机遇，真正成为市场竞争中的强者。

二、具体改进

(一) 摒弃成本控制的“完美主义”

成本管理与产品质量管理一样，开始很难达到极小投入、最大收益的完美境界，而是通过一个不断改进的过程，才能逐渐实现尽量少的投入、尽量大的收益。PDCA 由质量管理引申到成本管理可以表达成本管理过程的循环性，但因其并没有强调质量管理应控制的范畴，这模糊了质量管理的控制方向性，引申到成本管理照样缺乏方向性，这是其最大的遗憾。这里，企业必须要先定义成本管理的控制范畴，然后再分析这些定义的合理性，再计划、执行、检查和处理过程，以增强成本管理控制的方向。另外，企业在进行成本管理的过程中，追求单个成本管理的完美性是必要的，但更要强调各个成本管理对象的协调性，因为单个完美，可能会造成整体的最不完美。

(二) 过程管理与结果管理目标一致

在进行成本管理时，企业大多更强调成本的过程管理，相信做好每个过程的管理肯定能达到一个好的结果。在简单的生产情况下，或许这一想法有效，但在复杂度和技术含量比较高的情形下，这一思维不一定正确，主要因为成本管理对象之间存在彼此消长的矛盾关系以及各个部门之间也存在职能和沟通的障碍，如果过于强调各个成本对象的最小化，结果是改善过头而增加一些不必要的成本或是一种成本减小而另一种成本增加，前面所举的低成本的采购和产品高质量的例子足够说明这一点。这样使结果管理的目标没有很好贯彻，甚至过程管理还会架空预算，增加一些不善成本。因此，在成本过程管理和结果管理中，更应突出结果管理，过程管理应服从结果管理。

(三) 认清不善成本

增值作业和非增值作业并不是衡量应付成本和不善成本的标准，衡量不善成本应从产品纯生产成本、效率成本、资金占用成本、人力资源成本、风险成本、安全成本、环保成本、客户营销成本八个方面综合考虑结果成本是否最优化，然后再对不善成本进行有效地控制。我国很多企业因为资金有限和订单不稳定的原因使其难以形成最佳规模生产，而且每位员工所创产值偏低，销售及管理费用偏高，使中小型企业获利能力一般低于大型企业。加上这些企业技术起点相对较低，工艺、设备往往落后，高级专门人才不足，很难实施全面技术更新，缺乏市场竞争力和盈利空间，制约着企业发展壮大。中小型企业成本管理基础比大型企业要薄弱，由于缺乏成本核算数据和成本分析技巧，因此也没有进行成本的控制，特别是对因管理失误和浪费所造成的管理不善。对采购成本、生产成本和营销成本控制的方法不到位，企业总成本总是降不下来，这才是中小型企业成本管理的症结。另外，中小型企业因工资与福利待遇相对较差，人员的更替率相当高。如果实际人员的更替率高于公司计划或者同行业的更替率，那么就使人力资源引进成本、培训成本、服务成本、评价成本和散成本出现重复性浪费。人员散所造成的后续损失：新招聘工人技术不熟练或操作错误而导致质量内部故障成本、非正常效率损失成本、直接安全损失成本、环境污染损失成本等管理不善成本。这些成本的严重性是不可低估的。

（四）树立企业成本管理的系统观念

在市场经济环境中，企业应树立成本的系统管理观念，将企业的成本管理工作视为一项系统工程，强调整体与全局，对企业成本管理的对象、内容、方法进行全方位的分析和研究。通过研究每种成本管理方法的本质及其适应的经济环境的特色，构建出系统的成本管理方法体系。一方面，为使企业产品在市场上具有强大的竞争力，成本管理就不能再局限于产品的生产过程，而是应将视野延伸到产品的市场需求分析、相关技术的发展态势分析及产品的设计，延伸到顾客的使用、维修及处置。另一方面，随着市场经济的发展，非物质产品日趋商品化，由此成本管理的内涵也应由物质产品成本扩展到非物质产品成本。如人力资源成本、资本成本、服务成本、产权成本、环境成本等。

（五）引入企业战略成本管理思想

现代企业所处的经济环境多变，竞争也日益激烈。因此，企业开始重视制定竞争战略，并依据顾客需求与竞争者情况的变动随时调整举措，这样就进入了战略成本管理阶段。战略成本管理是以企业的全局为对象，根据企业的总体发展战略而制定的。战略成本管理从企业所处的竞争环境出发，对企业内部、竞争对手及企业所处行业的价值链进行综合分析，从而达到知己知彼，洞察全局的目的，并由此形成价值链的各种战略。

（六）培养全员成本管理意识

目前，由于大多企业的领导和工程技术人员不懂成本，因而对他们所进行的设计、拟订的工艺、制定的计划及采取的措施，会对产品成本起什么作用、有多大的影响，一般无法估量。因此，加强成本管理，首要的工作在于提高广大职工对成本管理的认识，增强成本观念，贯彻技术与经济结合、生产与管理并重的原则，向全体职工进行成本意识的宣传教育，培养全员的成本意识，变少数人的成本管理为全员的参与管理变少数人的成本管理为全员的参与管理。企业应该高度重视专业人才的培养和使用，积极举办各种类型的成本培训班，借以提高他们成本方面的专业知识，从技术经济领域开辟降低成本的广阔途径，并在企业内部形成职工的民主和自主管理意识。实现自主管理，既是一种代价最低的成本管理方式，也是降低成本最有效的管理方式。

（七）做好成本管理基础工作

一是制定科学合理的消耗定额。参照行业和本部门的实际状况，制定科学合理的消耗定额作为核算及考核的参照依据，为准确核算打好基础。二是严格落实资金定额，控制规模和额度。资金占用通常涉及储备资金定额、生产金额、成本资金定额及流动资金定额等步骤，在成本管理中严格落实资金定额有助于企业资金战略的统筹使用和合理规划，以保证单位资金的运用自如、生产经营的井然有序。三是原始记录和凭证的完整性。涉及产品产量的传票、台账、劳动时间及个人考勤簿，原料的领料单以及相关消耗单等原始记录要划分责任部门保管，按规定的时间交回财务部门进行归集整理。四是内部价格的制定和执行。原材料计划价格的制定、生产成品库存的模拟计价等应保持响应的稳定性，以便成本计算、考核的一致性。

(八) 搞好企业成本性价比

成本是附属于产品之上的价值形态，其主体必须满足相关的质量标准，适宜顾客的使用价值需求，并不是越低越好。制造成本降低不能以偷工减料为手段，更不能擅自降低质量标准，损害顾客利益。运用价值工程管理成本，要搞好成本的性价比，树立正确的成本效益观念，不能一味地盯着可比产品的数字，要具体辨证、量比地分析和验证。

案例：北京三元食品股份有限公司

一、公司简介与成本控制现状

(一) 北京三元食品股份有限公司简介

北京三元食品股份有限公司是以奶业为主，兼营麦当劳快餐的中外合资股份制企业，其前身是成立于1956年的北京市牛奶总站，1968年，更名为北京市牛奶公司，1997年，成立北京三元食品有限公司，并作为北京控股有限公司成员企业在香港上市。三元食品于2000年3月通过ISO9001国际质量体系认证，2001年，公司改制成为北京三元食品股份有限公司，于2003年8月向社会公开发行人民币普通股15 000万股，9月15日在上海证券交易所成功上市。2004年7月份，公司成为国家质检总局首批通过市场准入，获得“QS”标志的乳品企业。同年，公司产品被指定为“人民大会堂”宴会专用牛奶。

(二) 北京三元食品股份有限公司成本控制现状

2004年10月，北京三元食品股份有限公司(以下简称三元)已经在北京市场上退居第三，排在蒙牛、伊利之后，而在巅峰时期，三元曾占据了北京市场份额的80%，即使是2003年，三元也有超过50%的市场份额。北京市场失守使得三元利润大幅度地下滑。三元第三季度的季报披露，2004年1～9月，该公司的营业利润为负5 439万元。2004年12月22日，郭维健因业绩原因，辞去三元董事总经理职位。三元之所以失去北京市场老大的地位，与企业成本控制不力有很大的关系。

首先，与蒙牛、伊利等清晰的品牌定位、强大的品牌塑造攻势相比，三元要差很多。2004年，即使是在北京市场上也很少能够看到三元的广告。这说明三元的成本控制理念不够先进，成本控制的深度和广度不够，在产品销售环节上按传统观念一味地节省成本，品牌的宣传和塑造落后于竞争对手。而且成本控制对产品销售阶段不够重视。

其次，三元的成本分析不力，价格也缺乏竞争力。2004年，蒙牛、伊利又发起多轮降价促销活动，第一轮价格战从6月底至8月中旬，国庆黄金周过后，第二轮价格战又重新燃起，甚至比上一轮来势更为凶猛。而在这两轮价格战中，三元均没能踏上节拍。由于加大了营销力度，蒙牛、伊利的销量都出现了不同幅度的提升。蒙牛乳业公布的上半年业绩报告显示：蒙牛营业额攀升105.2%，旗下三大产品（包括液态奶、冰激凌及乳制品）的营业额分别上升97%、84%及5.66倍。伊利上半年营业额为41.8亿元，比2003年同期增长了48.75%。在有限的市场规模中，对手市场份额的大幅提升必然导致三元市场的失守。成本控制乏力使三元的价格不能随竞争对手价格的调整而调整，成本分析没有考虑竞争对手可能采取的措施，而且忽视了市场环境的变化。2004年，各种原材料都出现了不同幅度的涨价，而同时，奶价却下跌了近四成。这虽然是全行业性的困难，但与它的主要竞争对手相比，三元的成本控制能力明显较弱。2004年1~9月，伊利主营业务成本占主营业务比例为70.34%，而三元的比例为79.11%。这直接导致了三元的主营业务利润率低于伊利8个多百分点。三元的管理费用占主营业务收入比例也是伊利的好几倍。

再次，三元的事前控制不力，成本控制制度不完善或者执行不力。三元的成本高于对手，除了地处北京，土地、原材料、环保以及奶源建设投入大，人工成本高于对手等客观原因之外，还有一些主观的失误。三元为了降低奶源成本，曾在北疆办了一个奶源生产基地，但因那里风沙太大、缺乏优质牧草，造成牛奶的杂质超标，卫生、生化指标不达标，最后不得不放弃原定的液态奶基地计划。2003年，三元又在澳大利亚建立奶源基地。当时三元认为澳大利亚和新西兰是传统的乳品出口国，占世界出口总量的40%左右。澳大利亚产奶量的50%用于出口。由于天然的资源优势，澳大利亚的鲜奶价格低于我国16%~18%，而且鲜奶质量明显好于我国。但由于汇率变化及澳大利亚气候干旱，三元澳大利亚基地生产的鲜奶的价格没有它预计的那么低。无奈之下，三元不得不放弃这个基地。

最后，成本控制的乏力使三元在2004年遇到了一系列的问题，虽然也有别的原因，但是成本控制失利是主要原因。因此，完善的成本控制制度的有效实施是企业高速发展的前提。结合三元2004年的失利，可以对我国企业成本控制存在的问题进行分析，从而找到解决办法。

二、企业成本控制的问题分析

（一）成本控制理念欠缺

现阶段，我国企业的成本控制观念仍然处于会计核算的财务会计成本阶段，很多企业的成本控制实质上只是控制生产成本，对生产成本以外的成本控制力度不够，这样就制约了企业的成本管理与战略管理、人力资源管理、质量管理、物资采购管理等之间的联系，无法与它们相融合，在成本与技术之间无法进行合理权衡。有些企业虽然有一些成功的控制成本的经验，但是还没有形成真正的现代化的成本控制理念。成本是生产经营活动中的一项综合性指标，涉及企业各方面的管理，同时也涉及各层次的人员。但是，长期以来，人们认为成本控制只是企业领导和财务人员的工作，而与企业的其他人员无关，造成广大的员工成本意识淡化，控制成本的积极性不高，造成材料或人力等的严重浪费。北京三元食品股份有限公司的主营业务成本就明显高于竞争对手伊利，除了客观原因之外，还有成本控制理念滞后的原因。

（二）会计信息和成本控制信息失真

企业会计信息和成本控制信息的失真，会致使及时有效的成本控制难以实现。会计信息失真的原因。可概括为以下几点：

（1）企业为了融资以及有些领导为了表现自己的业绩，要求财务人员作假账。虚增利润，隐瞒亏损，通过粉饰经营状况来达到自己的目的。

（2）现阶段我国的市场经济体制还不够成熟，相关的会计法规、制度还不够完善，会计工作还不够规范，《会计法》不能较好地贯彻落实，会计准则的制定滞后，不能很好地满足市场经济条件下会计核算的要求。

（3）由于会计人员的素质问题，主观上造成会计信息和成本控制信息失真。如因会计人员业务素质不高，日常账务处理不够规范，导致技术性会计信息失真，有的会计人员为了一己私利，与企业领导共同作弊，人为造成会计信息的失真，而失真的会计信息使大量的违法、违纪的腐败行为得以掩盖，严重影响成本控制和决策的有效执行。

(三)成本控制制度不完善，成本考核流于形式

有些企业既缺乏准确的成本预测体系，也没有建立健全内部成本控制制度，有些企业虽然制定了一些成本控制制度，但贯彻执行不利。有些企业对制度的执行缺乏全面的监督与考核，没有将考核指标切实落实到相关部门和个人，达不到调动职工积极性的目的。或者虽然建立了成本预测、决策、计划、核算、控制、考核和成本分析所组成的成本控制方法体系，却只是停留在成本核算和简单的成本分析上，对其他方法则运用较少。以上种种原因最终导致成本控制达不到预期的效果，从而造成不必要的损失浪费。

(四)事前控制落后，成本控制的基础工作较差

(1)事前控制落后，成本控制可以按照成本形成过程划分为以下内容:

①产品投产前的控制。

产品投产前的控制内容主要包括:产品设计成本、物资采购成本、加工工艺成本、生产组织方式、材料定额与劳动定额水平等。这些内容对成本的影响最大，这些控制工作属于事前控制方式，真实的成本还没有发生就开始进行成本控制活动，但它决定了将会发生的产品成本，对产品的成本水平起着决定性作用。

当前我国企业成本控制体系对事中控制和事后控制重点关注，容易忽视事前控制，往往只重视产品生产过程中成本的计划、分析与考核，对流通领域和技术领域涉及较少，成本控制体系只偏重成本的事后控制，忽视了事前的成本决策和预测，制约了企业的未来发展。近年来，一些企业引进了国外的成本控制的成功经验，开始运用预算成本、目标成本、计划成本等方法，在企业的实际经营过程中取得了一定的效果，但是在预算、计划和目标的制定上与国外企业相比还具有较大的差距。

②产品制造过程中的控制。

成本实际形成的主要阶段是产品的制造阶段。大部分的成本支出在这个阶段发生，包括原材料、能源动力、人工、各种辅助材料的消耗、工序间的运输费用、车间和其他管理部门的费用支出。产品投产前成本控制的种种设想方案能否在制造过程中贯彻实施控制措施，绝大部分的控制目标能否实现都取决于这阶段的控制活动的实施，它主要属于事中控制方式。由于成本控制的核算信息的滞后，会给事中控制带来很多困难。

③ 产品流通过程中的控制。

产品包装、厂外运输、广告促销、销售机构开支和售后服务等费用都是产品流通过程中的费用。在当前强调企业市场管理职能的时候，企业很容易采取种种不顾成本的促销手段，反而抵销了利润增长的部分，所以也要作定量的分析。

(2) 成本控制的基础工作较差，具体表现有以下几点：

① 企业的原始记录制度不健全，导致与成本控制相关的原始凭证缺失错误。

② 在定额管理制度方面，没有制定先进合理而又可行的原材料、动力、燃料和工资等消耗定额，因而不能以此来评价生产耗费是否合理、节约。不能以此来控制生产耗费、降低产品成本。

③ 在计量验收制度方面，没有适当的计量设施和方法，难以对各项物资进行准确的计量。如企业用电未按生产用电和辅助用电分开计量，造成产品动力消耗分摊不合理，增加产品的生产成本。

④ 没有企业内部成本制度，对于材料的领用、半成品转移等没有按计划成本结转，不能准确地计算与计划成本的差异和产品的实际成本。

⑤ 存货的清查盘点不够严格，不能准确地反映生产经营过程中的各种消耗和支出，账实不符。

(五) 成本控制的广度与深度不够

有很大一部分企业的成本控制没有切实贯穿从产品设计到产品产出直至售后服务的整个过程，其成本控制主要限于对企业产品制造成本及费用支出，往往会导致忽视企业的产品设计、采购与销售等过程中的成本控制，也忽视了其他相关企业的竞争及相关领域的变化对成本控制的影响，而且偏重于事后的反馈、分析，而事前和事中控制不力，更不能对成本进行精细化管理，难以形成系统完整的成本控制体系，从而根本不可能实现利润最大化的目标。

(六) 成本分析不力

1. 不能进行有效的成本分析

长期以来，我国企业的责任成本控制模糊，企业在成本控制上更多的只是关注生产过程中的分析，而且大部分都是以企业为对象进行成本分析，不能具体地分析制约成本的因素的变化。在进行成本分析时，也只是简单地将本期成本与上期成本、计划成本与实际成本进行简单的对比，虽然有时也与同行业的其他企业进行对比，但是分析时大都忽视市场等因素对成本的影响，这在一定程度上限制了成本控制的合理性和有效性，不利于企业对成本控制制度进行改进。

2. 缺少对竞争对手的分析

当前企业在进行成本分析时，除分析本期成本与上期成本、计划成本与实际成本之间的变动之外，缺乏分析本期实际指标与竞争对手以及国内外同行业企业的相关指标的差异的原因。而对于处在激烈的市场竞争环境中的企业来说，要形成持续的竞争优势和在竞争中取得有利的地位，必须通过分析自己与竞争对手的差距来确定竞争战略，来明确自己在整个行业中的优势和劣势，这将有助于企业进行战略调整和企业战略目标的实现。

三、解决企业成本控制中问题的对策

(一) 强化成本意识，树立成本效益思想

1. 提高现代成本控制意识

现代成本控制意识是指企业的管理人员对于成本控制和成本管理要有足够的重视，改变成本控制就是降低产品成本的传统看法，改变成本到一定程度就无法再降低的错误观念，充分认识到成本降低的潜力是无限的。对比成本与效益并从中取得最大的收益是现代成本控制的最终目标，成本控制是一项系统工程。要做到有效地控制成本，不仅对管理人员，还必须对企业全体职工进行成本意识方面的宣传教育，把成本控制意识灌输给每个员工。

2. 树立成本效益思想

企业的成本控制应与企业整体的经济效益直接联系，应以科学的成本效益观念看待成本及其控制的问题。企业的所有成本控制活动应从成本效益原则出发，从投入与产出的对比分析来判断投入的必要性与合理性，尽量以尽可能少的投入，创造尽可能多的使用价值，为企业实现更多的经济效益。这不只是节省或减少成本费用支出，而是运用成本效益观念来指导从新产品的设计到老产品的改进及产品生产经营的全过程的成本控制。现代企业不能单纯地为降低成本而控制成本，不能将成本控制和降低成本同等对待。企业不仅要关注产品的生产成本，还要关注生产的产品能在市场上实现的效益。

（二）从战略角度进行成本控制分析

现代企业所处的经济环境多变，市场竞争也越来越激烈。因此，企业必须重视制定竞争战略，并依据市场需求与竞争者情况的变动随时调整竞争措施，这样就进入了战略成本控制阶段。战略成本控制是从企业的全局出发，根据企业的总体发展战略而制定的。战略成本控制是从企业所处的竞争环境出发，对企业内部、竞争对手以及企业所处行业的价值链进行全方面的分析，从而对企业自身和竞争对手全面深入地了解，并由此形成基于价值链的各种战略。首先，应了解企业所在行业的状况、发展前景和企业在行业中所处的位置，对行业价值链的各个环节进行分析，找出发展机会、威胁和企业的优势、劣势。其次，对价值链进行分析，把成本控制应用到价值链的各个环节，寻求降低企业成本的各个环节。最后，通过对价值链的分析，消除一些既消耗成本又对提高企业价值和竞争力没有帮助的环节，尽量降低成本。

（三）扩大成本控制范围

尽管我国企业一直在寻找一条有效地降低成本的途径，许多企业也都提出了全方位、全员性、全过程的成本控制模式，但是在成本控制的现实操作中，大部分企业把成本控制的着力点放在对生产成本的单一控制上，而对成本控制中的供应与销售环节则考虑不多。忽视了工艺设计、基础调研、产品设计等环节对产品成本的影响，而这三个阶段足以决定企业的命运。企业成本控制的范围，不仅包括生产领域成本的控制，而且包括流通领域成本的控制，还要对研究、开发和设计成本进行控制。

要完善成本控制的内容，就要重视对供应过程、生产过程、销售过程三个过程的成本控制。首先，要完善供应过程的控制，在供应过程中，物资采购的成本控制，物资保养、物资筹集的成本控制都需要加强，做好供应成本的核算和控制。其次，要完善生产过程中的成本控制，在完善生产过程成本控制中，特别要注重产品设计和工艺过程中的成本控制，把原材料和人工的消耗降到最低，以最低的成本生产更多数量、更好质量的产品。最后，销售过程中的成本控制也要重视，在这个过程中，关键是对销售成本和售后服务成本的控制，要考虑到这两个方面的所有细节，尽量在每个环节降低成本，在销售量提高的同时尽量降低销售成本。总而言之，在企业的成本控制中，要把供应、生产、销售三个过程有机地统一起来，形成供应、生产、销售过程集成的成本控制体系。

(四)引入先进的成本控制方法和手段

随着科学技术的发展，企业生产的自动化程度越来越高，直接人工成本不断减少，而间接费用的比例则随之扩大，这就导致了作业成本法的产生。下面就以作业成本法为例说明先进的成本控制方法的优点。

作业成本法的优点有以下几点：

1. 解决传统成本控制信息失真的问题

在自动化和信息时代，直接人工占生产成本的比例大大减小，而间接费用的比例却大大增加。倘若企业仍以日益减少的直接人工为基础来分配这些比例逐渐增大的间接费用，往往是产量高、技术含量低的产品成本被多计，而产量低、技术含量高的产品成本则会被少计。从而造成产品成本信息的严重失真，进而引起成本控制的失效，导致经营决策失误。

2. 有利于找出降低成本的机会

作业成本法以作业为成本计算对象，作业消耗各种资源，产品消耗作业，而资源的消耗也就是成本的发生。控制成本要对发生在生产产品的各项作业上的成本进行控制，对各项作业上的成本进行了有效的控制，则产品的成本也就得到了有效的控制。以作业为对象控制成本，可以找到驱动成本的因素，从而找到有效的成本控制方法。

3. 有利于企业作出正确的决策

决策合理的基础是科学的成本计算。在劳动密集型产业中，总成本的绝大部分都是人力、材料等直接成本，间接成本所占的比重很小，所以间接费用的分配所占的比例也较小，对成本的影响几乎可以忽略不计，通常不会导致决策的失误。但是，如今企业生产的自动化、智能化程度越来越高，生产工人工资等直接成本所占的比例大大减少，间接成本的比例则大幅度增加，按传统成本法计算失真信息的数额也越来越大。而且，随着行业之间的竞争日益激烈，许多产品的市场单价已经接近其成本，能容忍的成本误差很小。此时如果仍然根据传统成本信息作出决策，往往是有些产品本来是赢利的，企业误以为是亏损的，导致企业错误地拒绝了订单，丧失了市场机会。而有的产品，实际上是亏损的，但是企业误以为是赢利的，导致企业错误地接受了订单。这样，传统成本法进一步加剧了利润报告的严重失真。而采用作业成本法后，则可以避免这些问题，成本信息更加科学、合理，从而使企业的相关决策更加合理。

4. 有利于企业优化资源配置

对资源如何一步一步消耗的过程可以通过实施作业成本法来进行细致而具体地分析和控制，来优化价值链、作业链和产品种类与生产数量的组合，从而优化资源配置，发挥企业内部各部门之间、各工艺和生产环节之间的协同作用，充分利用资源。

（五）建立成本控制保障措施

为了保证成本控制方法措施的合理有效和保证成本控制措施的顺利实施而建立了各种规范，这些规范组成了成本控制保障措施。为了建立成本控制保障措施，除了建立一系列的业务处理与报告应该遵守的程序制度和相关规范之外，还应对企业组织结构的设定、职能的划分与分工等进行科学合理安排，来保证企业内的各项生产经营活动按照有利于降低成本、有利于进行成本控制的方式进行。这些措施不直接作用于成本形成过程本身，而是对处理业务的行为按照成本控制的需要进行制度上的规范和约束，具有基础性和防范性的作用。另外，在激烈的市场竞争环境中，为了及时了解内部和外部环境、内部条件和竞争对手的策略可能带来的机会与威胁，还应该对外部竞争环境、竞争对手及企业自身条件的变化进行长期详细地观察，对可能出现的影响企业的重大变化、可能面临的机会和挑战做出及时的反映，使企业能够有充裕的时间作出对策。

（六）健全成本考核制度，完善成本控制制度

考核是实现成本控制的重要手段和措施，没有严格规范的考核制度，其他管理制度也就形同虚设。因此，首先应该建立健全成本考核指标体系。首先，制定成本考核指标，如目标成本、目标成本节约率（目标成本节约额 / 目标成本）等指标。其次，根据相关数据计算成本考核指标，综合各方面的影响因素，对各方面的成本控制工作进行评价。通过设置成本费用考核指标体系，对各项成本指标进行分析，定期对各成本责任部门和个人进行考核和评价，并建立相应的奖励和惩罚机制，将考核结果同职工的经济报酬挂钩，做到有奖有罚、奖罚分明，才能真正形成一套合理完善的，权、责、利相结合的成本控制制度。

总而言之，成本控制对于企业的生存和发展至关重要，成本控制的优劣可以决定一个企业的命运。企业成本的控制是和企业自身的努力分不开的，在激烈的市场竞争中，企业只有将成本控制在同行业的先进水平之上才能保持优势地位。而且很多企业的生存危机也是因为成本控制乏力引起的。因此，企业必须做好成本控制工作，才能保证企业的持续健康发展。

第十二章　建筑施工企业项目成本控制分析

随着经济体制改革的深入发展，国有建筑施工企业已经成为自主经营、自负盈亏的经济实体，利润最大化成为企业最主要的目标之一。面对激烈的建筑市场竞争，企业不仅要生产出用户满意的产品，还必须保证企业合理的利润，获得最大的经济效益，才能推动企业可持续发展。在这种情况下，先进的成本管理和完善的成本管理体系就成为企业获得市场主动权和竞争优势的基础。

工程项目成本控制是以施工项目为管理对象，以项目经理责任制为中心，以合同为依据，按施工项目的内在规律，实现资源的优化配置和对各生产要素进行有效地计划、组织、指导、控制，取得最佳的经济效益的过程。成本控制的目的在于降低项目成本、提高经济效益。本文拟结合工作实践和项目成本管理现状，对施工企业成本管理进行探讨，并提出加强项目成本控制的方法和建议。

第一节　成本控制的基础

当前，项目成本管理的方法多种多样，万变不离其“宗”，关键要在强化和规范项目内部管理上下工夫，这是加强项目成本管理的基础。只有加强项目内部管理，形成完善的成本控制机制，才能使成本管理落到实处。

一、成本控制的基础

企业新进员工应树立成本意识，养成节省费用的习惯，不浪费企业的资源。我们从采购成本、时间成本和生产成本方面介绍了成本降低的技能和方法，新进员工可以从这些方面入手，掌握成本降低的方法。

(一) 牢固树立成本意识

在项目管理的过程中，只有树立起全过程成本控制意识，将成本管理的观念贯彻到项目管理工作的每个方面，才能真正将成本管理落到实处。推进项目成本管理，必须树立全员、全面和全过程控制的意识。全员控制是指成本控制不是某个人的职责，而是涉及项目各单位、各部门和个人，每个部门乃至个人都要肩负成本责任，真正树立起全员控制的观念。全面控制是指成本控制不是单纯的就成本管理进行成本管理，而是涵盖了项目管理的方方面面，应围绕成本管理开展项目管理工作。全过程控制是指项目成本的发生贯穿项目整个周期，因此从投标开始至中标后的实施及完工都要有成本控制的意识。从目前的现状来看，在这个过程中，施工、竣工阶段的成本管理意识较强。而标前，成本管理意识较为薄弱。有的建筑施工企业标前成本管理意识缺乏，成本预算不到位，造成有的项目中标即亏损的现象。

成本意识是现代企业成本管理中一个基本立足点，它要求除企业管理者和参与成本控制的管理人员之外，企业全部人员应对成本管理和控制有足够的重视，全员树立成本意识，不受成本无法再降低、企业技术和人员素质低无法降低成本等传统思想的束缚，要使企业全体员工充分认识到成本降低的潜力是无穷无尽的。

企业的目标是利润，而决定利润的多少主要有两个因素，一个是成本，另一个是产品价值。传统成本管理是以企业是否节约为依据，片面地从降低成本，致力于避免某些费用的发生入手。而现代成本理念即强调的是成本效益理念，成本效益理念可以通俗地表述为:“为了省钱而花钱”的思想，即为了长期、大量地削减开支而应该支出某些短期看来好似高昂的费用，不是简单地以成本的高低作为评价标准，而是投入与产出之比作为评价标准，则现代成本控制表现在两个方面，一是在产品成本既定的情况下产品价值的增加，二是在产品价值既定的情况下耗费的降低。

企业成本是企业对所控资源的耗用，包括人力、物力、技术和信息等，而这些耗费最终作用在最终产品上，但其起关键作用的耗费主体是企业的所有员工，尽管企业资源耗费在很大程度上取决于企业领导层的决策，取决于产品的设计和流程设计的合理性，但最终的执行还得落实到每个员工身上，员工的责任心、对流程的执行度、操作的熟练程度、操作的技巧等都直接影响到企业的最终成本。另外，产品在技术、功能、外观上的创新虽然可能不会降低其耗费，但有可能增加产品的价值，这也是一种成本节支方式。只有让全员树立起现代成本意识，才能充分调动大家的成本控制意识，才能最大地挖掘企业的成本控制潜力。树立企业全员成本意识不光表现在企业有多少成本制度、有多少成本控制人员，其根本应将成本效率观念融入到企业每个员工的血液中，要使企业每个员工都能自觉自愿地、随时随地为增加产品价值、节省各项耗费着想。

要在企业全员中树立起现代成本意识，应有健全的成本控制体系，有科学的培训安排、严格企业作业流程，关键是完善各项成本管理奖惩制度(当然这个制度不能仅停留于纸面上，要切实落实到实处)，毕竟在目前全民都在向“钱”看的情况下，挖掘全员动力的根本原因还是无法避开个人的切身利益。

(二)建立完善的组织机构

要搞好项目成本控制，必须解决“谁来抓”“如何抓”的问题。项目目标责任成本管理能不能落实到位、能不能深入到底，关键在于有没有健全的组织。为推行成本管理，各单位要成立包括工程技术、施工管理、财会、合同、物机、审监、人力资源等相关部门领导及成员组成的成本管理领导小组，负责项目部的成本管理、指导和考核。项目部也要成立相应的目标成本管理领导小组，负责本项目部目标责任成本的管理、实施、核算和考核。各业务部门之间要加强横向联系和配合，充分发挥业务部门的职能作用，使各项工作有章可循、有法可依，自觉做好项目部成本管理工作。

企业成本控制不是某个部门的事，更不是某个领导的事，它是企业管理过程中的一个系统工程，是企业全体员工的事，需要一个完善的控制体系，这个完善的企业成本控制系统包括成本控制的组织系统、企业信息系统、企业考核制度和企业奖惩制度等内容。

传统成本管理和现代成本管理也好，一般是将企业目标采用预算的形式将成本逐级分解到各个责任单位，然后再将各个部门成本完成情况与预先给定的目标进行比较，寻找差异和差异产生的原因，提出改进办法，以至于循环往复，达到不断降低企业成本的目的。

(三)选择可行的成本控制方法

企业成本如何计算，包括成本计价、汇集、分配等这些都是基础会计工作。不用多说，这里只简要说一下企业成本控制方法。成本控制是指运用以成本会计为主体的各种方法，预定成本限额，按限额开支成本费用，以实际成本和成本限额比较，衡量经营活动的业绩和效果，并以例外管理原则纠正不利差异，以提高工作效率乃至超过预期的成本限额的整个过程。简单地说，成本控制方法就是成本预测、差异分析和差异改善的方法的集合，包括：制定并下达成本费用预算，作为控制的依据；发动员工积极参与成本标准的实现；根据成本标准审核成本开支，防止损失浪费的发生；计算脱离成本预算的差异，分析其发生原因，确定责任归属；修正成本标准，改进成本控制方法，使成本进一步降低。

成本控制无论采用什么方法都得先划分各个责任中心，再根据企业战略和总体目标，来给定各个责任中心应当达到的成本、费用控制目标。简单地说，就是企业成本费用预算，至于这个预算是采用标准成本、趋势预测、本量利分析、敏感度分析、经济模型预测、目标倒推还是拍脑袋决定出来的，应当根据各个企业、企业内部各单位所承担责任不同、控制要求不同、控制阶段不同而选用不同的成本预算方法。同样道理，成本差异的分析方法，成本改善的方法也很多，因此成本控制方法不是一成不变的，应根据企业情况选择适用企业管理要求的成本控制方法。

正因为各个责任中心在企业成本中所起的作用不同及成本控制方法的多样性，在同一个企业不同的部门或同一个部门不同的成本属性，所采用的成本预算、分析、差异改善的方法可能不一样。一般而言，对企业各事务性部门的相对固定费用多采用限额方式进行控制，对企业制造性部门采用标准成本进行预算控制，企业技术开发部门所开发新品成本多采用目标成本、限额成本或弹性预算进行控制，对企业采购、销售部门可采用限额或作业成本进行控制。

总而言之，尽管企业都在采用不同的方法实施企业成本控制，但无论选择什么样的成本管理办法，成本意识树立、成本控制体系建立和控制方法选择这三步是必不可少的，但愿每个企业都能根据自身特点找到适合自身需求的成本控制手段。

(四) 完善的制度建设及相应的配套措施

要加强项目成本管理的制度建设，并对这些制度进行细化，制定配套措施，使这些制度具有可操作性，才能使项目成本管理从制度转化为实践成为可能。围绕责任成本管理，要大力加强财务管理体系建设，加强固定资产、存货、货币资金、担保、对外投资等会计内部控制规范的制定，制定和完善预算管理、资金账户管理、效绩考核、项目部财务管理等方面的办法，增强项目成本管理的方法、程序具有很强的实践性和可操作性，使项目部推行成本管理成为可能。

二、在工程建设中成本控制的内容

那么在工程建设中成本控制都有哪些内容呢？笔者通过十几年的工作经验，分析总结有以下几方面：

(1) 合同方面：依据施工图、承包合同为依据，根据合同要求的工程项目、质量、进度等指标，详细地编制好施工组织设计，以此作为制定计划成本的基础。对合同中的暂定项目和存在变更的分项工程，及时申报，尽可能地增加工程收入。用合同赋予的权利合理的增加收入，减少支出。

(2) 技术方面：首先，根据施工现场的实际情况，科学规划施工现场的布置，为减少浪费，节约开支创造条件；其次，依据自身的技术优势，充分调动管理人员的积极性，开展提合理化建议活动，尽可能地扩大成本控制的范围和深度。

(3) 质量和安全方面：严格按照工程技术规范和安全操作规程办事，减少和消灭质量和安全事故的发生，使各种损失减少到最低限度。

(4) 机械管理方面：根据工程的需要科学、合理的选用机械，充分发挥机械的效能；要合理的安排施工段落，以提高现场机械的利用率，减少机械费用成本；定期保养机械，提高机械的完好率，为整体进度提供保证。对于必须外租的机械设备，要搞好市场调查摸底。

(5) 材料方面：材料采购要遵循“质量好、价格低、运距短”的原则，进场材料要正确计量，认真验收，最大限度地减少采购过程中的管理消耗。根据施工进度计划科学组织材料的使用计划，避免停工待料现象发生；材料的领用应严格控制，定期盘点，随时掌握实际消耗和工程进度的对比数据；对于周转材料要及时回收、整理，使用完毕及时退场，这样有利于周转使用和减少租赁费用，从而降低成本。

(6) 行政管理方面：首先，要精简管理机构，避免人浮于事，减少不必要的工资性支出；其次，控制业务费等各项非生产性开支的数量。行政办公用的财产物资，一律登卡使用，防止损坏和流失；

(7) 财务方面：财务部门是成本控制的重要组成部分，主要是通过审核各项费用的支出，平衡调度资金以及建立各项辅助记录和配合经理部对各部门成本执行情况进行检查监督等手段，对工程进行全方位的成本分析，并及时反馈到决策部门，以便采取有效措施来纠正项目成本的偏差。

三、企业成本的控制方法

麦肯锡曾这样评价中国企业:“成本优势的巨人却是成本管理上的侏儒。”特别是人力成本方面，由于管理者与员工长期片面形成的“人本观念”，没有全面理解“以人为本”的实质，从而进入了“人本陷阱”，造成人工成本呈现失控状态，最终导致企业利润与人工成本的失衡，也成了企业管理者最“头疼的顽疾”。

其实，成本控制是一门花钱的艺术，而不是节约的艺术。关键是如何将每一分钱花得恰到好处，将企业的每一种资源用到最需要它的地方。如何控制好企业的人工成本呢？我们首先要从企业成本控制入手，把人工成本控制放入企业成本的“大局”之中来分析，如果只以“人工成本”论成本，必将起不到应有的效果。著名经济学家吴敬琏说：“成本控制是一门花钱的艺术，而不是节约的艺术。以节约为成本控制基本理念的企业只是土财主式的企业，他们除了盘剥工人和在原材料上大打折扣以外，没有什么过人之处。”所以，我们需要学习现代企业应有的成本控制战略以及方法。

(一) 企业总体成本的控制

1. 明确战略目标

方向正确等于成功了一半，成本控制也一样。实际上，企业降低成本的途径必须以提高 (或不损坏) 其竞争地位为指针。具体地说，如果某项成本措施削弱了企业的战略地位，就应弃之不用；如果某项成本的增加有助于增加企业的竞争实力，这种成本的增加就是值得鼓励的。如果企业把成本作为战略来看待，那么成本管理就已经不仅仅是财务部门的事情，也不仅仅是生产部门的事情，它更应该是全方位、多角度、突破企业边界的成本管理体系。

那么，如何确立这个体系呢？就是运用价值链分析手法，分析企业内部、所处行业以及竞争对手的价值链构成状况，从战略角度确定控制成本的基本方向。

(1) 进行企业内部价值链分析。

对各个部门、各个环节进行了梳理，对每一个环节的成本与收益进行了细化。如广告需要的成本是多少？创造的价值是多少？运输需要的成本是多少？创造的价值是多少？除此之外，还对管理部门、销售部门、采购部门等主要部门的成本与效益进行了梳理。

(2) 进行行业价值链分析。

行业价值链是什么呢？简单地说，企业即存在于某一行业价值链的某个点，这一联系存在于行业内部为消费者提供某种最终产品或服务的相关企业之间。实际上，上、下游与渠道企业的连接点都能够显著地影响企业的成本，如供应商产品的包装能减少企业的搬运费用，而改善价值的纵向联系可以使企业与其上、下游和渠道企业共同降低成本，提高整体竞争优势。

(3) 分析竞争对手的价值链。

竞争对手的价值链和本企业的价值链在行业价值链中处于平行位置，通过对竞争对手价值链的分析，可以测算出竞争对手的成本。然后，与自己企业之相比较，就找出了与竞争对手在作业活动上的差异，最终就可以确定扬长避短的策略，争取成本优势。

①与对手差距不大的环节，提高起来成本较高，应保持其现有状态。

②与对手差距较大的环节，加大投入。

③有可能形成较大优势的环节，要加大投入，争取形成压倒性优势。

这样，在对企业内外、横向、纵向的价值链进行深入分析的基础上，结合了企业的长远战略诉求，并根据所处产业竞争环境的变化，对价值链进行了适应性的重构。并在此基础上形成一份内容详实的成本控制计划。

2. 四步执行法

执行成本控制计划可分四步走：

(1) 削减。

通常说来，在企业的整体因素基本确定的情况下，企业对成本的控制应该着眼于每项生产经营活动所产生的成本，这既包括企业为生产的产品所付出的作业劳动，同时也包括这一过程所消耗的资源。

消除生产经营成本的第一个手段就是从减少非增值作业入手。在一般情况下，企业的销售为增值作业。而大部分的仓储、搬运、检验以及供、产、销环节的等待与延误等，由于并未增加产出价值，为非增值作业，应减少直至消除。可以通过缩短采购时间和加快交货时间来解决。

(2) 明确各部门的成本任务。

公司最高层领导和财务总监应将企业的整体成本进行了详细地核算，将成本控制的压力分解到每个部门头上。

在这方面，我们可以学习邯钢“模拟市场核算、倒推单元成本、实行成本否决”全员成本管理的方法。具体做法就是实行成本倒推，测算出各项费用在每公斤成品中的最高限额。然后横向分解落实到各部门，纵向分解落实到销售小组和个人，层层签订承包协议，并与奖惩挂钩，使责、权、利统一，最终在整个企业内形成纵横交错的目标成本管理体系。由于成本控制计划极细，小到一张 A4 纸都要斤斤计较。为此，公司还应该专门组织一个督察小组，每天对每一个环节进行跟踪检查、记录和打分。

(3) 精细化管理。

很多优秀的管理者都说过，没有数字进行衡量，就无从谈及节俭和控制。伴随着成本控制计划出台的是一份数字清单，包括各工种员工工资、电费、办公用品费、销售费用、油费、样品费等几十项费用。

我们可以将费用分为可控费用 (人事、水电、包装、耗材等) 和不可控费用 (固定资产折旧、采购、利息、销售费用等)。每星期、每月、每季度都由财务汇总后发到管理者的手中，超支和异常的数超支和异常的数据就用红色特别标识据就用红色特别标识。在每周一的例会和每个月月底的总结会议中，相关部门需要对超支的部分作出解释。

为了让员工养成成本意识，财务部还需要编写一本工作流程与成本控制手册。该手册从进货、电、水、印刷用品、劳保用品、电话、办公用品、设备和其他易耗品方面提出控制成本的方法。但是，绝对不会机械地安排资金，有效地激励也是成本控制的好办法，成本控制奖励也可以成为员工工资的一部分。

(4) 成本管理的提前和延伸。

制定成本控制计划时，还要树立“成本管理提前”的概念。在企业成本结构中，流程的前端与后端的成本比重逐步增加，所以成本管理不应停留在过程的耗费控制方面，更应着眼于前端产品选择及采购的成本控制、后端的营销和顾客使用成本的控制以及跨组织的成本管理等方面，深入到企业的供应、营销及售后服务部门，超越企业边界，相互协调地进行成本改进。从产品的选择设计开发开始，就要尽力设计满足目标成本要求、具有竞争力的产品，从源头上控制成本的发生。

3. 不可不察的细节

当然，一个企业的成本控制远非几千字所能描述清楚的，以下是成本控制的一些细节，这也是在实践中可运用的部分技巧。

(1) 现金折扣激励回款。

如果客户在30天内偿付货款，就给予2%的折扣；60天内付款，就给予1%的折扣；90天内付款，就必须全数收取。采取折扣的方式鼓励销售回款。

(2) 借助应收账款融资。

企业将应收账款出让给贷款者以筹措资金，企业可以在商品发运出去以前向贷款者申请借款。经贷款者同意，即可在商品发运以后将应收账款让售给贷款者。贷款者根据发票金额，减去现金折扣、佣金以及主要用以冲抵销货退回和销货折扣等扣款后，将余额付给筹资企业。如摩托罗拉中国公司10亿元应收账款曾让中国工商银行购买，这样的做法也可以借鉴使用。

(3) 年终返利打款激励。

借鉴空调业的操作技巧，生产企业的惯例是利用年终返利政策等来吸引经销商提前打款。至于企业提前打款的时间和奖励额度，一般根据企业的产品情况和对资金需求程度计算成本和收益，有些企业提前打款的时间和奖励额度(按打款额)分别为1~2个月为6‰、2~3个月为12‰、3~6个月为24‰。奖励以现金形式在年终一次性给予奖励，对提前打款者优先供应货源。这种办法不仅解决了应收账款的问题，还起到融资的作用。

(4) 延长应付账款期限。

赊账通常被视为现金的来源，因为只要你在一个比较合适的期限内延长付款时间，你就相当于有了一笔无利息的贷款。

(5) 区分人工工资与人工成本。

两者的区别在于生产效率。杰克・韦尔奇认为：“支付更高工资的同时，使人工成本最低是完全有可能的。”即使工资在增长，但如果总体生产效率上升幅度大于工资增长，总人工成本相对总产值的比例也下降了。

(6) 做好淡旺季的人资衔接。

企业一般用淡季裁员的方式来解决人工闲置，并充分利用《劳动法》相关规定中“以完成某项工作为期限”等依据，减少裁员所支付的补偿费用。

(7) 消除人员重叠。

彻底清查公司各部门间是否存在职能相互重叠的现象，从而导致无谓的人力成本浪费。将相互重叠的职能整合起来，通过共享作业或服务来降低人力成本。

(8) 循环取货。

学习上海通用的办法：上海通用的运货车每天早晨从厂家出发，到第一个供应商那里装上准备好的原材料，然后到第二家、第三家，依次类推，直到装上所有的材料，然后再返回。这样做的好处是，省去了所有供应商空车返回的浪费，充分节约了运输成本。

(9) 转移库存。

对于那种季节性，特别是持续时间比较短暂的产品，在旺季来临时往往需要有大量的存货以应对骤增的销量，这就会对库存产生极大的压力，同时占用大笔的流动资金。一个可以借鉴的解决办法就是：要求各经销商在旺季来临之前，如果提前两个月提货付款，产品按原出厂价的70%计算；如果提前一个月提货付款，按原出厂价的85%计算；如果到了旺季来时再提货，就必须按原出厂价的全价付款。这种办法只要折扣收益低于库存成本和资金成本，就有利可图，而且还一同解决了应收账款的难题，加快了资金周转。

(10) 不采购多余功能的设备。

如果通过分析，我们可以知道公司计算机在80%的时间里都是做文档处理工作，只有20%的时间才真正使用一台计算机的全部功能。公司可以采购低档次的PC机，为企业节约了大量投资。

(二) 人工成本的控制

人工成本的控制要通过人工成本指标的分析，建立企业人工成本分析的控制体系，即从人工成本的增长状态进行弹性控制，从人工成本的水平状态进行比率控制。同时加强企业人工成本控制的对策，寻求企业人工成本控制有效途径，以保证企业利润和职工收入实现“双赢”。

1. 人工成本范围及指标体系

(1) 人工成本的概念及范围。

人工成本是指企业在一定时期内，在生产、经营和提供劳务活动中因使用劳动力而支付的所有直接费用和间接费用的总和。

按我国劳动部颁发的〔1997〕261号文件规定，人工成本范围包括职工工资总额、社会保险费用、职工福利费用、职工教育经费、劳动保护费用、职工住房费用和其他人工成本支出。其中，职工工资总额是人工成本的主要组成部分。

(2) 人工成本的指标体系。

常用的人工成本分析指标有三类：人工成本总量指标、人工成本结构指标、比率型指标。

人工成本总量指标反映的是企业人工成本的总量水平。人工成本结构指标是指人工成本各组成项目占人工成本总额的比例，它可反映人工成本投入构成的情况与合理性。人工成本分析比率型指标是进行企业人工成本分析控制常用的指标，是一组能够将人工成本与经济效益联系起来的相对数。

2. 企业人工成本的控制体系

(1) 人工成本弹性控制思路。

企业人工成本的弹性控制体系是考察人工成本的增长状态，即从动态的角度通过对人均人工成本变动幅度分别与人均增加值、人均销售收入、人均总成本变动幅度的比值，即弹性的控制，把人工成本水平的提高控制在经济效益和投入产出水平所能允许的范围之内。

(2) 人工成本水平状态控制思路。

企业人工成本的比率控制体系是从水平状态考察人工成本，即从分配水平的角度控制人工成本，旨在使企业在分配方面更好地兼顾个人、企业、国家三者的利益关系，保证企业的持续、稳定发展。人工成本的水平状态主要是从人工成本的比率指标来考察的，以行业平均的劳动分配率、人事费用率、人工成本占总成本比重这三个比率指标为参照，衡量企业与行业对应比率指标的偏差程度。显然，企业的这三项比率指标应当低于行业平均水平，且这三项比率指标都不能为负值，所以计算出的综合偏差率应大于0且小于等于1，符合这一条件的企业是人工成本比率控制较好的企业。反之，则认为该企业在人工成本的比率方面失控了。

3. 企业人工成本管理的对策

(1) 提高对加强人工成本管理的认识。

人工成本管理仍然是企业管理中的一个薄弱环节。提高对加强人工成本管理的认识问题，首先是从战略上，认识到它是关系企业多方位市场竞争中生死存亡的重要战略因素；其次是从分配的角度，认识到它是正确处理企业、职工两者利益的重要经济杠杆，它是调节劳动者这个利益主体的经济行为，从而调节劳动力资源的配置，形成企业的激励和动力机制的经济因素；最后是从管理上，认识到它是关系人才资源开发，关系企业经济效益的提高，关系到对活劳动消耗进行监督、投放的重要工作。

(2) 精减人员、合理定岗定编，控制劳动力的投入。

精减人员、合理定岗定编是加强用人管理的基础，也是节约活劳动、降低人工成本的基础工作。若企业冗员太多，必然造成人工成本投入不合理和人工成本的无效益增长，职工收入水平反而难以提高。

(3) 加强人工成本的比率控制。

目前，在比率控制方面存在着在低水平的基础上收入过分向个人倾斜的问题。例如，有的企业劳动分配率、人事费用率和人工成本占总成本比重都高于行业平均水平，主要在于企业所创造的增加值中绝大部分用在了人工费用上，而用于扩大再生产的积累所剩无几，明显存在收入过分向该企业职工倾斜的问题。

加强比率控制的措施主要表现在以下两点：

① 控制标准的细化，细化到行业内各种不同类型企业，建立行业内各种类型企业的人工成本分析与控制体系，即以各类型企业平均的劳动分配率、人事费用率、人工成本占总成本比重这三个比率指标为参照，来考察其所属企业与之对应比率指标的偏差率，从水平状态考察企业人工成本的比率控制情况。

② 加强宏观调控，在政策上对比率控制采取相应的措施。对于比率控制较好的企业，在保持人工成本合理比例的基础上，允许适度地提高工资总额，在增加职工收入、调动劳动者积极性的同时，保证利润目标的实现，提高企业的经济效益。这样，使企业人工成本的比率指标始终保持在有竞争力

的水平之上，既有利于人力资源的开发、利用，又能形成良性的经营循环。对于比率失控的企业，必须使其将过高的人工成本比率指标降下来，调整好人工成本与增加值、销售收入、总成本的比例关系。加强对工资总额的控制，建立工资的控制体系，将人工成本控制指标纳入对经营者目标责任制的考核内容，对人工成本双向失控的企业要追究企业领导人的责任等。

(4) 加强人工成本的弹性控制。

加强弹性控制，保持人均人工成本增长低于人均增加值及人均销售收入的增长幅度，使人工成本与产出效益保持合理比例，这是人工成本控制的核心问题，也是人工成本控制的最关键的预警线。人工成本是一种消耗要素，这种消耗的必要性必然是它为企业带来产出的大小，从企业资本经营的角度来考察，人工成本决策的首要依据是经济效益的高低，人工成本支出的阂限值必然是收益大于成本。

为加强人工成本的弹性控制，在措施上可从以下四个方面着手：

① 建立企业人工成本弹性分析与控制体系，总结经验与教训，不断提高人工成本管理水平。弹性控制有效的企业要总结经验，在已有成效的基础上继续巩固，通过人工成本的控制寻求进一步改进企业经营管理的途径。弹性控制好的企业，说明其对人工成本的投入带来了相应的产出效益，是增收增效的人工成本，既提高了职工收入，调动了劳动者的积极性，又使企业的整体经济效益有了提高，有利于企业的生存和发展。人工成本弹性失控的企业要进行因素分析，寻找失控的具体原因进行改进。有的企业在人均人工成本增长的同时，人均增加值、人均销售收入、人均总成本也有所增长，但增长幅度却低于人均人工成本的增长幅度。说明在对人工成本投入的过程中，并未带来经济效益的同步增长，也就是人工成本的相对投入量过高，这就需要企业在今后的生产经营过程中，结合人工成本的弹性控制体系，采取相应的措施，进一步减少无效的人工成本消耗，以利于企业的生存和发展。

② 从生产经营上找途径，增加产出，即增加值与销售收入的增长。例如：开拓市场，扩大销售额，扩大高增加值产品的生产；加大科技投入，调整产品结构，采取有利的产品组合战略，增加产品中的科技含量等。

③ 加速转变经济增长方式，加强集约型经营，不断提高生产技术水平，提高劳动生产率，降低单位产品的人工消耗，降低产品的物耗成本，降低总成本，在少增加投入或不增加投入的基础上提高企业产销总量，增加利润

总额。

④ 严格限制、减少无效消耗人工成本支出，减少冗员、堵塞漏洞，最大限度地降低人力资源的无效损耗。

(5) 发挥工资激励作用，规范人工成本结构。

在人工成本结构中，工资是最有激励作用的因素，也是构成人工成本的主要部分。可见，工资总额水平的控制以及各类人员工资水平合理拉开档次，充分体现按劳分配、效率优先的原则，是当前人工成本控制的关键性环节。

第二节　施工项目成本控制的原则

随着市场经济的发展，建筑市场的竞争日益激烈，施工企业在任务取得施工、组织设计、项目成本控制和经营管理等方面产生了一系列变化，给成本管理带来了许多新的问题，使常规的成本管理模式难以适应。

一、项目管理成本应把握的五项原则

施工企业只有把管理的基点放在项目管理上，通过加强项目管理、实现项目合同目标、进行项目成本控制、提高工程投资效益、才能到达最终提高企业综合经济效益的目的，求得全方位的社会信誉，从而获得更为广阔的企业自身生存、发展的空间。所以有以下的原则：

(一) 成本最低化原则

施工项目成本控制的根本目的，在于通过成本管理的各种手段，不断降低施工项目成本，以达到可能实现的最低目标成本的要求。在实行成本最低化原则时，应注意降低成本的可能性和实现合理的成本最低化。一方面，挖掘各种降低成本的能力，采取各种措施，使可能性变为现实；另一方面，要从实际出发，以客观条件和现实的技术水平为依据，制定通过主观努力可能达到合理的最低成本水平。

(二) 全面成本控制原则

全面成本管理是全企业、全员和全过程的管理，也称“三全”管理。项目成本的全员控制有一个系统的实质性内容，包括各部门、各单位的责任网络和班组经济核算等，应防止成本控制人人有责却人人不管的现象发生。项

目成本的全过程控制要求成本控制工作要随着项目施工进展的各个阶段连续进行，既不能疏漏，又不能时紧时松，应使施工项目成本自始至终置于有效的控制之下。

(三) 动态控制原则

施工项目是一次性的，成本控制应强调项目的中间控制，即动态控制，因为施工准备阶段的成本控制只是根据施工组织设计的具体内容确定成本目标、编制成本计划、制定成本控制的方案，为今后的成本控制做好准备。而竣工阶段的成本控制，由于成本盈亏已基本定局，即使发生了差错，也已来不及纠正。

(四) 目标管理原则

目标管理的内容包括：目标的设定和分解，目标的责任到位和执行，检查目标的执行结果，评价目标和修正目标，形成目标管理的计划、实施、检查、处理循环，即 PDCA 循环。

(五) 责、权、利相结合的原则

在项目施工过程中，项目经理部各部门、各班组在肩负成本控制责任的同时，享有成本控制的权力，同时项目经理要对各部门、各班组在成本控制中的业绩进行定期的检查和考评，实行有奖有罚。只有真正做好责、权、利相结合的成本控制，才能收到预期的效果。

二、项目成本控制的七个措施

做好施工企业项目成本管理必须双管齐下，即“开源”和“节流”同步，使项目的净现金流（现金流入减去现金流出）最大化。开源是增大项目的现金流入，节流是控制项目的现金流出。下面主要从“节流”入手，就施工企业的项目成本管理来谈谈一些浅见。

(一) 投标工作涉及的成本费用及项目的控制

随着市场经济的发展，建筑市场“僧多粥少”的现象凸显，使施工企业经常处于找饭吃的紧张状态中，忙于找信息，忙于搞投标，忙于找关系。标价的高低，直接关系到效益的好坏。由于建筑市场的不规范，施工企业为了有饭吃，把标价越压越低，甚至目前一些地区采取最低价中标的办法，更增

加了投标市场的残酷性。就厦门投标市场来看，有的工程中标价降低幅度甚至达到25%以上。这一幅度，管理好的单位勉强能盈利，管理稍一放松，则要发生亏损。标价的降低幅度，应当确定在不亏损的限度之内。因此，科学合理地计算投标价格，显得尤为重要。

投标要发生多种费用，包括预算费用、标书费、差旅费、咨询费、办公费、招待费等。这部分费用如何核算，会计制度中没有明确规定。随着竞争的日益激烈，这部分费用也是日见增长，这是一项不小的开支，而且很大一部分费用是花在未中标的工程上。因此，提高中标率、节约投标费用开支，成为降低成本开支的一项重要内容。这就要有专门的投标部门或科室，不断地提高投标人员素质和责任心。不能有标就投，而是要进行认真的分析和研究，有一定把握时才能够投。同时，对投标费用，要进行与标价相关联的总额控制，规范开支范围和数额，并落实到投标责任人进行管理。为了考核投标费用的开支情况，建议单列科目并按费用性质进行核算。期终，按费用的性质转入管理费用有关科目。

(二) 施工的组织设计

在投标时，施工单位均已完成必要的施工组织设计工作，但中标后，施工单位应根据实际的中标价格，再次认真审核、细化安排整个施工流程。一方面，要从技术上对整个项目进行统筹计划，保证施工质量、安全；另一方面，要在技术和客观条件允许的前提下，保证各个施工环节的紧凑性，尽量缩短工期，因为个别项目合同有规定相应的工程进度奖，或者起码可以通过缩短工期降低施工单位的施工成本，从而达到增加盈利的目的。

(三) 项目总成本的责任分解

各个中标工程，因降价幅度的不同，中标价格也肥瘦各异。施工单位为了统一考核标准，对中标工程，要对中标价格进行复核分析，看哪些分项工程价格较高，有利可图，哪些分项工程价格较低，无利可图或是亏损，然后编制内部预算或是按交通部颁布的标准及编制办法编制预算（标价）。根据编制的预算和费用项目，将工程价款分成两大块：一是工程项目的直接开支，即项目部的责任成本，包括项目部本级开支和完成工程需要的工、料、机、其他直接费等。二是管理费，如项目部应上交的费用、项目承包利润、上缴各级机关管理费用、各项税费和利润等。这一分解十分重要，其是否科学合理，直接关系到项目责任成本考核是否合理、公平。这样，才能为项目部提供一个确切的工程直接控制成本，为项目管理制度制定一个控制目标。

(四) 项目责任成本的管理

项目责任成本，实际上是项目利润为零的价格。执行结果表明利润越多，说明项目管理越好。反之，亏损越大，说明项目管理越差。因此，项目部对分给自己的责任成本，也必须按管理责任进行分解。这里要研究的是以上提及的总成本责任分解后所形成的由项目部负责的可控成本，包括人工费、机械使用费、材料费和其他直接费等。

(1) 人工费控制管理。主要是改善劳动组织，减少窝工浪费；实行合理的奖惩制度；加强技术教育和培训工作；加强劳动纪律，压缩非生产用工和辅助用工，严格控制非生产人员的比例。

(2) 材料费控制管理。主要是改进材料的采购、运输、收发、保管等方面的工作，减少各个环节的损耗，节约采购费用；合理堆置现场材料，避免和减少二次搬运；严格材料进场验收和限额领料制度；制定并贯彻节约材料的技术措施，合理使用材料，综合利用一切资源；材料费用不仅要有金额控制计划，而且要有数量、价格控制计划，防止超耗和损失。

(3) 机械费控制管理。主要是正确选配和合理利用机械设备，搞好机械设备的保养修理，提高机械的完好率、利用率和使用效率，从而加快施工进度、增加产量、降低机械使用费。

(4) 其他直接费控制。主要是精减管理机构，合理确定管理幅度与管理层次，以及人员施工管理费等。

(五) 管理费用的控制

企业为组织和管理生产经营所发生的管理费用，包括企业的董事会和行政管理部门在企业的经营管理中发生的管理费用，或者应由企业统一负担的公司经费 (包括行政管理部门职工工资、修理费、物料消耗、低值易耗品摊销、办公费和差旅费等)、工会经费、待业保险费、劳动保险费、董事会费 (包括董事会成员津贴、会议费和差旅费等)、聘请中介机构费、咨询费 (含顾问费)、诉讼费、业务招待费、房产税、车船使用税、土地使用税、印花税、技术转让费、矿产资源补偿费、无形资产摊销、职工教育经费、研究与开发费、排污费、存货盘亏或盘盈 (不包括应计入营业外支出的存货损失)、计提的坏账准备和存货跌价准备等。要把管理费用开支降下来，应该做到以下几点：

(1) 总额控制，年初制定开支计划，按费用开支项目逐一核定指标。

(2) 精简管理人员和行政用车，严格出差审批手续。

(3) 控制招待费用开支，严格事前报告制度和事后审批制度。

(4) 对各项费用按费用性质、管理部门核定计划，落实责任部门和人员。

(5) 对特殊性开支和较大数额的开支，应该会议研究，经单位最高领导审批。通过这些总额控制、重点控制、责任控制和领导审批等多种形式的配合，达到管理费用降低的目的。

(六) 经营管理方面，应该从两方面入手

一是加强各部门的分工合作，为项目施工提供组织保障。项目经理是项目成本的第一负责人，全面组织项目部的成本管理工作，应及时掌握和分析盈亏状况，并迅速采取有效措施；工程技术部是整个工程项目施工技术和进度的负责部门，应在保证质量、按期完成任务的前提下尽可能采取先进技术，以降低工程成本；经营部主管合同实施和合同管理工作，负责工程进度款的申报和催款工作，处理施工赔偿问题；经济部应注重加强合同预算管理，增创工程预算收入；财务部主管工程项目的财务工作，应随时分析项目的财务收支情况，合理调度资金；项目经理部的其他部门和班组都应精心组织，为增收节支尽职尽责。二是采取各种技术措施，如制定先进的、经济合理的施工方案，以达到缩短工期、提高质量、降低成本的目的；在施工过程中努力寻求各种降低消耗、提高工效的新工艺、新技术、新材料等降低成本的技术措施；严格把关质量，杜绝返工现象，缩短验收时间，节省费用开支等。

(七) 施工中期的成本检查

中标后的责任成本分解，只是明确了成本管理的目标和标准。执行得好坏，不能等到完工算账后再说明，施工中必须加强检查和分析，及时与目标比较差异，采取措施，保证责任成本目标的实现。检查应当包含以下内容：

(1) 项目部本级开支情况，按费用项目与计划比较差异。

(2) 材料消耗情况，包括以下三点：

① 采购是否按计划，防止领导和业务人员盲目购入材料造成积压。

② 出入库手续是否健全、库存与实物是否一致，防止领用手续不严，造成库存材料账面数虚假。

③ 赊欠材料是否及时入账，防止因资金紧张，大量赊欠材料，不办理入库手续而直接送工地使用，使财务部门不能掌握消耗而造成成本不实的情况发生。

(3) 分包工程的清算情况。

(4) 各种往来款项情况和现金、银行存款情况。

(5) 检查在建工程和预提、待摊费用情况。

总而言之，施工项目成本控制体现了施工项目管理的本质特征，并代表着施工项目管理的核心内容。同时，施工项目成本控制也是施工项目管理绩效评价的客观、公正的标尺。在施工企业经营的过程中，只有认真把握住成本控制的各个环节，才能取得良好的经济和社会效益。

第三节　加强施工项目成本控制的方法和途径

在以往的工作中，项目管理者往往只注重现场管理，而忽视工程成本和利润。企业也是以施工进度等现场管理情况对项目管理者进行考核，而不对成本进行考核。而在企业的项目管理中，成本是核心。是与项目管理者的收入与利润、成本等指标挂钩，并把利润作为项目考核的主要指标，突出表现了责、权、利的统一。并且加强施工项目成本控制的方法和途径。

一、投标、签约阶段的成本控制

随着市场经济的发展，施工企业经常处于“找米下锅”的紧张状态，忙于找信息，忙于搞投标，忙于找关系。为了中标，施工企业把标价越压越低。有的工程项目，管理好的单位能盈利，管理稍一放松，则要发生亏损。因此，做好标前成本预测，科学合理的计算投标价格，显得尤为重要。同时，投标，要发生多种费用，包括标书费、差旅费、咨询费、办公费、招待费等。因此，提高中标率、节约投标费用开支，成为降低成本开支的一项重要内容。对投标费用，要进行与标价相关联的总额控制，规范开支范围和数额，并落实到责任人进行管理。

二、施工准备阶段的成本控制

根据设计图纸和有关技术资料，对施工方法、施工程序、作业组织形式、机械设备选型、技术组织措施等进行认真地研究分析，制定出科学先进、经济合理的施工方案。

三、施工过程中的成本控制

在当前激烈的市场竞争情况下，为了缓解任务开发的难度，改变“只见干活不见效益”的状况，维持公司持续快速的发展，应坚持成本核算制度，坚持以效益为中心，最大限度地优化资源配置，增强企业的市场竞争能力，逐步提高企业的综合实力和增效能力，最终走上质量效益型企业的发展道路。

（一）人工、材料、机械及其他间接费用控制

人工费主要从用工数量方面进行控制，要根据劳动定额计算出定额用工量，提高生产工人的技术水平和班组的组织管理水平，减少和避免无效劳动，提高劳动效率。对技术含量较低的单位工程，可分包给分包商，采取包干控制，降低工费。

材料成本的控制包括材料用量控制和材料价格控制两方面。材料用量要坚持按定额实行限额领料制度，并推广使用降低料耗的新技术、新工艺、新材料，并坚持余料回收，降低料耗水平，降低堆放、仓储损耗。材料购入时要实行买价控制，在保质保量的前提下择优购料。材料运输要选用最经济的运输方法，以降低运输成本。考虑资金的时间价值，减少资金占用，降低存货成本。

控制机械使用费，要根据工程的需要，科学、合理地选用机械，充分利用现有机械设备，内部合理调度，力求提高主要机械的利用率，充分挖掘机械的效能；要合理化地安排施工段落，以提高现场机械的利用率，减少机械的使用成本；定期保养机械，提高机械的完好率，为整体进度提供保证。

其他间接费中开支大的主要是工资、差旅费和业务招待费，这三项开支占其他间接费开支总额的50%以上。要把其他间接费用开支降下来，应该做到：制定开支计划，总额控制间接费；精简管理人员和行政用车，严格出差审批手续；控制招待费用开支，严格事前报告制度和事后审批制度；对

各项费用按费用性质、管理部门核定计划，落实责任部门和人员；对特殊性开支和较大数额开支，要会议研究，领导审批。

(二) 加强施工组织，合理使用资源，降低工期成本

在合理工期下，项目成本支出较低。工期比合理工期提前或拖后都意味着工程成本的提高。因此，施工项目负责人安排工期时，应考虑工期与成本的辩证统一关系，组织均衡有节奏地进行施工，以求在合理使用资源的前提下，保证工期，降低成本。

(三) 加强安全、质量管理，控制安全和质量成本

安全和质量成本包括两个方面，即控制成本和事故成本。要实行安全生产、文明施工，提高产品质量，适当的控制成本是必需的，需要降低的是事故成本，即发生事故时项目会遭受的损失。因此，我们必须加强安全、质量管理，使安全、质量的事故成本降至最低。

(四) 采取工程项目内部承包经营责任制，加强成本控制

工程施工项目由于规模、类别、施工工期及进度等的差异，有的项目规模较小，有的项目每年只有6个月有效施工期，另外6个月由于其他原因无法施工。在这种情况下，可以采取施工项目内部承包制，以加强成本控制。由于是内部承包，如果发生重大失误导致成本严重超支时就不易处理。因此，要抓好重要施工部位、关键线路的技术交底和质量控制。

对于分包工程，除了严格对分包队伍的资格审查外，还要科学、合理地确定分包工程的价格。要充分利用市场经济条件，用甲方对待我们施工单位的一系列管理办法来对待分包队伍，包括合同的签订、预付款和工程款的支付、质保金保函的扣留等。严格为分包队伍代办材料、出租机械等费用扣还手续，防止对分包队伍工程款超付和质量、进度不合要求等问题发生。

四、竣工验收阶段的成本控制

从现实情况来看，很多工程从开工到竣工扫尾阶段，就把主要技术力量抽调到其他在建工程，以致扫尾工作拖拖拉拉，战线拉得很长，机械、设备无法转移，成本费用照常发生，使已取得的经济效益逐步流失。因此，要精心安排，力争把竣工扫尾时间缩短到最低限度，以降低竣工阶段成本支出。特别要重视竣工验收工作，在验收之前，要准备好验收所需要的种种书

面资料送甲方备查；对验收中甲方提出的意见，应根据设计要求和合同内容认真处理，确保顺利交付。

项目完工后，应对项目责任成本执行情况进行考核。在实际工作中往往有这种情况发生，前一个项目尚未完工，一部分人员、机构转入另一个项目。完工后，在账目不清、遗留问题不清、责任不清的情况下，人员机械转入新项目，财务账目也转入新项目，几个项目下来，遗留问题一大堆，甚至发生大数额亏损。因此，必须落实项目责任，认真做到按期完工、及时清理、严格考核，从而明确责任、控制项目成本。

案例：高速公路施工的项目成本控制

高速公路工程项目是在一系列过程中完成的，因此从过程的观点来分析，施工项目是由项目过程组成的。项目过程划分应从施工项目的组织至项目竣工交付使用的全部过程来进行。过程分解是把项目管理过程和施工过程中重要的过程进行分类，分类的方法要突出重要的管理过程和施工过程，把一些不重要的或相近的过程进行合并。项目的过程分解一般是按时间阶段来划分的，上下过程之间存在着时间的顺序关系。优化成本管理体系的最终目的就是对成本进行控制，主要体现在体系的过程因素中。因此，我们有必要对过程因素的主要内容变更、分包进行进一步的分析与优化，以保证对过程的优化，完善对成本管理体系的优化。

一、成本控制中的分包成本优化

公路建筑市场向完善的专业化分包体系发展是必然趋势。公路建筑市场竞争加剧，竞标激烈，利润空间被压缩，早已是卖方市场了。施工企业提高竞争力，将集中提高专业技术能力，管理服务水平，提高本专业的知识信息深度，即在产品的附加值上展开竞争。建筑市场的新技术、新材料、新工艺、新设备的更新速度在加快，顾客要求也在不断地提高。激烈的竞争和市场的多变，要求企业更加关注核心竞争力，建立完善的分包体系。

公路工程的分包是指施工承包人承包公路工程之后，将其承包的部分工程再发包给其他承包人，根据分包方式的不同，分包可分为包工、包料、包清工等多种形式，分包工程成本是施工企业成本的一个重要组成部分，其成本控制绝不只是在价款谈判中压低价款便大功告成，必须建立分包工程全过程的成本控制方法体系，加强对该部分成本的研究和控制，对提高施工企业经济效益至关重要。分包工程成本控制主要包括分包风险成本控制和分包履约过程成本控制。根据分包成本的内容，从分包风险成本控制和分包履约过程成本控制两方面来进行优化，克服分包所存在的缺陷。

二、成本控制中变更方法的优化

在严格执行合同、不违反国家法律、法规的前提下，运用一些有利于自己的策略是必要的，可以从以下几个方面进行优化。

(一) 原工程量清单有单价时，相似项目比单价

朝单价高的项目变更或取消部分单价低的项目。在公路原投标护而墙单价较低，略亏，而挡上墙单价较高，每立方米赚70元，在施工过程中，以当地村民取土破坏降低了原地面标高，取消了部分护而墙。以原边坡极不稳定，必须加强防护，提出将部分护而墙改为尺寸更大的挡土墙，最大限度地减少了损失。

(二) 尽量往新工艺、新材料的方向变更

新工艺由于往往没有定额可套用。单价的确定额有一定难度，但利润一般都可观。如沿海高速公路将振冲挤密碎石桩变更为夯扩碎石桩，施工单位取得了较高的利润。再如高边坡防护采用预应力锚索工艺，此工艺刚采用时，利润非常高。新材料的使用类似于新工艺。

(三) 合理利用定额

一些项目可套用的定额可能不止一个，尤其是部颁定额中无定额可套用。当参考其他省份的补充定额时，应尽量套用有利的定额。

(四) 现场确认时将有利于自己的一面展现给监理和业主

隧道掘进过程中岩石的分类往往没有明显的界限，各桩号施工进度也不可能相同。现场确认时应该将有利于自己的段落展现给监理和业主。土石方比例发生改变时，也应按此进行。

如结构形式变化引起的重新报价中某高速公路，K22+455 位置原设计为中 1.5m 圆管涵，监理工程师下达变更通知要求改为 4 × 4.5 钢筋砼箱涵，长 37.5m。工程量清单中 4 × 4.5 箱涵报价为 11 249.54 元 /m，监理工程师在下达变更通知时，要求采用清单中已有单价。但承包商认为，K22+455 处

路基填高4.5m，加上涵底位置在地面以下4.15m，二次开挖累计开挖深度达8.7m，且该处过水量大、场地狭小、施工难度较大，与原投标时施工条件有较大差异，原投标价已明显不适用，要求重新拟订单价。经过与监理工程师沟通，监理工程师同意了承包商重新报价的要求，但同时要求承包商按如下原则报价：

（1）箱涵主体结构砼、钢筋按工程量清单箱型通道砼、钢筋单价估价；

（2）辅助工程费用。如围堰、排水、路基开挖、施工便道、箱涵回填，按定额计算，各项管理费率按实际施工条件选用。于是承包商迅速组织有关人员重新报价，新增箱涵报价按监理工程师要求的原则进行，最后计算得箱涵总体造价为1 023 345元，单价27 289.2元/m，此单价变更报告因事前已与监理工程师充分沟通，顺利获得批准。批准变更报价1 023 345元较原报价433 107元增加了590 238元，通过单价变更方式不仅避免了原单价偏低造成的损失，而且增加了经济效益。

三、重点资源成本的控制优化

由于公路建设项目具有投资大的特点，其中材料投资往往占到工程总造价的50%~70%，机械投资占20%~30%，很明显材料、机械的成本控制对工程的造价影响巨大。因此，材料和机械是工程的重点资源成本因素。

（一）对材料成本的控制分析及优化

项目中的材料可以按其在生产过程中的作用分为主要材料、辅助材料和其他材料。其中，主要材料是指施工过程中被直接加工，而且构成工程实体的各种材料，如钢材、水泥、沙、石等；辅助材料指的是在施工过程中有助于产品的形成，但不构成工程实体的材料，如早强剂、润滑剂等；其他材料则是指不构成工程实体，但又是施工中必须的材料，如燃料、油料、砂纸、棉纱等。施工中的材料管理就是指对上述所有材料的计划、订购、保管、使用所进行的一系列组织和管理活动。一方面，应保证适时、适地、按质、按量、成套齐备地供应；另一方面，应加速材料的周转、监督和促进材料的合理节约使用，以降低材料成本。由于材料在工程项目中非常重要，施工过程也就是材料消耗的过程，在工程项目中，施工材料的消耗量大，所用的品种规格复杂众多，其价值在建筑总造价中占很大的比例，约占50%~70%，因此加强材料管理具有十分重要的意义。

(二)机械成本的控制分析及优化

工程成本中的机械使用成本，是指施工企业在机械化施工中使用施工机械所发生的各项费用。主要包括折旧费、大修费、经常修理费、机上和其他操作人员的人工费、燃料动力费、安装拆除及进出场费等。随着工程机械化施工程度的不断提高，机械使用费在工程成本中的比重日益增长。因此，加强施工机械成本管理和核算，努力控制机械费用，对降低工程成本有着重要的意义。施工项目的成本管理可归纳为预算、控制、核算、分析与评价四个过程，根据这种成本管理过程就可以建立其管理模式和运作方式。

四、索赔管理优化及案例分析

国内施工企业非常重视索赔管理的工作，能够意识到索赔工作对降低成本、增加利润的重要性，但是也同样存在着一些通病，尤其是在防止被索赔方面，因为反索赔同样也会给项目带来增大成本、减少利润的副作用。因此，应该在防止反索赔方面进行优化。

(一)做好招投标工作

总承包商有时身兼承包商和业主的双重角色，招投标是工程项目按计划完成的重要环节。对招标方而言，通过公平、公正的招标，可以选择管理水平高、技术力量强的施工队伍，从而保证项目按规定的工期、质量、投资额完成。否则，会造成工期延长、质量无保证、投资增加，从而影响项目按时完成，甚至造成巨大的经济损失。对投标方而言，公平、公正的投标，可以显示自己的管理、技术、施工能力等方面的优势，从而保证自己中标，并达到自己应该得到的利润水平。要做好施工索赔的事前控制，将索赔降为零或减至最少。要做好招投标工作，签定好工程施工合同。切不可随意报价，或者为了中标，故意压低标价，企图在中标后靠索赔弥补或盈利。

(二)建好工程项目

一方面，应加强施工质量管理，严格按合同文件中规定的设计、施工技术标准和规范进行施工，并注意按施工图施工，对材料及各种工艺严格把关，推行全面质量管理，消除工程质量的隐患；另一方面，应加强施工进度计划与控制，这就要求承包商做好施工组织与管理，从各个方面保证按施工进度计划，防止由于承包商自身管理不善造成工程进度延期。对由于业主或其他客观原因引起的工程进度延期，应及时做好工期索赔工作，以获得合理的工程延期。

(三) 成功的成本控制

有效的成本控制不但可以提高工程的经济效益，而且也为索赔工作打下了基础。在施工过程中，成本控制主要包括定期进行成本核算及成本分析，严格控制工程开支，及时发现成本控制过程中存在的问题，随时找到成本超支的原因。当发现某一项工程费超出预算时，应立即查明原因，采取有效的措施。对于计划外的成本开支应提出索赔。

(四) 有效的合同管理

工程实践经验表明，对合同管理的水平越高，索赔和反索赔的水平也就越高，索赔和反索赔的成功率也就越大。施工中有效的合同管理工作是保证工程项目按照合同文件中的规定完成的重要保证。它的主要内容是实现工程上的“三大控制”，即施工进度控制、工程成本控制以及施工质量控制，进行合同分析、合同纠纷处理以及工程款申报等工作，从而实现承包商的目标。

在全球经济一体化、国际竞争日益强烈的今天，高速公路施工企业面临着越来越大的压力。大多数的项目由于严重超支、利润薄弱而失败。总结以往项目失败的原因会发现，主要是没有针对项目和行业的特点建立健全完善的成本管理体系、执行体系对成本进行有效控制的目的、体现成本管理体系具有全过程和全员参与的特点，对成本的发生和控制情况没有进行适时监控和调整，乃至于不能动态适时地对项目进行控制。因此，如何建立健全成本控制体系并进行优化是现代项目成本管理中的关键。

第四节　目前项目成本管理中需要重视的问题

工程项目成本管理是施工企业管理的基础和重点。随着我国社会主义市场经济的发展，市场竞争机制日益走向成熟，加强施工企业的成本管理、节支增效、提高市场竞争力将成为大多数施工企业盈利的主要途径和长期经营战略。加强建筑工程施工成本管理的关键在于建立责、权、利相结合的项目成本管理机制，做好事前计划、事中控制和事后分析。

一、当前工程项目成本管理中存在的主要问题

国内的建筑业企业在工程项目的成本管理方面还普遍存在着各种各样的问题，国有企业和民营企业、大型企业和中小型企业存在的问题也不尽相同。这里，针对国有大型企业普遍存在的一些问题作一些剖析。

(一) 缺乏责、权、利相结合的奖惩机制

成本管理体系中项目经理在成本管理及项目效益方面对施工企业总经理负责，各业务部门主管及管理人员都需要有相应的责任、权利及利益分配等相配套的管理制度加以约束和激励。而现行的施工项目成本管理体系，有些项目部简单得将项目成本管理的责任归于成本管理主管或包工头，没有形成完善的成本管理体系。例如，一些工程项目，因设计变更不规范或质量问题导致返工，造成直接经济损失；因职责分工不明确，找不到直接责任人，使项目成本增加或蒙受损失，而真正的责任人却逃脱了应有的惩罚。又如，有的项目技术人员提出经济可行的施工方案，为项目部节省了支出，但他不是成本主管，得不到奖励，挫伤了技术人员的积极性，不利于项目技术开发，也就不利于工程项目的成本管理与控制。

(二) 缺乏可操作的工程成本控制依据

产品成本的控制要依据一定的标准来进行。工程作为施工企业的产品，由于其结构、规模和施工环境各不相同，各工程成本之间缺乏可比性。因此，如何针对单体工程项目制定出可操作的工程目标成本十分关键。很多施工企业对于工程目标成本的制定过于简单化和表面化，有些施工企业只是简单地按照经验确定一个目标成本，而忽略了该工程的现场环境、施工条件以及工期的要求，项目经理部又将这一目标成本按照工程成本的构成即人工费、材料费、施工机械费、间接费用等按同比例套算，而不管这些成本项目到底有多大的利润空间。在项目成本管理措施方面，有的只有简单的规章制度，具体由谁去做、怎么做、做到什么程度没有具体措施。这样的目标成本由于没有与实际施工程序结合起来，可操作性差，起不到控制作用，更无法分析成本差异产生的原因。

(三) 成本管理认识上的误区

成本管理是一个全员全过程的管理，目标成本要通过施工生产组织和

实施过程来实现。成本管理的主体是施工组织和直接生产人员，而不是成本核算人员。长期以来，一些施工企业项目部与各部门间缺乏横向沟通。即在项目施工中，技术部门只负责技术和质量；计划部门只按工程进度计价，不管质量是否合格；物资部门只负责材料的采购及进场点验。表面上看似乎职责分明，其实唯独没有成本管理责任。如果生产组织人员为了赶工期而盲目地增加施工人员和设备，必然会导致窝工现象发生而增加人工费；如果技术人员对现场情况不了解，必然会导致材料二次搬运费的增加；如果技术人员为了保证工程质量，采用了可行但不经济的技术措施，必然会使成本增大。因此成本核算人员只是成本管理的组织者，而不是成本管理的主体，不走出这个认识上的误区，就不可能搞好工程成本管理。

二、工程项目成本管理措施

工程项目成本管理的关键在于建立责、权、利相结合的成本管理机制，对成本管理体系中的每个部门、每个人的工作职责和范围要进行明确地界定、赋予相应的权利、确保有效履行职责。同时项目经理要对各部门、各班组人员在成本控制中的绩效进行定期检查和考核，在项目管理中对工程施工成本进行全方位的控制与监管。

(一) 事前计划准备

在项目开工之前，项目经理部应做好前期准备工作，选定先进的施工方案，选择合理的材料商和供应商，制定每期的项目成本计划，做到心中有数。

1. 制定施工方案和技术组织措施

施工方案主要包括施工方法的确定、施工机具的选择、施工顺序的安排和流水施工的组织。如果施工方案不同，工期就不同，所需机具也不同。因此，施工方案的择优选择是施工企业降低工程成本的主要途径。制定施工方案要以合同工期和业主要求为依据，联系项目的规模、性质、复杂程度、现场等因素综合考虑。可以同时制定几个施工方案，互相比较，从中优选最合理、最经济的方案。同时拟订经济可行的技术组织措施，列入施工组织设计之中。为保证技术组织措施的落实并取得预期效果，工程技术人员、材料员、现场管理人员应明确分工，形成落实技术组织措施的一条龙管理。

2. 组织签订分包合同与材料合同

分包合同及材料合同应通过公开招标投标的方式，由公司经理组织经营、工程、材料和财务部门有关人员与项目经理一道同分包商就合同价格和合同条款进行协商讨论，经过双方反复磋商，最后由公司经理签订正式分包合同和材料合同。招标投标工作应本着公平、公正的原则进行，招标评标工作由招标领导小组全体成员参加，不搞一人说了算，并且必须有层层审批手续。同时，还应建立分包商和材料商档案，以选择最合理的分包商与材料商，从而达到控制支出的目的。

3. 做好项目成本计划

成本计划是项目实施之前所做的成本管理准备活动，是项目管理系统运行的基础和先决条件，是根据内部承包合同确定的目标成本。公司应根据施工设计和生产要素的配置等情况，按施工进度计划，确定每个项目月、季度成本计划和项目总成本计划，计算出保本点和目标利润，作为控制施工过程生产成本的依据，使项目经理部人员及施工人员无论在工程进行到何种进度，都能事前清楚掌握自己的目标成本，以便采取相应手段控制成本。

（二）事中跟踪控制

在项目施工过程中，按照所选的技术方案，严格按照成本计划实施和控制，包括对材料费的控制、人工消耗的控制和现场管理费用控制等内容。

1. 节约材料成本

（1）推行三级收料及限额领料

在工程施工中，材料成本占整个工程成本的比重最大，一般可达 70%，而且有较大的节约潜力，往往在其他成本出现亏损时，要靠材料成本的节约来弥补。因此，材料成本的节约，也是降低工程成本的关键。加强材料管理的重点是对施工主要材料应实行限额管理，即按理论用量加合理损耗的办法与施工作业队结算，节约奖励，超支由施工作业队自行承担，这样可促使施工作业队更合理地使用材料，减少浪费。推行限额管理，首先要合理确定应发数量，这种数量的确定可以是以国家或地区定额管理部门测定的数据为准，也可以是施工作业队与项目定额员共同测算并经双方确认的数据。其次是要推行三级收料。三级收料是限额发料的一个重要环节，是施工作业队对项目部采购材料的数量给予确认的过程。所谓三级收料，就是首先由门卫的收料员清点数量，记录签字，其次是材料部门的收料员清点数量，验收登记，再由施工作业队清点并确认，如发现数量不足或过剩时，由材料部门解决。应发数量及实发数量确定后，施工作业队施工完毕，对其实际使用数量再次确认后，即可实行奖罚兑现。通过限额发料、三级收料的办法不仅可以控制收发料中“缺斤短两”现象，而且使材料得到更合理有效的利用。

(2) 组织材料合理进出场。

一个项目往往有上百种材料，所以合理安排材料进出场的时间特别重要。首先，应当根据定额和施工进度编制材料计划，并确定材料的进出场时间。因为，如果进场太早，就会早付款给材料商，增加公司贷款利息，还可能增加二次搬运费，有些易受潮的材料更可能因堆放太久导致不能使用，需重新订货，增加成本；如果材料进场太晚，不但影响进度，还可能造成误期罚款或增加赶工费。其次，应把好材料领用关和投料关，降低材料损耗率。材料的损耗由于品种、数量、铺设的位置不同，其损耗也不一样。为了降低损耗，项目经理应组织工程师和造价工程师，根据现场实际情况与分包商确定合理损耗率，由其包干使用，节约双方分成，超额扣工程款，这样让每一个分包商或施工人员在材料用量上都与其经济利益挂钩，降低整个工程的材料成本。

2. 节约现场管理费

施工项目现场管理费包括临时设施费和现场经费两项内容。两项费用的收益是根据项目施工任务的大小核定的。但是，它的支出却并不与项目工程量的大小成正比变化，它的支出主要由项目部自己来支配。对于现场经费的管理，应抓好如下工作：一是人员的精简；二是工程程序及工程质量的管理。一项工程，在具体实施中往往受时间、条件的限制而不能按期顺利地进行，这就要求合理调度，循序渐进；三是促进管理水平不断提高，减少管理费用支出。

（三）事后分析总结

事后分析不是马后炮，而是下一个循环周期的开始，是成本控制工作的继续。在坚持每月、每季度综合分析的基础上，可采取回头看的方法，及时检查、分析、修正、补充，以达到控制成本和提高效益的目标。

1. 突出考核分析重点

根据项目部制定的考核制度，对成本管理责任部门、相关科室、责任人员及施工作业队进行考核。考核的重点是完成工作量、材料、人工费及机械使用费四大指标，根据考核结果决定奖罚和任免，体现奖优罚劣的原则。

2. 及时进行竣工总成本结算

工程完工后，项目经理部将转向新的项目，应组织有关人员及时清理现场的剩余材料和机械，辞退不需要的人员，支付应付的费用，以防止工程竣工后继续发生包括管理费在内的各种费用。同时，由于参加施工人员的调离，各种成本资料容易丢失。因此，应根据施工过程中的成本结算进度等，做好竣工总成本的结算，并根据其结果，评价项目的成本管理工作，总结其得与失，及时对项目经理及有关人员进行奖罚。

3. 责任成本管理要坚持以人为本

要教育全体员工树立主人翁意识，不断提高员工爱岗敬业的精神，增强企业的凝聚力。必须转换经营机制，增强全体员工的成本意识、责任意识和忧患意识。要紧密联系工程进展实际，规范责任成本管理制度，合理配置资金，调动各方面节约施工的积极性。

三、论中小型企业成本控制

企业在竞争激烈的市场经济条件下，要想生存或谋求发展壮大，除了技术领先、资本雄厚之外，管理在其中起到越来越重要的作用。而成本控制是企业管理活动中永恒的主题，成本控制的直接结果是降低成本，增加利润，从而提升企业管理水平、增强企业核心竞争力。现今的市场更多的是买方市场，每一个细分市场都有众多企业在竞争，而生产的往往是企业同质产品。差异不大，这时就要看哪家企业具有成本领先优势，提供的服务是否优质，品牌的美誉度如何，其中成本控制是最基本的也是最关键的因素。要是企业的成本比竞争对手具有优势，那么他就可以运用低价竞争手段，扩大市场占有率，进而增加生产量、获得规模效应，占领市场。企业只有不断加强成本控制，才能提高企业的市场竞争能力和获利水平。

中小型企业是推动我国社会主义经济发展不可缺少的生力军，但由于中小型企业生产规模较小、资金力量薄弱、内部控制强度不够，使它在经济市场中处于较弱的地位，尤其在目前严峻的经济形势下，大多中小型企业面临着生存的危机。因此，对于中小型企业来说，成本控制更是企业获得利润乃至获得生存的关键。

(一) 中小型企业成本管理的重要性

成本是拟订价格的重要依据，成本是确定产品价格的重要依据。同行业产品成本指同一经济行业的产品平均成本。价格和成本的差异，必须表现为企业的亏损或利润。控制成本是提高资金效益的重要手段，产品成本的高低直接影响企业的资金效益。因为企业投入等量资金，成本合理的企业可以生产合理价格的产品，有利于扩大销售收入，提高资金效益和市场竞争力，因此企业在市场经济中盈利的同时立足不败之地就必须加强成本管理。成本费用的高低综合反映了企业经营管理的水平，是决定企业经济效益的关键因素。中小型企业因其规模有限，在资源利用、生产效率、技术改革、资金融通等方面都存在着不足。提高竞争力、获得发展壮大的关键就在于将成本费用降到最低。对中小型企业来说，降低成本费用犹如是面对一座金矿，它将为企业带来巨大的利润，而且它在企业中是极具潜力的，就看你想不想挖这座金矿了。成本管理充分动员和组织企业全体人员，在保证产品质量的前提下，对企业生产经营过程的各个环节进行科学合理的管理管理，力求以最少的生产耗费取得最大的生产成果。

(二) 中小型企业成本管理现状

1. 成本管理观念落后、员工的素质不高、成本控制意识薄弱

(1) 成本管理观念落后。我国目前大多数中小型企业存在成本管理观念落后的现象，主要表现在企业管理者的能力、管理理念及其成本管理的范围、目的及手段等方面的认识存在不同。据粗略调查，大部分中小型企业管理者只有大专甚至大专以下的学历，个人能力有限，同时从事管理工作的年限大多也较短，严重缺乏企业管理经验，更重要的是这些管理者基本上都缺乏财务会计知识。所以，在企业成本控制方面，这些管理者的管理理念无法满足现代企业对成本全方位控制的要求，导致很多企业仍将成本管理的范围局限于企业内部甚至只包括生产过程，而对企业的其他相关环节则考虑不多，对于企业外部的价值链更是视而不见，这种成本管理理念远远不能适应现代社会市场经济环境的要求。

(2) 企业员工的素质不高。从全体员工素质方面来看，中小型企业的员

工文化程度、技术含量普遍偏低，再加上有些中小型企业经营者受短期经营行为或获取廉价劳动力利益的驱使，往往不注重员工素质的后期培训，致使员工素质得不到提高。由于员工的素质不高，就无法使企业采用先进的生产工艺，提高工业生产技术，也无法贯彻执行先进的管理方法，造成企业始终停留在资源浪费大、生产效率低、管理落后的生产经营局面。

(3) 成本控制意识薄弱。随着市场经济的发展，现在的企业面临着前所未有的竞争压力，只考虑产品的制造成本将造成企业投资、生产决策的严重失误。从成本管理的目的上来看，许多中小型企业仅局限于降低成本，却较少从效益角度来看成本的效用，降低成本的手段也主要依靠节约方式，没有考虑到应用成本效益原则。在传统成本管理中，成本管理的目的被归结为降低成本，节约成了降低成本的主要手段。从现代成本管理的视角出发来分析成本管理这一目标，不难发现，成本降低是有条件和限度的，在某些情况下控制成本费用，可能会导致产品质量和企业效益的下降。

因此，企业管理者的管理理念落后、员工的素质低下、成本控制意识薄弱严重制约了现代中小型企业生产经营成本的降低。

2. 成本控制目标片面、方式手段落后、缺乏科技创新能力

(1) 成本控制目标片面。一直以来，中小型企业都将降低成本战略作为成本控制的基础，这在一定程度上对中小型企业的发展起到阻碍作用。随着目前原材料成本的增长，中小型企业面临着前所未有的竞争压力，我国大多数中小型企业仍以降低消耗节约费用作为控制成本的基本手段，这种做法缺乏对生产经营的全面考虑，这就导致在制定成本控制目标时主要是依据企业目前拥有的技术条件，而忽视了消费者需求、竞争等多方面因素，使企业成本管理目标出现片面性和局限性。

(2) 成本控制方式手段落后。我国中小型企业在成本控制方面和发达国家相比仍存在巨大的差距，虽然采用了“会计电算化”，但仅停留在“仿真手工”核算阶段，使企业无法准确掌握成本管理的相关信息，不能满足企业实行全面管理的需要，从而导致决策失误。

(3) 成本管理缺乏科技创新能力。随着经济的发展，科技创新能力对企业的生存和发展起到越来越重要的作用。然而，我国中小型企业大多将成本管理投入到生产过程中，缺乏对产品研究、设计、市场开拓等活动对企业影响的成本控制，这也是企业缺乏特色、缺乏竞争力的主要因素。

（三）中小型企业成本控制对策

1. 人力资源成本控制

人力资源成本控制指的是对人力资源的取得成本、开发成本、替代成本、使用成本和日常人事管理成本的发生数额和效用进行掌握、调节的过程。

（1）人力资源成本控制的因素。

首先是取得成本的影响因素，主要有招聘需求，包括招聘的人员数量和职位、对应的市场价格、以及招聘方式、流程等。

其次是开发成本因素，因为培训耽误工作而产生的机会成本等是不可控成本因素；培训需求、组织费用、培训效果为可控性成本因素，其控制重点是提高开发成本的使用效率。

再就是保障成本因素，包括劳动事故保障、健康保障、退休养老保障、失业保障等。退休养老保障成本相对固定，属不可控因素；劳动事故保障、健康保障具有可控性。

最后是离职成本因素，主要指高级技术人员、管理人员等核心员工离职产生的成本，其中一部分是因疾病、伤残、年老、工作调动等不可控因素造成，另一部分是激励不够、公平感缺失、发展空间受阻等可控因素导致。

（2）人力资源成本控制措施

① 前期的合理计划

通过合理的规划和预算可以很有效地降低成本。预算前要判断人力资源成本是收益性支出还是资本性支出，并据此决定预算是短期还是长期、静态还是弹性的。通过预算使成本在合理的幅度内变化，不至于严重不足或过分溢出。同时，要有合理的规划，核心是进行人力资源成本的效益性分析，目的为最有效地利用人力资源，修正不经济的支出。

② 保证严格的执行过程

在没有特殊的情况下，有了计划就要保证计划的可执行性。可以通过成立以人力资源部门和财务部门合作的人力资源成本管理组织，系统、全过程地对该项工作进行监控。完善人力资源成本费统计。

③ 改变观念，建立合理的组织机构

要坚持合理引进和使用人才，避免人才消费上的误区。企业要正确把握不同岗位的人才评价标准，切实把能力和业绩作为衡量人才的主要标准，不要过于看重荣誉的光环，要依据能力选择人才，不拘一格选人才。充分发挥各个阶层潜力，做到人尽其才。要明确规定每一个部门的职能，规定实现这些职位必须设立的岗位，规定每一个岗位应承担的工作责任；并且部门之间、岗位之间必须衔接，从而形成整个组织合理的业务流程，提高工作效率。

④ 稳定员工素质、控制人员流动

企业保持队伍的相对稳定是必要的，过于快速的流动不利于工作的延续和事业的发展。企业持续不断地招聘和培训新员工，所耗费的时间、精力及由此产生的成本可想而知。要稳定员工队伍，适度提高薪酬和福利待遇无疑是重要的途径。还要加强培训，根据培训的目的和深度，企业的培训可分为专业知识的培训、能力培训、培养员工的创造性和革新性及观念的转化等，从而有效地控制人员的流动性。

2. 采购成本控制

(1) 影响采购成本的要素。

采购成本的构成具有多样性和动态性的特征。影响采购成本的主要因素有采购价格因素、采购数量因素、物品市场信息因素、物品运送方式因素、采购策略因素。

(2) 采购成本的控制措施。

① 集中和批量采购法。集中采购是将各部门的需求集中起来，不仅采购方便，并且较大的采购数量可以得到较好的数量折扣价格。规划标准后，可取得供应商标准品的优惠价格，库存量也可以相对较低。

② 采购数量管理。企业应对每月销售量做详细的统计，设定出合理的存货量，一旦存货低于设定标准应立即补货，这样既可避免存货占用大量的流动资金和仓储管理成本，也可最大限度地降低企业缺货成本。

③ 采购价格的控制。对大多数企业来说，原材料价格往往是波动起伏的，而且难以琢磨。在此情况下，使用经济订货批量法进行采购有所不妥，因为经济订货批量与单价无关，而原材料的价格波动差额比原材料的订货费用大得多。价格频繁变动且幅度较大的原材料，一要时时刻刻关注材料市场，二要准确编制全年材料采购计划及资金预算。应向多领域、多渠道、多方位了解市场信息，根据企业自身情况，适时(在谷底)适量采购，以使采

购成本与储存成本接近最低。

3. 生产成本控制

(1) 生产成本控制的原则。

对商业型企业来说，成本控制主要侧重于产品的进、销、存成本控制。而对于工业型企业来说，生产成本的控制是在企业整个成本控制中都起到重要的作用。摒弃利润最大化的概念把企业价值最大化作为最终目标。使用投入产出的概念关键在于分析每个环节、每项工作是否都能获得正效益，为企业整体价值最大化产生正面的作用。预定成本限额，按限额开支成本和费用，以实际成本和成本限额相比较，衡量经营活动的成绩和效果，并以例外管理原则纠正不利差异，提高工作效率，以确保实现预期成本限额的过程。

(2) 生产成本控制的措施。

在产品、自制半成品、产成品这三类成本组成除了直接材料之外，还有直接人工、制造费用等。要想控制成本，则要严格控制材料领用，提高生产效率，降低制造费用。具体措施有：

① 材料领用控制。领料应严格按销售订单、生产计划消耗定额执行，不得多领。如因生产过程出现质量问题，导致产品报废需重新领料，则领料单必须注明原因且经品管负责人、生产负责人签名，仓管员才可以发料，并报到财务部。财务部根据领料单按企业内部制度进行索赔，减少企业损失。

② 改进工艺、降低成本。制造相同的产品，如果工艺不同，成本就会不同。一家专业生产汽车零部件的企业，在生产一种销轴时，该销轴最大外径为 φ38，最小外径为 φ28。原来工艺为：采购直径为 φ38 的圆钢—下料（长 132mm）—车，后改为：采购 φ30 的圆钢—冷拉至 φ28.25—下料（长 147.5mm）—热煅（长 132mm）—车。工艺改进后，材料消耗定额由原来的 1.18kg/ 支降为 0.73kg/ 支，以每吨材料 3 800 元来计算，即每支产品节省材料费 1.45 元，而增加的冷拉加工费、热煅加工费仅为 0.2 元。而且在车加工工序时，因加工余量少，进度反而比以前更快。

③ 推行定额工资制。定额工资制包括三个组成要素：第一，能反映职工劳动量的各种定额，即职工无论从事何种具体形式的劳动，都必须明确具体地规定生产、工作和应完成的数量及质量；第二，各种定额都应该有科学准确的计量标准，并能进行严格的考核；第三，职工工资的多少取决于其完成定额的多少。完成定额多，其工资就多；完成定额少，其工资就少（定额

工资制——百度百科）。推行定额工资制，将企业职工劳动与所得联系在一起，大大提高了职工的积极性，有效地提高工作效率，便于管理，从而降低了企业内部生产管理费用。

④ 加强质量监督。质量是企业的生命，一旦质量不符合要求，生产越多，损失越大。根据品管部门提供的报表，财务部门计算不良成本率，核算返工、返修费用，督促生产部门、品管部门加强质量控制，降低返工、返修费用，减少废品损失。

4. 销售成本控制

(1) 影响销售成本的要素。

销售成本主要包括固定的成本费用和变动的成本费用。固定的成本费用包括营销机构的办公费、工资等。变动的成本费用包括营销的调研成本、产品推广渠道成本、客户维护和拓展成本、人员成本、广告费用。

企业要明确营销成本控制的目标，是在不影响企业利润的前提下降低营销成本，不能因为控制营销成本而制约销售额的提升。

(2) 销售成本的控制手段。

① 销售价格控制。销售价格和销售量是紧密相连的，企业应找出两者之间的线性关系，从而制定合适的销售价格，获得较大的销售利润。

② 供销规模控制。企业在生产过程中，经常会出现扩大生产规模，缩短生产周期来生产更多产品，抢占市场份额的情况，其实企业的利润并不总是与生产规模和销售额成正比例的。企业应该运用最佳期量控制理论，对产品生产和货物存储、销售周期进行控制，合理安排生产数量和运输周期，提高供销利润。

③ 网点布局控制。物流运输在企业生产成本中占有较大比重，如何合理的安排网点，减少运输费用是企业营销成本控制的一个重要方面。企业要合理安排产品从生产地到销售地的运输，包括最短路线选择、防止出现对流和迂回路线等，最终要确保商品的运输总费用最低，还要考虑到产品生产地、存储地和销售地的费用情况。合理的网点布局，可以大大地减少生产到销售环节中的成本支出，从而提高企业的收益。

④ 产品推广渠道成本控制。企业营销在进行产品推广的过程中，需要对渠道进行调研和建设，寻找分销商等，推广渠道的成本控制需要销售部门和个人针对企业产品的特点，在实地考察和调研中节约开支，提高工作效

率。在与分销商进行商谈时要寻找到双方利益的平衡点，并尽量确保企业利润的最大化。

⑤ 客户维护与拓展费用的成本控制。稳定而广泛的客户源是企业生产经营目标实现的重要保证，所以客户维护与拓展是企业营销成本的重要组成部分。企业要建立成本控制制度，建立对销售人员在与客户交往中费用支出的监督机制，防止出现企业资金的浪费和流失，并且要把营销成本控制与销售人员的业绩提成挂钩，作为激励和监督机制。

⑥ 广告方式控制。企业要根据产品的特点和消费群体来选择广告的载体。一方面防止了大范围撒网，费用高却见效少的状况；另一方面可以抓住消费群体的眼球，提高知名度。而且，要重视网络传播的作用，注重相关网站的建设，注重网络评价的管理和反馈，并根据相关意见改进产品和服务，扩大销售量。

企业要建立营销成本控制和优化制度，加强对营销成本的管理，建立营销成本预算体系，降低营销成本，提高营销人员节约成本的意识，并且将成本与营销人员的收益进行挂钩，提高企业营销资金的利用率，这可以提高企业的经济效益、为企业发展提供资金、提高企业的竞争力、应对激烈的市场竞争。

5. 存货成本控制

DELL公司总裁迈克·戴尔认为："存货不是资产而是负债。"此话有一定的道理。其因不外有三种原因：一是占用资金，损失利息收入；二是占用场地，增加仓储费用；三是一旦市场需求减少或产品改型，则存货变现难，甚至会报废，所以风险很大。

存货是指企业在日常活动中持有以备出售的产成品或商品、处在生产过程中的在产品、在生产过程或提供劳务过程中耗用的材料、物料等。通常包括：产成品、商品、周转材料、低值易耗品等。企业存货的取得主要是通过外购和自制两个途径，因此针对不同的存货应采取不同的控制手段。

(1) 外购产成品和商品。

针对外购半成品、商品的"采购"特点，可采取以下措施：

① "零库存"管理。这是最理想的控制方法，是以仓库储存形式的某种或某些种物品的储存数量很低的一个概念，甚至可以为"零"。也就是说"要多少采购多少，什么时候要什么时候到"。这需要整个供应链上的各个供

应商信息灵通、协同配合才能做到。

② 经济订货批量管理（EOQ）：使进货成本和仓储成本总和最低的最佳订货量。当企业按照经济订货批量来订货时，可实现订货成本和储存成本之和最小化。这种方法适用于外购半成品、商品单价稳定，进货费用、仓储费用较大等情况。

(2) 周转材料、低值易耗品。

① 检查监督制。越相信谁，就越检查谁；越检查谁，就越相信谁。通过检查监督，促使仓库管理人员做到账证、账物、账卡一致，防止仓库管理人员监守自盗、徇私舞弊而造成企业财产流失。

② 以旧换新制。实行以旧换新，既可以加强物资管控，又可以杜绝企业物资被占为私有。以作者所在企业为例，各个部门都需要使用计算器，在没有实行以旧换新制度之前，各部门都不妥善保管，经常要领计算器。经财务部统计，2008 年度竟领用 127 个计算器，以每个计算器 50 元计算，金额为 6 350 元。自 2009 年 1 月 1 日起实行以旧换新制度后，各部门都在计算器上做标识，至 9 月底仅领用 3 个计算器。

③ 授权领料制。由各个部门授权固定人员领料，增强领料人员的责任感，使其监督用料人员，减少浪费。美国管理大师彼得・杜拉克说："在企业内部，只有成本。"要做好企业存货成本控制，不能单靠某个人或某个部门，而要领导推动、全员参与，从源头抓起，在过程监控，实行"PDCA"，持续改善，才能逐步降低存货成本。

6. 收账成本控制

应收账款作为流动资产的重要组成部分，其流动性的强弱对企业日常经营活动意义重大，它直接关系到企业资金流转、营业周期以及企业商业形象。根据成本与效益平衡原则，应收账款所带来的收益应该大于其所占用的成本。为了实现企业价值最大化的主要经营目标，必须降低应收账款的成本。

(1) 收账成本的概述。

应收账款的成本主要有管理成本和发生成本。应收账款的管理成本主要包括制定信用政策的费用、对客户资信状况调查与跟踪的费用、信息收集费用、应收账款记录簿记与监管费用、收账过程中开支的差旅费、通信费、工资薪金、法律诉讼费、讨债公司收费等其他与应收账款有关的费用等。发生成本也叫应收账款的持有成本，包括机会成本、坏账损失成本和现金折扣成本。

(2) 应收账款管理成本的控制。

管理成本是企业对应收账款全过程管理所耗费的开支。以往的研究，许多学者习惯把管理成本视为固定成本，从而忽略了其对应收账款总成本的影响。管理成本可划分为事前成本、事中成本和事后成本。事前成本一般为变动成本，事后成本在管理成本中占有较大比重，是企业应重点关注的成本。而事中成本在持有过程中一般不会变化，可视为固定成本。

在应收账款低于一定规模时，管理成本是固定加变动的；当应收账款规模达到一定程度之后，应收账款的管理成本会跳跃到一个新的高度，然后再维持其固定加变动的状态。管理成本的这种变动情况基于这样的前提条件：客户越多，应收账款规模越大，而应收账款占销售净额的比重固定，根据应收账款的规模和管理成本之间的关系可以实行以下措施：

① 加强赊销额度的控制。确定授给客户的赊销额度，除了考虑市场潜力、竞争对手等因素之外，还要加强对企业应收账款的分析，分析管理成本的变化趋势，考虑赊销额度与成本的边际变化情况，降低应收账款的机会成本、坏账损失成本。

② 应收账款收账费用的控制。收账费用中收账人员的工资薪金在成本中占较大比重，所以应将与应收账款有关人员的工资薪金与其工作业绩结合起来考虑。比如，将销售人员的奖惩与企业发生的呆账结合起来，以减少应收账款的发生并加速应收账款的回收，进而减少除奖金之外的管理成本。

(3) 应收账款发生成本的控制

① 企业可以对客户的信用情况作出判断，并建立客户档案对每一客户确定相应的信用等级。等级可分为 A、B、C 三个等级，A 级为规模较大、历史往来记录较好或盈利能力和短期偿债能力较好的企业；B 级为资产状况和财务状况一般，有一定资产作抵押，在以往交易中经催收能结清货款的企业；C 级为信誉差、财务状况差。对于不同信用等级的客户，企业在销售时就要采取不同的销售策略及结算方式，A、B 类客户都可采取赊销方式，只不过是在赊销额和期限上有所区别，赊销额度的确定可根据收益与风险对等原则、客户营运资本净额的一定比例或客户清算价值的一定比例来确定。在信用期限的确定上，企业可根据行业惯例进行，或者是采用边际收益法和净

现值流量法来确定合理的信用期限，但一定要以增加的收入大于相应的机会成本、管理成本和坏账损失成本为标准。对于C类客户，一律采用现款交易或采用银行承兑汇票的方式进行货款结算，绝不能为了单纯地提高销售额而去迁就客户提出的不合理要求，特别是无资产抵押的企业。

② 制定合理的现金折扣额度。企业在规定信用期限的同时，往往会附有现金折扣条件，即客户若在规定期限内付款的话，可享受一定的折扣优惠，但要注意把握好度，即提供折扣应以取得的收益大于现金折扣的成本为宜。

③ 做好应收账款的日常管理，加强催收力度。对于逾期拖欠的应收账款应编制账龄分析表进行账龄分析，并加紧催收，因为账款最忌讳不及时追讨。据美国收账者协会统计，超过半年的账款回收成功率为57.8%，超过1年的账款回收成功率为26.6%，超过2年的账款只有13.6%可以收回。

应收账款的安全与否直接影响着企业的可用资源、损益情况、现金流量，要加强企业应收账款的管理，必须提高产品竞争力，注重客户资信调查和加强企业内部控制力度建立企业信用信息。

成本控制是中小型企业生存与发展的关键，要想做好成本控制，就必须摒弃落后的管理观念，把现代科技和成本控制紧密结合，制定出严谨全面的成本控制措施，环环紧扣，严格执行，用有限的资源为企业创造无限的价值。

第十三章　成本控制在企业财务管理中的作用

第一节　成本控制的形式

成本标准是成本控制的准绳，成本标准包括成本计划中规定的各项指标。但成本计划中的一些指标都比较综合，还不能满足具体控制的要求，这就必须规定一系列具体的标准。

一、确定标准的方法

成本控制不仅从建厂、设计开始，而且在生产过程、销售过程均要实行成本控制。在产品销售时要利用期货市场交易，控制材料、能源进货成本，同时注意规避价格风险，不能使产品价值实现功亏一篑，以实现企业的正常利润，实现价值耗费与补偿的统一。而在这些控制中则需要很多具体的标准。下面看看确定这些标准的方法。

(一) 计划指标分解法

将大指标分解为小指标。分解时，可以按部门、单位分解，也可以按不同产品和各种产品的工艺阶段或零部件进行分解，若更细致一点，还可以按工序进行分解。

(二) 预算法

就是用制定预算的办法来制定控制标准。有的企业基本上是根据季度的生产销售计划来制定较短期的 (如月份) 的费用开支预算，并把它作为成本控制的标准。采用这种方法特别要注意从实际出发来制定预算。

(三) 定额法

就是建立起定额和费用开支限额，并将这些定额和限额作为控制标准来进行控制。在企业中，凡是能建立定额的地方，都应把定额建立起来。如材料消耗定额、工时定额等。实行定额控制的办法有利于成本控制的具体化和经常化。在采用上述方法确定成本控制标准时，一定要进行充分的调查研究和科学计算。同时还要正确处理成本指标与其他技术经济指标的关系（如和质量、生产效率的关系），从完成企业的总体目标出发，经过综合平衡，防止片面性。必要时，还应搞多种方案的择优选择。

二、成本控制的程序

（一）分解预算成本

工程项目中标，以审定的施工图预算为依据，确定预算成本。预算成本是对施工图预算所列价值、按照成本项目的核算内容进行分析归类而得出的，其中直接成本的人工费、材料费、机械使用费根据分部分项工程量和预算单价（定额）计算求得，直接成本的其他直接费、间接成本的施工管理费，按工程类别、计费基础和取费系数计算求得。

属于有专门用途的费用，如间接费、利润、税金、概预算定额编制费和劳动定额测定费等，不包括在预算成本内。但为了便于对比计算，也作为独立的项目反映。

（二）确定计划成本

计划成本的确定要从两点考虑：一是按预算成本；二是按可能支出。

在按预算成本确定计划成本前，一定要先计算税金、利润、概预算定编费和定额测定费够不够缴纳，如果向业主收取的此四项费用超出应向税务局、公司和有关部门缴纳的数额，超出部分可作为暂时的收入；如果可取的此四项费用小于应向税务局、公司和有关部门缴纳的数额，差额部分从直接费或间接费中弥补。

按预算成本确定计划成本，主要的一点是把不可控费用剔除，然后按照各成本项目的预算成本折算成各成本项目的计划成本。

在按预算成本确定了初步的计划成本后，还须按预算工程量、材料用量、机械设备需用量和实际人工单价、材料采购价、机械设备使用、租赁单价等因素确定可能支出的计划成本。

人工费支出计划成本，要根据预算总工日数、内部职工平均实际工日工资计算，还可以按照分部分项的工程量和单项工程人工费单价计算人工费支出的计划成本。

材料费支出计划成本，可根据预算材料费减去材料计划降低额求得。材料计划降低额的计算，分两个方面进行：首先是价差，即根据材料预算价和市场采购价的差额计算综合材料采购降低率，然后乘以预算材料费即可，也可以根据几种用量大的主要材料的材料采购降低率代替综合材料采购降低率，计算材料价差的计划降低额；其次是量差，即根据以往的经验、采用的工艺、方法先推算出可节约的主要材料用量比例，再乘以主要材料的用量，便可计算出主要材料量差的计划降低额。

机械使用费支出计划成本的测算，分为两部分：一部分是使用自有机械的折旧大修费、经常修理费、操作人员的工资及奖金、燃油及电费等，根据使用台数、有关资料及经验测算；另一部分是使用租赁机械，根据需要租赁台数及租赁单价分类计算。

按预算成本确定的计划成本和按可能支出确定的计划成本对照比较，互相修正，如各成本子项数额不相接近时，要调整计划成本数额，即如按预算成本确定的计划成本高于按可能支出确定的计划成本，以按可能支出确定的计划成本作为最终的计划成本，其超出额可弥补其他成本子项支出的不足；如按预算成本确定的计划成本低于按可能支出确定的计划成本，要找出原因所在，其差额需从其他成本子项的节余中弥补，如果无法弥补，则从上缴公司的利润中弥补。这样则需向公司打报告，申请核减等额的上缴利润。

计划成本的确定要实事求是，因为市场经济条件下所承揽的工程项目普遍存在压级压价的现象，要实现项目赢利，只有控制成本，但成本支出不可能是越低越好，因为实现质量目标所要求的成本支出有最低额度，成本控制只能是在一定的额度区间进行。

在计划成本确定的同时，必须制定降低成本的措施与方法，使成本的降低建立在可能与积极的基础上。

（三）实施成本控制

成本控制包括制度控制、定额或指标控制、合同控制等。

制度控制指在成本支出过程中，必须执行国家、公司的有关制度，如财经制度、工资含量包干制度等。

定额或指标控制指为了控制项目成本，要求成本支出必须按定额执行，没有定额的，要根据同类工程耗用的情况，结合本工程的具体情况和节约要求，制定各项指标，据以执行。如材料用量的控制，应以消耗定额为依据，实行限额领料，没有消耗定额的材料，要制定领用材料指标。材料购置实际单价超过预算单价，可能的话要报经营部门找业主签证或直接找业主签证，以便在合同外另结算工程款。

合同控制即项目部为了达到降低成本的目的，根据已确定各成本子项的计划成本，与各专业管理人员、施工队长等签订成本承包合同，即按照费用归口管理的要求，确立各部门、各有关人员的成本管理责任制。

（四）进行成本核算

成本核算，要严格遵守成本开支的范围，划清成本费用支出与非成本费用支出的界限，划清工程项目成本和期间费用的界限。

实际成本中耗用材料的数量，必须以计算期内工程施工中实际耗用量为准，不得以领代耗。已领未耗用的材料，应及时办理退料手续；需留下期继续使用的，应办理假退料手续。实际成本中按预算价（计划价）核算耗用材料的价格时，其材料成本差异应按月随同实际耗用材料计入工程成本中，不得在季（年）末一次计算分配。

（五）组织成本分析

项目部每月按成本费用项目进行成本分析，提出截至本月项目累计成本实现水平，并逐项分析成本项目节约或超支情况，寻找原因之后，根据成本分析报告，定期或不定期召开项目成本分析会，总结成本节约的经验，吸取成本超支的教训，为下月成本控制提供对策。

（六）严格成本考核

项目竣工，工程结算收入与各成本项目的支出数额最终确定，项目部整理汇总有关的成本核算资料，报公司审核。根据公司的审核意见及项目部与各部门、各有关人员签订的成本承包合同，项目部对责任人予以奖罚。如果成本核算和信息反馈及时，在工程施工过程中，分次进行成本考核并奖罚兑现，效果会更好。

三、成本控制的关键

成本控制的一切工作都是为了效益，建筑产品的价格一旦确定，成本便是最终效益的决定因素，只有控制住成本，利润空间才能打开。而又因为建筑产品的一次性，其成本控制没有现成的依据可寻，更需要因项目而异，因时间而异。

(一) 核算口径一致

预算成本、计划成本和实际成本的核算范围、项目设置和计算口径，不仅应与财经制度规定、施工图预算、施工预算一致，而且应相互一致。

每一个工程开工之前，应统一确定工程项目目录，据此确定成本核算对象。成本核算对象确定后，各种原始资料的记录、核算、上报口径统一、明晰，预算成本、计划成本和实际成本才有相互对比、考核、分析的基础。

(二) 最终目标明确

工程项目成本控制的基本任务是执行有关的成本开支范围、费用开支标准、工程预算定额等。制定积极的、合理的计划成本和降低成本的措施，严格、准确地控制和核算施工过程中发生的各项成本，及时地提供可用的成本分析报告和有关资料，并与计划成本相对比，对项目进行经济责任承包的考核，以改善经营管理、降低成本、提高经济效益。最终目标是经济效益最优化。

案例：制造企业成本费用控制措施

一、什么是成本费用控制

成本费用控制是指企业在生产经营过程中，按照既定的成本费用目标，对构成成本费用的诸要素进行的规划、限制和调节，及时纠正偏差，控制成本费用超支，把实际耗费控制在成本费用计划范围内。其控制的内容包括材料消耗成本控制、工资成本控制、费用成本控制。

二、成本费用控制的步骤

成本费用控制工作的基本程序大致可以分为以下几步：

(一) 制定成本费用控制标准，建立成本费用标准体系

成本费用标准是对各项费用开支和资源消耗规定的数量界限，是成本

费用控制和成本费用考核的依据，并便于分清部门责任。成本费用控制标准种类繁多，要在实践中不断总结整理，使其形成有机的科学体系，以提高控制的实际效果。

(二) 建立成本费用控制的组织体系和责任体系

即要由财务部门负责，在各个费用发生点建立成本费用控制责任制，定岗、定人、定责，并定期检查。对成本费用的形成过程严格按照成本费用标准进行控制和监督。

(三) 建立成本费用控制信息反馈系统

及时准确地将成本费用标准与实际发生的成本费用之间的差异以及成本费用控制实施情况反馈到企业决策层，以便适时地采取措施，组织协调企业财务活动，圆满完成成本费用计划。

三、改进成本费用控制的对策措施

(一) 做好成本费用控制的准备工作

1. 加强成本核算与成本分析

(1) 区别对待材料采购过程中产生的辅助费用。

原材料在采购过程中会产生各种辅助费用，如运输费、税金、入库前的挑选整理费用、运输途中的合理损耗等，报关进口的原材料还会产生报关费用、保险费等。按照会计准则的规定，这些费用都是要计入原材料成本的，但在实务中要区别对待，因为会计理论是在完全理想化的前提下展开论述的，而实际情况与假设前提会大相径庭。如运输费、来料加工的报关进口材料的报关费、保险费等的处理，实务中单据传递不及时的现象时有发生，加上业务流程不规范、部门之间沟通不顺畅、财务人员不了解采购条款，通常是在采购材料入账后一段时间，运输费用单据才传递到财务部门。如果某单位的运输承包给运输公司，几个月结算一次运输费，单据传递就更慢了，来料加工的报关进口材料的报关费、保险费等费用单据的传递也是如此。这些费用的金额，有些是无法预知的，有些实际的金额会不同于合同的约定，如在收到单据后，调整原材料的入账价值，就会造成财务数据一直处在修改状态。这样处理不仅繁琐，而且在某些情况下是根本无法实现的。对于这类费用应单独设置费用项目，作为期间费用来核算。由于这类费用在原材料的成本中的比重较小，这样处理可以不用经常修改原材料成本数据，简化会计处理，只要前后各期采用相同的处理方法，同一原材料之间的采购价格之间就有可比性。又如增值税的处理，小规模纳税人由于采购原材料的增值税进项税额不能抵扣，所以计入原材料成本；而一般纳税人由于其进项税额可以抵扣，不能计入原材料成本。实际操作中会出现没有取得增值税专用发票，而其进项税额又要记入成本。对于那些无法认定是否能抵扣的物资采购，处理起来就比较困难。无论财务人员采用哪种处理方法，一定要保持前后各期一致。

(2) 动力费用的处理。

动力费用主要包括水费和电费。很多企业生产用水电、办公用水电、宿舍用水电和食堂用水电等共用一个水表或电表，很难分清生产用水电和其他用水电，给成本核算带来了困难。如果分表使用，需要重新改造动力系统，不仅工程较大，且可能效益远小于为此而付出的代价。对于这个问题，可采用按一定的比例分摊的方法来处理水电费，但要前后各期一致。

(3) 要区分可控成本费用和不可控成本费用。

开展成本费用控制，只有在核算相对准确的前提下，成本分析才能找出存在的问题，为下一步的成本控制指明方向。因此，在会计科目的设置上，尽可能区分可控费用和不可控费用，这样便于数据的归集、分析和控制。

2. 明确制定成本费用标准

成本费用标准是支出是否合理的参考依据，因此此标准一定要符合经营的实际情况，而且要有一定的压力，需要经过努力才能实现。可以以成本费用历史数据为基础，但是历史数据只是过去实际支出的数，并不代表合理性。要详细分析支出的合理性和效益，结合可以预见的变化进行调整。

3. 领导重视与全员参与，增强员工成本意识

成本费用控制是一项系统工程，需要各部门之间的密切配合，得到高层领导的支持是非常重要的。而企业的日常事务是由广大员工来执行的，他们会直接或间接的影响成本费用水平。因此，要加强宣传，使成本费用理念深入人心，让每一个员工知道，他们的行为也会对公司的成本造成影响。

（二）加强对成本费用形成过程的控制

1. 加强对采购、存储过程的控制

加强物料购进管理是抓好降本增效的第一道环节。降低采购成本的主要措施有以下几点：

（1）采购过程中，要实施“货比三家、招标采购、按质论价”的物资采购原则，以做到质优价廉，并尽可能做到就近采购，以减少原材料的运输费用。同时，要做到定点采购，以保证原材料的质量和交货期。

（2）加强物资采购的计量和质量管理。进厂的物资，一定要严格计量和检验，防止质次价高、数量不足的货物进厂。采购合同的签订、执行、计量、检验，要由不同的人来执行，以防止可能出现的舞弊行为。

（3）制定合理的储备定额。物资的储备定额是在一定管理条件下为保证生产顺利进行所必要的、经济合理的物资储备数量标准。原材料储备一定要合理、不同的材料要有不同的标准，特别是大宗原材料和燃料要根据不同的季节制定不同的合理库存，以减少资金浪费。实际采购量和进价必须控制在限额之内。

（4）加强存储管理。仓库的物资，要做到防火、防盗、防变质。对已经失去使用价值的物品要及时处理。

2. 加强生产过程的成本控制

实施生产过程控制，降低原材料及动力消耗的成本。

（1）改进产品设计，在保证产品质量的前提下，改进产品结构，降低材料消耗。

（2）改进工艺，利用科学技术研制并使用新材料和代用料，力争做到低投入、高产出。

（3）注重边角余料的回收利用，实行科学配料、集中下料、合理套裁和修旧利废，使原材料能够得到充分利用。

（4）做好原料、燃料的供应储备工作，按限额领料。

（5）提高产品质量，减少废品损失，开展全面的质量管理，建立严格的检验制度。

第二节 成本控制在企业财务管理中的作用

有效的控制企业的成本无论对于实现企业的经济目标还是提高企业的核心竞争力来说都有不可忽视的作用。成本控制也是当前企业管理中非常重要的一个组成部分。当前经济发展是经济全球一体化的发展，企业面临着来自国内外的激烈竞争。面临这种发展趋势，企业要想得到更好的发展，除了更新技术和人才之外，还需要企业内部高效地管理和控制。其中成本控制是企业管理和控制的重要组成部分，也是企业实现良好经济效益的基础。因此企业要重视成本管理，加强成本控制，提高企业的管理水平，提升企业的核心竞争力。

一、企业成本控制的概述

企业成本控制是指企业依据设置的成本管理目标，对企业产生成本前和影响成本控制的各个因素进行严格的调节控制和计算，使企业的各项成本支出控制在前期设定好的成本目标范围之内，从而达到成本管理的目标。成本控制按从广义和狭义来定义又可以称为相对成本控制和绝对成本控制。从广义上来说，企业的成本控制要涉及企业的全部经营管理活动；而在狭义上来说，成本控制是指完成企业限定的成本限额为目标。

企业的成本控制是企业管理的重要组成部分。企业成本控制的内容包括企业内部人员的控制和企业经营全过程、全方位、全环节的控制。在企业的成本控制中要遵守的原则有节约性原则、经济性原则、权利和责任相结合原则、目标管理原则以及全面性的原则。

二、成本控制在企业管理中的作用

科学有效的成本控制能够促进企业良好经济效益的实现，实现企业的可持续发展以及提供企业的核心竞争力。当前企业的经营管理中，成本管理是非常重要的管理手段。而成本控制又是成本管理中的重中之重，所以企业通过有效的成本控制可以促进企业经济效益的实现，实现企业的可持续发展以及提高企业的核心竞争力。

（一）促进企业经济效益的实现

(1) 能够减少企业的资金风险。对于一个企业来说，资金的良好运转关系着企业的生死存亡。企业除了对外吸引投资来减低财务风险之外，还可以通过企业本身成本费用的支出来缓解企业的资金压力，使企业可以将资金有效地投入到生产建设当中，完善企业的技术设备和人才配备，以促进企业经济效益的实现。

(2) 成本控制还可以作为加强内部管理的一种有效手段，以达到企业内部工作的有序开展，提高企业内部的积极性，从而为生产经营创造良好的工作环境。

(3) 也能实现企业的经济效益。由此可见，成本控制是当前企业经营管理的重要手段之一，也是实现企业利益最大化的有效手段。从整体上来说，保证了企业管理和实现经济效益的双丰收。

(二) 实现企业的可持续发展

企业的发展壮大不是一朝一夕的，尤其是在当今经济全球一体化竞争的环境中，企业如果想做强、做大，实现可持续发展，就必须重视成本控制。一个企业的可持续发展除了离不开人才和好的而技术外，最不能缺少的就是资金。

企业的经济效益 = 企业的总收入 - 总成本投入

通过这个公式可以看出，总成本投入对于企业是否能够盈利非常重要。一个企业虽然资金雄厚，但如果不重视成本的有效控制，虽然不会影响企业的短时期的经营，但是一旦出现金融危机，企业必然会出现重大危机，严重者可导致破产。相反，如果企业在每一发展阶段都注重成本的控制，必将会给企业积攒一笔雄厚的资金，企业抵御危机和风险的能力必然会增强，才能真正地实现可持续发展。

(三) 提高企业的核心竞争力

加强成本控制还能够有效地提高企业的核心竞争力。降低企业生产过程中的成本，可以实现企业利润的提升。相同的产品，根据市场经济的要求，价格的差距不会太大。如果企业能够对生产成本进行有效地降低，除了获得更高的利润以外，还可以形成一定的价格优势，吸引更多的消费者，从而提高产品的销量，也能更好地开展与市场上同类产品的竞争，占据更大的市场份额，创造品牌效应。最终实现企业的经济效益和可持续发展。

三、目前我国企业成本控制存在的问题

随着我国经济体制改革的不断深入，企业管理以财务管理为核心，已成为企业家和经济界人士的共识。我们之所以说财务管理是企业管理的核心，是因为它是通过价值形态对企业资金运动的一项综合性的管理，渗透和贯穿企业一切经济活动之中。因此，加强财务管理是企业可持续发展的一个关键。我们应从成本控制入手把财务管理目标推向一个新阶段。这是目前企业财务管理中的一项重要工作。

(一) 企业缺乏全面化成本控制意识

目前，很多企业的成本控制主要是通过减少企业内部的费用支出和降低生产成本来实现企业成本控制的目标。这种单一的成本控制意识只注重了生产环节中的成本控制，忽视了其他环节中的成本控制；这种单一的成本控制模式不仅阻碍了企业开发新产品和新技术，而且还影响到企业整体的发展战略目标的实施。不仅如此，还有的企业根本不重视企业成本控制，缺乏成本控制的意识，企业经营者只看重成产值和经济效益。无论是成本控制意识的反驳还是缺乏全面化的成本控制意识，都会直接影响到企业生产和经营中的产品质量和经济效益目标的实现，出现企业生产和管理中资金和材料的浪费，不利于企业的可持续发展。

(二) 企业成本控制方法落后

当前还有很多企业仍然采用的是传统的企业成本控制方法，这种方法对于现代企业管理来说是比较落后的。传统的成本控制方法主要是重视生产成本的控制，这种模式是先通过目标成本的确定，然后再转化为成本，将标准成本和目标成本进行比较和分析，最后提出成本控制的具体意见。这种成本控制模式并没有很全面的反映整个经营环节的成本信息，也没有考虑到经济的发展导致的技术要求和消费需求，使企业的成本控制不仅落后，还缺乏一定的科学性和有效性，反而限制了企业生产的正常运行。

(三) 企业成本控制违背企业发展目标

企业成本控制是实现企业发展目标的重要手段。企业要想实现发展，就必须制定相对应的企业成本控制目标。然而，还有很多企业在进行成本目标的设置上忽视了企业的战略目标，对企业发展没有预见性，缺乏长远的目

光。这种短期的成本控制，只能完成现阶段的成本管理目标，不利于企业未来的可持续发展。

(四) 相关企业成本控制制度不完善

虽然很多企业制定了基本的成本控制管理制度，如成本核算的基础管理制度。但是由于制度不完善再加上缺乏规范化的管理，导致成本项目记录不明确或者执行不到位。有些企业的验收管理制度没落实导致企业的财产不能够及时彻底地清查。而相关的制度没有发生其应有的作用。尤其是现代的企业生产中企业的直接性成本的比重有所降低，间接性成本比重则大幅度地提高，如果相应的制度不完善、不健全就会造成企业数据信息不准确，从而影响企业成本控制决策的失误。

四、企业有效进行成本控制的措施

企业要想提高核心竞争力，实现经济效益最大化的目标，促进企业的可持续发展，就必须重视企业的成本控制。通过企业内部的成本控制意识，树立全面系统的成本控制新理念，完善企业成本控制制度，建立企业成本费用支出的考核体系，不仅能够有效地提升企业的经营管理水平，使企业成本控制在科学合理的范围内，还能实现企业效益的最终增长，促进企业长远发展。

(一) 树立新型的成本控制理念

当前企业面临着国内外的激烈竞争，各个企业要想实现经济效益最大化的目标，必须要树立新型的成本控制理念。首先，在企业的内部要引起各部门人员对企业成本控制的高度重视，提高职员对企业成本控制的认识水平，让职工认识成本控制对于一个企业发展的重要意义。具体的可以在企业内部开展成本控制的宣传讲座，让每一个员工都能从内心深处意识到成本控制，争取促使每一个职工都能成为企业成本控制的有效践行者。通过企业内部所有职工的共同努力，做好企业成本控制的工作。其次，企业成本控制的实践还必须要以企业的发展战略目标为根本出发点，使成本控制能够适应企业的整体战略目标。具体要求企业必须要深入贯彻和落实全局控制的思想观念和方法。最后，企业还要全面建设企业的成本控制管理体系，重视成本控制对企业发展和实现利润最大化的重要作用。具体要求企业要全面的分析企业成本控制的对象和内容的特征，采取合适的成本控制方式和方法。

(二) 采用先进、科学的成本控制方法

企业要想在激烈的市场竞争中成功的占据市场份额，就必须要采用先进、科学的成本控制方法。成本控制的方法应该是企业在分析自身情况的基础上，有效地将传统的成本控制方法和现代成本控制方法进行有机结合。如作业成本法、成本效益分析法、价值链成本分析法、生命周期成本法的应用。尤其是在现代化的制造产业中，其自动化的水平越来越高，包括的成本控制环节就比较多，涉及设计生产费用、生产过程中的组织和协调费用、组织订单费用以及比重逐渐加大的间接性费用，还包括占比重较少的材料和人工费用。对此就可以采用作业成本的控制方法。

(三) 加强成本控制的管理

在企业的成本控制中容易忽视的是对日常成本的控制，因此企业要加强成本控制的管理。针对日常成本来说有以下几点:

(1) 要对日常材料费用进行控制和管理，具体要求技术人员和施工人员必须严格按照设计图纸要求的技艺和工序进行操作，以减少施工过程中出现材料浪费的现象。

(2) 管理人员要对人工成本进行有效地控制，对每天的施工人数和工作时间进行有效的监督，以防止出现人工成本的损失。

(3) 尤其是要注重间接性成本控制的管理，由于间接性费用支出容易产生突发状况，相对于直接性的成本控制来说不太容易把控。针对这个问题，如果是有限定额的就必须严格按照限定的额度进行控制，如果是没有限定额度就必须按照事先预定好的费用进行控制。

(四) 完善成本控制管理的制度

(1) 要在企业内部建立成本控制地责任制度，加强个各环节成本控制的责任意识。通过建立各个环节和部门的成本控制责任制度，有效的保证企业生产经营环节的顺利开展。

(2) 要完善企业成本控制的基础性制度。比如，完善成本记录制度，具体要求企业对生产经营中所有的材料费用明细等做出准确有效的记录，并且每一项费用的支出都必须有相关有效的凭证。与此同时，还应该对完善企业

的定额管理制度，如企业经营中涉及的工作时间定额、原材料费用定额、费用定额等，这些定额必须要在考察实际情况的基础上继续进行合理科学的设定。除此之外，还要完善标准的资产核实制度，对于企业的计量、验收、收发、清查等环节进行系统标准化的管理。

(3) 还要完善企业成本的预算管理制度，具体来说就是企业要根据整体的战略目标对企业的初级成本进行合理的预算。然后再根据具体的发展目标对初级成本预算管理加以协调和改进，以实现企业的成本预算既符合整体大局发展，又不会忽视到细节生产。

(五) 构建企业成本费用支出的考核机制

企业构建成本费用支出的考核机制是实现成本控制的又一个有效的措施。具体的企业可以将成本费用支出作为内部考核的一项重要指标。企业可以通过建立有效的激励机制，让企业的成本控制与各部门的工作情况相联系，强化企业职工的成本控制责任意识。企业的成本控制主要包括直接性成本控制和间接性成本控制，与企业的工作激励机制相结合就表现在各部门在工作中涉及的成本控制的的工作要求、各部门成本控制职能的分工。构建企业成本费用支出考核制度要求在确保各项工作顺利开展的同时，将成本控制的完成情况纳入到员工的考核体系当中。比如，生产部门一季度设置的成本控制目标是50万，如果在一季度生产部门的成本控制超出设定的目标，并且责任人对此没有真实有效地说明，对于生部门可以采取相应的惩罚。通过建立成本考核制度，将成本控制纳入职工的绩效考核当中，从而有效地达到调动企业内部的积极性，实现企业的经济效益最大化。

五、通过预算管理控制成本

中国加入WTO后，国外大批先进企业进入我国，导致国内市场竞争日益激烈，产品利润空间越来越小。为了使我国的企业在严峻的经营形势下依然保持稳步发展的势头，企业管理控制的目标从完成生产的品种、数量计划，开始逐渐往注重追求企业经济效益，即实现企业价值最大化上转移。所以推行以提高经营绩效为目标的预算管理具有重要的现实意义。通过预算管理不仅可以为企业全体员工提供一个共同努力的目标、凝聚员工的才智、为企业的发展提供动力，还可以帮助企业控制成本、提升企业管理能力。

(一) 预算管理的主要内容

预算管理是西方发达国家多年积累的企业先进管理经验，是以对市场需求的充分研究和科学预测为前提，以销售预算为起点，进而延伸到如生产、成本和资金收支等重要经济活动各个方面的科学管理方法，对企业的健康发展起着举足轻重的作用。全面预算管理是以目标利润为中心，在一定时期内对其经营所涉及的经济资源进行整体控制的一种现代化科学管理方法。企业通过全面预算管理，能够把经济活动中的物质和人力资源，通过货币(价值)形式予以量化，通过确定、执行、考核、奖惩进行全面的控制。

(二) 我国企业预算管理现状

(1) 预算缺乏企业战略的明确指导。在没有企业战略的环境下实行预算管理，会重视短期活动，忽视长期目标，使短期的预算指标与长期的企业发展战略不相适应，各期编制的预算衔接性差，各年度、季度和月份预算的推行无助于企业长期发展目标的实现，这样的预算管理难以取得预期效果。

(2) 预算经不起市场的检验。企业在预算管理过程中忽视对市场的调研与预测，使很多预算指标与企业外部环境不相容，整个预算指标体系难以被市场接受。而且由于预算指标缺乏弹性、缺乏对市场的应变能力，这也使企业的预算工作难以推行。

(3) 预算与企业的实践相脱节，缺乏必要的客观性。很多企业以历史指标值和过去的活动为基础，确定未来的预算指标值，没有认真地对企业的未来活动作评估，预算指标值缺乏客观性，难以成为考核和评价员工的有效基准。

(4) 预算工作缺乏整合思想，没有融入总预算的理念。有些企业缺乏较为完整的预算指标体系，没有销售预算、生产预算、成本费用预算、现金收支预算在内的总预算，不能将组织经营的各个阶段有机地联系在一起，而只对成本费用或现金支出进行预算控制；有的企业则只有利润预算的意识，没有亏损预算的意识，造成对亏损心中无数的局面。

(三) 完善全面预算管理的对策

1. 树立基于企业发展战略的全面预算管理思想

企业实施全面预算管理，首先，必须树立预算管理与企业发展战略目标相结合的理念。企业全面预算管理的编制和组织实施应该与企业发展战略相配合，其核心在于对企业未来发展的安排和计划，对企业内部资源的合理分配、考核和控制，因此全面预算管理是企业实现长期发展战略目标的基本手段，应该全面服务于企业战略目标的实现；其次，全面预算管理的功能和效用的发挥必须以企业的治理结构为基础，预算管理的实施与各级、各部门的业绩考评相结合，使各级、各部门对预算的整个过程给予重视和配合。

2. 建立健全科学的全面预算管理组织机构

企业要实行全面预算管理，必须建立科学的全面预算管理组织机构，并且明确各部门的相关职责。科学的全面预算管理组织机构应包括全面预算管理委员会、全面预算管理办公室、归口、分级管理科室、各二级单位及有关科室。预算管理委员会负责全面预算的组织、领导工作，协调解决重大问题，通常由董事长担任主任，由总会计师担任常务副主任，由主管供应、生产、销售、基建、技术、设备、财务的副总经理担任副主任；委员由管理部门有关专业负责人组成。预算管理办公室具体负责日常工作，对各二级单位及有关处室的预算进行审查、汇总、平衡，对编制及管理工作进行指导、检查，制定管理制度和归口管理办法。归口管理部门为专业预算部门，负责编制本部门预算及向基础预算单位(二级单位)进行指标分解，各二级单位及有关处室为基础预算部门，负责编制单位预算。

3. 预算编制方法的选择

预算编制方法可以分为固定预算和滚动预算。固定预算一般适合于业务比较稳定的企业，对生产经营和市场的变化反应滞后、缺乏灵活性。而滚动预算正好克服了固定预算的缺点。它的主要特点是连续不断地保持12个月，每过去一个月就根据新的情况调整和修订后几个月的预算，并在原来的预算的期末补充一个月预算。滚动预算不仅可以保持预算的完整性、连续性，而且由于预算的不断调整与修订，使预算与实际情况更加适应，有利于发挥预算的指导和控制作用。

(四)预算管理在财务管理中的作用

1. 预算管理是防范财务风险的重要手段

作为企业预算管理的一个重要组成部分，财务预算要考虑的不仅仅是利润，更重要的是现金流量的确定性与到期债务之间的关系。也就是说，企业在编制预算时要充分考虑到财务风险对企业的影响，帮助企业通过预算安排好资金的使用，从而规避企业的财务风险。

2. 预算管理有助于企业内部控制制度进一步完善

企业财务部门及各个预算执行部门应充分收集有关财务、业务、市场、技术、政策等方面的信息，根据不同的情况，采用科学分析方法对预算和实际资料进行计量、对照，及时发现、重点揭露实际脱离预算差异的原因，要分清到底是企业内部的原因还是企业外部的因素，如果是内部因素是否是企业内部控制制度执行不力还是制度不完善，要将有关信息及时反馈给各个责任组织，以便企业管理当局采取必要的措施，及时修订和完善内控制度，消除企业薄弱环节，使企业经济活动符合经营目标的要求，确保预算目标的顺利实现，达到全面预算管理对经济活动的控制作用的目的。

3. 建立以预算中心的财务管理模式

预算是综合平衡的依据，它把企业纵向的和横向的各个环节目标有机地统一起来，形成企业最大效率的总目标。因此，必须建立起一套严格而规范的预算管理制度和工作方法。预算制的内容和方法涵盖了企业生产经营的全过程，贯穿了管理会计的所有思想和方法。企业管理会计抓住预算制这一中心，通过组织预算编制、开展预算控制、进行预算分析、强化预算考核等方法，就能够在错综复杂的经济关系中驾驭企业经济发展的方向；就能够在激烈的市场竞争中运筹帷幄以取得竞争的优势；就能够保持企业良好的运作秩序和财务状况。

全面预算管理作为一种管理手段，它采用的是集成管理模式。全面预算管理实现了资金流、业务流与信息流的集成及对企业各项资源的合理配置与整合。它通过组织预算编制、开展预算控制、进行预算分析、强化预算考核等方法强化企业管理，不失为是提高经济效益的最有效的方法之一。

六、中小型企业成本控制

中小企业是推动我国社会主义市场经济发展不可缺少的生力军，但由于中小企业经营规模较小、资金力量较弱、内部控制程度较差，生产效率较低，使得在社会主义市场经济中处于较弱的竞争地位，尤其在目前严峻的经济形势下，大多中小企业面临着生存的危机。那么，在外部经济形势相同的情况下，中小企业如何依靠自身的力量来取得超越其他企业的优势，在市场经济中争得一席之地呢？笔者认为中小企业成本控制创新——引进先进的成本控制理念、采用科学的成本控制方法、完善成本控制体系是一条重要可行的途径。

（一）中小型企业成本控制创新有利于企业进一步降低产品成本、实现企业利润最大化目标

利润最大化是企业永远追求的目标。许多中小型企业片面地强调生产过程的成本控制，通过提高产量来降低产品成本，然而存货的积压，将生产过程发生的成本转移或隐藏于存货，虽然提高了短期利润，但不利于长期利润目标的实现。只有从企业产品的设计、生产、营销、交货等基本活动以及对产品起辅助作用的辅助活动等全方位分析，挖掘降低成本的潜力，才能真正实现企业利润最大化。

（二）中小型企业成本控制创新有利于改善和提高企业的经营管理水平

成本控制是企业管理的一个重要方面，成本控制水平的高低也直接影响到企业管理水平的高低。因此，不断引进先进的成本控制理念和方法是提高企业管理者管理水平的重要途径之一。

（三）中小型企业成本控制创新有利于中小型企业更好地适应市场的变化

市场经济使得企业不再是一个孤立的经济个体，要适应市场经济的发展，企业不仅要关注产品的生产成本，而且要关注其产品在市场上实现的效益，关心市场上竞争对手的一切变化。适应瞬息万变的环境，以求得持续性的竞争优势，是现代企业必须考虑的首要问题。因此，企业只有不断进行成本控制创新，依靠合理科学的新产品开发与完善的售后服务，降低产品开发和售后服务的成本，才能够取得竞争优势，更好地适应市场发展的变化。

（四）中小型企业成本控制创新有利于进一步提高中小型企业的经济效益和社会效益

现代企业已进入微利时代，许多企业为了取得较高的利润，片面地强调产品生产过程中成本的降低，如通过控制单位产品的物资消耗来提高材料利用率以降低材料成本；通过提高劳动生产率控制产品单耗工时以降低人工成本；通过提高产品产量、扩大生产规模以降低单位产品负担固定成本等。目前，这种制造成本已经降到了尽可能低的程度。过度成本控制使产品质量降低、服务质量弱化，如果仅依靠这种成本控制理念，不仅不能取得较好的经济效益，而且还会影响产品的社会效益，企业发展会受到巨大的限制。成本控制的创新可以改变这一陈旧落后的观念，通过成本控制的创新来引进并应用先进的成本管理理念和科学合理的核算方法，能寻求更好更多的降低成本的途径，为企业创造更多的利润，取得更好的经济效益和社会效益。

案例：深圳航空有限责任公司

一、企业的概况

深圳航空有限责任公司（简称深圳航空）于1992年11月成立，1993年9月开航，是一家由广东广控（集团）公司、中国国际航空公司、全程物流（深圳）有限公司、深圳鼎协实业有限公司、深圳众甫地有限责任公司五家企业共同投资经营的股份制航空运输企业，主要经营航空客、货运输业务。深圳航空由于采用低成本管理模式，降低了成本，增加了企业利润，并在激烈的市场竞争中去取得了竞争优势。

（一）低成本管理的主要内容

1. 简化机型

飞机的机型一旦确定，后期的维护和人员训练费用就基本确定。因此，前期的飞机机型引进非常重要。该公司开始只引进“波音”系列飞机，一般只引进两种基本机型。这样，后期的飞机维护和人员训练费用将大大降低。

2. 低成本预算管理

以公司的战略规划和综合计划为依据，以降低成本为主线，将公司的预算管理与目标成本管理有机结合，强调科学合理规划目标成本，并将其作为预算标准分解到责任部门或责任人；通过预算控制，对企业生产经营活动中影响成本的各种因素加以管理，一旦发现与目标成本之间存在差异，就立即采取有效的措施加以纠正；最终，以预算目标考核责任人和责任部门。

3. 积极应用创新金融工具来降低财务费用

深圳航空除了积极扩大融资渠道、降低成本等传统方式之外，还积极应用创新金融工具来降低财务费用。

比如，在公司购买飞机时需要大量贷款，经过深入分析，感觉到人民币升值不可避免，于是在人民币汇率放开前将所有人民币长期贷款转为美元贷款，为公司节省了大量财务费用。

另外，积极与银行和供应商合作，推广买方贴息票据支付结算业务，比传统贷款降低财务成本50%以上。

(二) 取得的成效

通过成功的成本管理，深圳航空目前拥有24架B737系列飞机，总资产36.2亿元，员工1 900多人，下辖2个分公司、5个子公司、30多个驻外营业部，经营国内航线80多条。2004~2006的三年里，深航总资产增长了241%，经营收入增长了79%，累计纳税10多亿元。

深圳航空连续12年保持盈利，是目前中国单位成本最低、盈利能力最强的航空公司之一。在深航的管理实践中，其"低成本预算管理"被评为国家创新成果二等奖，在内部推行的"平衡计分卡"等管理方法也已取得明显成效。

二、成本管理的作用表现

在资源限制条件下，通过成本管理提高资源的利用效率，使有限的经济资源生产出更多的产品、创造出更多的价值，达到节约、增产的目的，也是成本管理的重要目标。这一原理对于存在瓶颈环节的企业同样具有参考价值。当企业的薄弱环节成为制约企业成本的重要因素，提高瓶颈资源的利用效率成为成本管理过程需要重点关注的问题之一。企业可以利用成本的代偿性特征，通过增加其他方面的成本以节约受限制资源或瓶颈资源，使受限制资源的边际收益最大化，从而提高企业的产出水平。

(一) 降低成本

在任何设定的条件下，只要影响利润变化的其他因素不因成本的变动而发生变化，降低成本始终是第一位的。如前所述，降低成本以两种方式实现：

(1) 在既定的经济规模、技术条件、质量标准条件下，通过降低消耗、提高劳动生产率、合理的组织管理等措施降低成本。通常，这种意义上的成本降低属于日常成本管理的内容。

(2) 改变成本发生的基础条件。成本发生的基础条件是企业可资利用的经济资源的性质及其相互之间的联系方式。这些资源包括劳动资料的技术性能、劳动对象的质量标准、劳动者的素质和技能、产品的技术标准、产品工艺过程的复杂程度、企业规模的大小、企业的组织结构、企业的职能分工、企业的管理制度、企业文化、企业外部协作关系等方面。这些因素的性质及其相互之间的联系方式构成了成本发生的基础条件，是影响成本的深层次因素。在特定的条件下，当成本降低到这些条件许可的极限时，进一步降低成本的努力可能收效甚微。

例如，产品成本中的材料成本，在既定的技术条件和材料条件下，生产单位产品材料消耗量有一个最低标准，当实际消耗接近这一标准时，进一步的努力也难以使材料成本进一步降低。由于既定的条件限定了成本降低的最低限度，进一步的成本降低只有改变成本发生的基础条件，如通过采用新的技术设备、新的工艺过程、新的产品设计、新的材料等，使影响成本的结构性因素得到改善，为成本的进一步降低提供新的前提，使原来难以降低的成本在新的基础上进一步降低。

(二) 通过成本管理增加企业的利润

降低成本可以增加企业的利润，但在某些情况下，具有战略意义的议题是如何通过增加成本以获取其他的竞争利益。当成本变动与其他相关因素的变动相互关联时，如何在成本降低与生产经营需要之间做出权衡取舍，是成本管理无法回避的困难选择。单纯以成本的高低为标准容易形成误区。成本的变动往往与多方面的因素相关联，成本管理不能仅仅只着眼于成本本身，更要利用成本、质量、价格、销量等因素之间的相互关系，支持企业为维系质量、调整价格、扩大市场份额等对成本的需要，使企业能够最大限度地获得利润。

(三) 配合企业取得竞争优势

在激烈的市场竞争环境下，企业为了取得竞争优势，往往要采取诸多的战略措施，这些战略措施通常需要成本管理予以配合。采用成本领先战略的企业要通过强化成本管理不遗余力地降低成本。战略的选择与实施是企业的根本利益所在，其需要高于一切，成本管理要配合企业为取得竞争优势所进行的战略选择，要配合企业为实施各种战略对成本及成本管理的需要。在企业战略许可的范围内、在实施企业战略的过程中引导企业走向成本最低化。

第十四章　财务管理与成本控制中存在的问题及改进

随着我国市场经济的逐渐完善、经济体制改革的不断加深，各行各业都更加关注自身的管理。其中财务管理成为企业管理的核心，逐步确立了以指标为核心、以管理为控制的体系。为了大幅度提高企业的利润，企业管理者往往把成本管理纳入财务管理的指标和范围。由于现代企业制度的完善，全过程的、全方位的、多角度的成本控制已渗透到企业的各个领域。实践证明，只有当产品的寿命周期的全部成本得到有效控制，成本才会显著降低。因此，为真正实现全社会的资源合理配置，达到社会效益的最大化，要把企业财务管理和成本控制相结合，以实现财务目标、企业目标和社会目标。

一、财务管理

财务管理是在一定的整体目标下，关于资产的购置、资本的融通和经营中的现金流量，以及利润分配的管理，是通过价值形态对企业资金的一种控制和管理。一般包括财务预测、财务分析、财务计划、财务决策、财务控制、财务监督、财务检查、财务诊断等环节。

财务管理是企业管理的一个组成部分，它是根据我国财经的法律、法规，按照财务管理的原则，组织企业财务活动，处理财务关系的一项经济管理工作。在计划经济时代，我国企业的财务管理不是以追求企业效益为目标，而是以实现收益的平均分配为目标。随着经济体制的改革，特别是经过国有企业的改革和现代企业制度的完善，企业对财务管理提出了更高的要求。财务管理与企业各方面具有广泛的联系，能迅速反映企业的生产经营状况，是一项综合性管理工作。它通过对资金运动和价值形态的管理，像血液一样渗透贯通到企业的生产、经营等一切管理领域，因此对于企业有很大的作用。财务管理使企业明确投资是一项经济行为，应从经济规律中去寻找依据，从而做出正确的投资决策，同时使企业能严格地按照法律、法规办事、按照国际管理办事，为企业的投资决策的科学化和民主化提供程序的保证。

二、成本控制管理

成本领先战略是企业在竞争中取胜的关键战略之一，成本控制是所有企业都必须面对的一个重要管理问题。传统的产品成本的含义一般只是指产品的制造成本，即包括产品的直接材料成本、直接人工成本和应该分摊的制造费用，因此相对应的成本控制管理比较简单。但是，现代企业都面临竞争，传统的成本概念的理解已不能使企业获得有效的成本控制，因此需要对成本概念有广义的理解。广义的成本概念，既包括产品的制造成本（中游），也包括产品的开发设计成本（上游），同时包括使用成本、维护保养成本和废弃成本（下游）等一系列与产品有关的所有企业资源的耗费。成本控制管理是企业生产经营过程中各项成本核算、成本分析、成本决策和成本控制等一系列科学管理行为的总称。一般包括成本预测、成本决策、成本计划、成本核算、成本控制、成本分析、成本考核等职能。企业无论采取何种改革、激励措施都代替不了强化成本管理、降低成本这一工作，它是企业成功最重要的方面之一。有效的成本控制管理是每个企业都必须重视的问题，抓住它就可以带动全局。

第一节　财务管理与成本控制中存在的问题

当前，财务管理在企业管理中的核心作用并没有得到很好的发挥，成本控制没有落到实处，成本管理的思想没有得到创新。

一、高素质财务管理人员缺少是影响财务核心作用难以很好发挥的主要问题

企业普遍注重对科研技术人员的培养，而对管理人员的素质提高重视度不够，对会计人员重使用轻培养，会计人员满负荷地工作只能使其被动地处理日常事务，却很难有时间和精力主动钻研深层次的管理问题，对介入财务管理心有余而力不足。财务管理工作基础薄弱，对现金管理不严，生产经营过程中坐支、大额使用现金购物，借用银行账户，个人借款长期挂账而不清理的现象屡见不鲜。资金使用缺少计划安排，过量生产或购置实物资产，

无法应付经营急需的资金，陷入财务困境。应收账款清收乏力，周转缓慢，造成资金回收困难。原因是没有建立严格的赊销政策，缺乏有力的催收措施，应收账款不能收回形成呆账、坏账。存货失控，造成资金呆滞。很多企业月末存货占用资金往往超过其营业收入的三倍以上，原因是重生产、轻销售、重产量、轻质量，管理混乱，白条抵库、质次价高。

二、不能正确处理财务管理与会计核算的关系

或出于认识原因，或出于奔忙，在核算事务中导致出现重核算轻管理，重视资金运作和会计结构，轻视会计资料的加工处理和经济活动分析，淡化了财务管理自身在企业管理的核心地位和参谋决策的作用。成本费用管理水平低下，相当数量的企业普遍存在成本费用核算不实，控制不严，控制体系不健全等问题。在成本费用管理过程中往往片面追求利润，人为造成成本费用不实、企业会计基础工作不健全、成本核算缺乏真实准确的数据资料、企业内部缺乏科学有效的成本费用控制体系。

三、企业改革不到位

大多数企业厂长、经理既是企业资产的代表者，又是企业经营的负责者，也是职工和自我利益的代表者，在这样三职集于一身的情况下，厂长、经理任命的财务部门负责人必然要对这位经营者“负责”，迫使会计人员做假账、报虚数，形成“厂长财务”“经理报表”，造成会计信息失真，何谈财务管理作用的发挥。

四、企业内部控制制度不健全

多数企业的内部控制制度不够全面，没有覆盖所有的部门和人员，没有渗透到企业各个业务领域和各个操作环节，使企业会计工作秩序混乱、核算不实而造成会计信息失真现象极为严重。

内部审计职能弱化，内部审计是企业内部控制制度的一个重要组成部分。据调查，为数不少的企业没有设置内部审计机构，即使设有内审机构的企业，其职能也已严重弱化，形同虚设，不能正确评价财务会计信息及各级管理部门的绩效。于是，各级管理部门更加有恃无恐，趁机钻了内部控制的空子。另外，内部审计机构职能的发挥从很大程度上取决于企业负责人的主观意愿。

五、成本控制在财务管理当中的定位不当，控制手段过于老化

企业普遍认为成本控制是研发、采购、生产等部门自己应该把控的事情，各自为政，财务只做简单的统计、计算，缺乏必要的汇总分析、计算和监督反馈，导致不能围绕企业目标形成系统成本管控，无法切中要害，失去管控方向，导致成本失控，经营管理陷于混乱。

传统的成本核算中产品成本只涉及直接材料、直接人工及非制造费用部分的简单分摊（如按机器小时数、产量等确定固定分摊率，没有按照成本动因对成本的构成进行详细分解）。另外，企业往往将成本控制的重点放在产品的制造环节，反而忽视了对产品的研究开发、设计、采购、销售、升级、投资和日常管理等相关活动产生的成本加以控制，成本控制手段过于简单，难以真正实现有效的成本管理。

六、成本控制观念滞后，对成本功能的转化没有清晰的认识

企业进行成本核算的最终目的是减少支出、降低成本，实现企业股东财富的最大化。传统的成本控制观是以是否节约作为基本标准，一味单纯的强调节约费用开支，为降低费用而降低费用，没有结合企业的经营目标或者根本就没有配合企业的战略目标对成本控制进行合理的设计和有效的执行。多数企业只简单地通过产量的提高来降低成本，通过低成本而形成的价格优势来获取市场份额。

随着市场经济的不断发展、技术的不断进步，以物质资料为成本核算对象、以生产制造过程为中心的传统的成本核算已不能满足企业管理的需要。现今的财务管理把成本控制重点放在了成本的经营性控制上，而没有认识到单纯的经营性控制已不能适应现代企业的发展。长期以来，企业一直以会计核算工作作为管理的重点，忽视了财务分析的重要性和成本控制与绩效考核相结合的必要性。对成本实施事前的规划性控制，重视研发成本、营销成本等非制造成本对成本结构的影响，兼顾人力资源成本和技术成本等成本控制手段，才能真正从源头上控制产品成本，为企业领导作出正确的决策起到应有的作用。

七、缺乏完善的成本控制体系和合理的成本控制方法

许多企业缺乏完善的成本控制制度，或者制度本身存在缺陷，或者制

度制定的可执行性不强，在执行过程中困难重重，最终阻碍制度的有效发挥。现今的成本管理系统过分依赖现有的成本会计系统，仅实现了对财务数据的及时统计、成本核算结果的实时反映，而忽视了全面成本控制的必要性和紧迫性。由于没有建立健全的现代企业制度，使企业没有形成良好的监督体系，财务部门的管理职能和成本控制职能受到很大的限制。

多数企业成本控制的方法仅局限于压缩经费、减少员工等一般手段，没有把成本控制放在应有的高度上，没有成本控制工作的整体规划，也没有在对企业的全面经营过程进行分析的基础上，结合战略目标采取灵活多样的成本管理方法。成本控制的结果并没有深入反映企业的经营过程，对企业经营目标的实现没有发挥应有的作用，导致成本控制在企业财务管理中流于形式，难以实现真正有效的成本控制。

第二节　财务管理与成本控制的改进

完善的财务管理和成本控制管理是一个企业发展的基础和实现价值的核心，贯穿企业一切经济活动之中。在经济转型和市场经济逐渐完善的情况下，良好的财务管理是企业可持续发展的关键。因此，我们应该从成本控制管理出发，把财务管理目标推向一个新阶段，以实现企业利润的最大化。

一、与时俱进，加强成本控制观念，提高成本控制水平

由于成本核算是一项系统工程，成本核算的方法、体系涉及企业的方方面面，需要企业全员参与和企业经营全过程的控制。现代企业管理者要加强自身成本管控意识，提高企业各部门管理人员和企业全体员工的成本意识，并把企业各管理部门和员工的利益与责任统一结合起来，建立健全有效的成本管控系统。旨在提高产品成本核算“精度”的成本系统还远远不能满足管理需求，成本管理必须要由成本核算系统向成本控制转变，来提高企业竞争优势，实现企业战略目标为终极目标。

二、制定成本管理的战略与规则，从产品制造成本管理向产品全面成本管理转变

传统成本管理的对象只针对“产品制造成本”，忽视了产品设计、营销、售后服务等一系列作业环节所发生的资源消耗。战略成本管理以战略的观念

来控制企业的成本，通过分析行业市场、企业自身以及竞争对手的财务与非财务信息来对企业实行全面的成本管理。随着买方市场的形成，消费者更关注产品的质量、功能及售后服务等，仅仅对“产品制造成本”的管理已不能适应消费者的需要，企业应创新成本管理思想，实行产品成本的全面管理。

三、制定完善的成本控制体系

一个有效的成本控制离不开控制体系的建立，完善的成本控制体系是成本管理控制的基础。企业应在进行内、外部环境分析的基础上，结合企业的实际情况，制定出适合企业自身状况的，既能有效应对财务风险又能独立循环的成本控制体系。当成本控制目标落实到企业的每个部门、每个员工时，成本意识也会深入到企业的各个层次，有效的成本控制也就得到了相应的保障，而成本目标在企业全体员工的努力下、在完善的成本控制体系指引下才有实现的可能。

四、采用科学合理的成本控制方法

成本控制反对“秋后算账”和“死后验尸”的做法，提倡预先控制和过程控制。因此，成本控制必须遵循预先控制和过程方法结合的原则，在成本发生之前及其发生的过程中去考虑和研究为什么要发生这项成本？应不应该发生？应该发生多少？应该由谁来发生？应该在什么地方发生？是否必要发生？应对过程活动进行持续地监督、测量、分析和改进。在企业经营中采用科学合理的成本控制方法实行有效的成本管理，为实现成本目标和提高企业效益打下良好的基础。

五、更新观念，建立科学合理的财务制度

加强成本管理离不开科学合理的预算制度，建立科学合理的预算制度就必须对预算管理与控制的机构进行合理的设置，做到事前有预算，事中有控制，事后有分析。如果不能准确核算可以根据本量利之间有规律的数量关系和一系列业务量的伸缩性制定弹性预算方法，用于各种期间费用的预算与控制。经过选择业务量的计量单位、确定适用的业务量范围和逐项研究并确定各项成本和业务量之间的数量关系来计算各项预算成本。

同时，为了加强企业的成本控制和管理，设立一个完全独立于财务部门的管理部门。其主要职责是：根据企业内部各部门、队组等机构的设置情

况，依据成本费用的发生情况，将这些部门、队组分类划成不同的费用核算单位；确定合理的费用标准，企业实际发生的每笔成本费用，结算时先经过该部门的审查，达到成本控制的要求后再进行财务结算；每月该部门与财务部门联合核对实际发生的费用支出情况，以保证成本控制的实现。

六、提高财务管理人员的素质，加强监督和控制

财务管理人员是财务管理和成本控制管理的核心与关键，提升财务管理人员的业务水平和能力是做好企业财务工作的重要内容。有组织、有计划地给财务人员创造学习条件，促使其知识水平和业务能力的提高，培养财会人员不仅仅要懂得会计核算，更重要的是善于理财、善于管理。以会计核算为基础，开展全面的经济核算，以强化成本核算为手段，促进企业管理基础工作的加强和提高，建立以财务为中心的成本考核体系，努力降低耗费，促进效益提高。同时，完善企业的深化改革，建立现代企业制度，使监督机制和控制机制在财务管理和成本管理中发挥作用。

七、加强财务管理和成本控制管理的宣传工作

成本是企业在生产过程中发生的，企业的每个环节都在形成成本。成本控制具有全员性、整体性和全面性。控制成本是每个部门、每名职工的职责，仅凭财务部门是很难做好此项工作的。因此企业的宣传部门、工会组织等相关部门还应加大成本控制的宣传力度，将成本控制意识作为企业文化的一部分。消除认为成本无法再降低的错误思想，对企业全体员工进行培训教育，要求企业各级管理人员及全体员工充分认识到企业成本降低的潜力是无穷无尽的，人人应对成本管理和控制有足够的重视。营造全员参与成本管理的氛围，使每位职工有成本控制的意识，才能真正把成本管理好，提高企业的经济效益。当然，做好成本控制工作仅着眼于年度、月度成本费用的管理是不够的，企业还必须用发展战略的眼光从更大的市场范围和更长远的生存发展角度来考虑企业面临的成本费用管理问题。但是根本上还是让财务管理和成本控制管理的意识深入人心，提升企业的整体实力和管理水平。

结　语

完善的财务管理和成本控制管理是一个企业发展的基础和实现价值的核心，贯穿企业的 一切经济活动之中。在经济转型和市场经济逐渐完善的情况下，良好的财务管理是企业可持续发展的关键。因此，我们应该从成本控制管理出发，把财务管理目标推向一个新阶段，以实现企业利润的最大化。现代企业的各项活动，都和人力有着最直接的联系，因为无论哪一个工序、哪一个活动的执行者都涉及企业的人力，并且在整个过程中，人力还发挥着举足轻重的作用，一直处于关键位置，使其永远不能被其他资源替代。掌握人力资源相应的特性和特征，并且进行较为深入的研究，将对公司的财务管理与成本控制产生重大影响，具有战略必然性。

参考文献

[1] 石丽华 . 基于财务管理在企业中作用的探讨 [J]. 财会学习 .2016(19) .

[2] 王晓花 . 会计信息化对企业财务管理的影响及对策 [J]. 财经界（学术版）.2016(19) .

[3] 文晓琼 . 论财务管理中的税收策划 [J]. 经营管理者 .2016(26) .

[4] 张志燕 . 浅论税收筹划在财务管理中的应用 [J]. 经营管理者 .2016(26).

[5] 王莹 . 浅谈财务管理在企业发展中的重要作用 [J]. 商场现代化 .2016(25) .

[6] 田静，财务管理与会计的关系及发展趋势 [J]. 现代工业经济和信息化 .2016(18) .

[7] 李晓娟 . 成本控制在企业财务管理中的重要性 [J]. 经营管理者 .2016(27) .

[8] 蒲加升 . 财务管理目标与企业财务核心能力 [J]. 行政事业资产与财务 .2016(28) .

[9] 黄立依 . 试析县级国企财务管理存在的问题及对策探讨 [J]. 财经界（学术版）.2016(20) .

[10] 吴雪峰 . 现代化形势下企业财务管理模式 [J]. 财经界（学术版）.2016(20) .

[11] 石丽华 . 基于财务管理在企业中作用的探讨 [J]. 财会学习 .2016(19).

[12] 王晓花 . 会计信息化对企业财务管理的影响及对策 [J]. 财经界（学术版）.2016(19) .

[13] 文晓琼 . 论财务管理中的税收策划 [J]. 经营管理者 .2016(26) .

[14] 张志燕 . 浅论税收筹划在财务管理中的应用 [J]. 经营管理者 .2016(26) .

[15] 王莹 . 浅谈财务管理在企业发展中的重要作用 [J]. 商场现代化 .2016(25) .

[16] 田静 . 财务管理与会计的关系及发展趋势 [J]. 现代工业经济和信息化 .2016(18) .

[17] 李晓娟 . 成本控制在企业财务管理中的重要性 [J]. 经营管理者 .2016(27) .

[18] 蒲加升 . 财务管理目标与企业财务核心能力 [J]. 行政事业资产与财务 .2016(28) .

[19] 黄立依 . 试析县级国企财务管理存在的问题及对策探讨 [J]. 财经界(学术版) .2016(20) .

[20] 吴雪峰 . 现代化形势下企业财务管理模式 [J]. 财经界(学术版) .2016(20) .